Anthony Sattin schrieb zahlreiche Sachbücher und Romane. Er arbeitet für Fernsehen und Radio und verfasst regelmäßig Beiträge für die Reise- und Literaturbeilage der Sunday Times. Anthony Sattin lebt in London.

N
Mittelmeer
Port Said
Alexandria
ISRAEL
Tanta
JORDANIEN
WADI NATRON
Giseh
Heliopolis
Kairo
Nezlet es-Semaan
Memphis
Dahshur
Faijum
Lahùn
Golf von Suez
SINAI
Golf von Akaba
SAUDI-ARABIEN
LIBYSCHE
ARABISCHE
Oase Bahrija
Minia
Speos Artemidos
WÜSTE
WÜSTE
Hurghada
Asyut
Nil
Oase Farafra
Safaga
Sohag
Baliana
Abydos
Kena
Rotes Meer
Kom Lolah
Karnak
Luxor
Esna
ÄGYPTEN
Edfu
Kom Ombo
Assuan
0 50 100 150 km
Nasser-See
Abu Simbel
SUDAN
NUBISCHE WÜSTE

ANTHONY SATTIN

# IM SCHATTEN DES PHARAO

*Altes Ägypten in neuer Zeit*

*Aus dem Englischen von Regina Schneider*

NATIONAL GEOGRAPHIC

*Ein Buch der Partner Goldmann und National Geographic Deutschland*

Die englische Originalausgabe
erschien 2000 unter dem Titel
»The Pharaoh's Shadow. Travels in Ancient and Modern Egypt«
bei Victor Gollancz, GB,
einem Unternehmen von Orion Books, Ltd.

Coverfotos: Petra Dorkenwald, München
Fotos: Winifred Blackmen

SO SPANNEND WIE DIE WELT.

Dieses Werk erscheint in der Taschenbuchreihe
NATIONAL GEOGRAPHIC ADVENTURE PRESS
im Goldmann Verlag, München.

1. Auflage August 2002, deutsche Erstausgabe

Lektorat: Gudrun Honke, Bochum
Umschlaggestaltung: Petra Dorkenwald, München
Herstellung: Sebastian Strohmaier, München
Satz: Uhl + Massopust, Aalen
Druck und Bindung: Clausen & Bosse, Leck
ISBN 3-442-71181-9
Printed in Germany

Das Papier wurde aus chlorfrei gebleichtem Zellstoff hergestellt.

*Für Sylvie*
*Zum Andenken an den schönsten Ort*

# Inhalt

Zu zeigen, dass an diesen Orten noch immer fortlebende Reste aus dem pharaonischen Ägypten existieren, mag schwierig sein, doch davon auszugehen, dass es keine mehr gibt, ist gleichermaßen gefahrvoll. Mündlich überlieferte Geschichte besteht fort, und zwar ohne Unterbrechung, trotz wechselnder politischer Herrschaften, Religionen, ja selbst Sprachen.

*Jean Capart,*
Vorwort in »Une Famille Copte de Haute Egypte«, 1945,
von *Georges Legrain.*

Über Ägypten gäbe es noch so viel mehr zu erzählen, ob der großen Fülle an einmaligen Dingen, die das Land zu bieten hat …

*Herodot,* Geschichtswerk

# Vorwort

Diese Geschichte ist so alt wie die Zivilisation selbst, und dennoch hat in der heutigen Zeit noch nie jemand darüber geschrieben. Die Frage nach den fortlebenden Resten der altägyptischen Kultur berührt die Ägyptologie, die Anthropologie sowie verschiedene andere Bereiche der Sozialwissenschaften. Insofern hätte ich meine Begegnungen und Erlebnisse auch aus der Sicht eines Ägyptologen oder Anthropologen darstellen können (zumal einige Vertreter beider Disziplinen das Thema bereits aufgerollt haben), aber ich kenne mich weder in der einen noch in der anderen Disziplin aus. Ich bin Schriftsteller, an Reisen und Geschichte interessiert, und ich habe meine Begegnungen so geschildert, wie sie sich zugetragen haben – als eine Suche. Gern hätte ich mich aus der Erzählung herausgehalten und die Geschichte ausschließlich von Ägyptern erzählen lassen. Ich hatte gehofft, einen Ägypter zu finden, der sich mit mir auf die Reise begeben würde, oder einen, der diese Reise durch Zeit und Raum schon lange vor mir unternommen hatte. Doch das hat offenbar nicht sein sollen, und so lebt dieses Buch letztlich von meiner Neugier und den Fakten selbst. Und dort, wo das Gefühl entsteht, dass das Erzählte trägt, ist es mir gelungen wiederzugeben, wie weit meine Nachforschungen über die Jahre gediehen sind. Einen direkten Weg gab es nicht, lediglich einen Startpunkt und ein Ziel, das ich ins Auge gefasst hatte. Und so wie es auf den schönsten Reisen ist, habe ich am meisten aus dem gewonnen, was ich auf dem Weg dorthin erlebt habe.

Bis dieses Buch fertig war, hat es länger gedauert als üblich, was teils an den besonderen Umständen lag und teils am Projekt selbst. Durch all die Jahre standen mir mehr Menschen mit Rat und Tat zur Seite, als ich hier auflisten könnte. Besonders ermutigt hat mich ein frühes Gespräch mit Professor Kent Weeks von der American University in Kairo, als er erklärte, dass Kontinuität – ›Überbleibsel‹, wie er es nannte – ein Thema sei, über das in Ägyptologenkreisen viel geredet, aber wenig geschrieben würde, da es sich außerordentlich schwierig gestalte, die Annahmen zu verifizieren. »Es gibt einfach zu viele schwarze Löcher, Zeiträume, für die keine Aufzeichnungen vorhanden sind. Kein ambitionierter Akademiker würde seinen Ruf riskieren, indem er aufs Geratewohl versuchte, sie irgendwie einzupassen.«

Besonders inspiriert haben mich zwei unveröffentlichte Quellen – die Dokumente von Winifred Blackman und das Manuskript von Umm Seti. Erstere sind an der School of Archeology der Abteilung Classical and Oriental Studies an der Liverpool University archiviert und wurden mir dankenswerterweise von Professor Elizabeth Slater und Pat Winker zugänglich gemacht. Jano Fairservis war so freundlich, mir das unveröffentlichte Umm-Seti-Manuskript zuzusenden, das ihr verstorbener Mann, Walter Fairservis, in den Druck geben wollte. Beide Quellen haben die gedankliche Entwicklung meiner Suche nach Überresten aus dem alten Ägypten entscheidend geprägt.

Unterstützt haben mich auch zahlreiche Institutionen in Großbritannien. Mein Dank gilt hier vor allem der Egypt Exploration Society; dem Centre for Near and Middle East Studies an der School of Oriental and African Studies in London; der British Library; der Royal Geographical Society sowie der London Library. Ganz besonderen Dank schulde ich dem Schriftstellerverband »Society of Authors«, der mir ein Stipendium aus der Autorenstiftung gewährte, das mir Schuldeneintreiber vom Hals hielt, solange ich an diesem Buch schrieb.

In Großbritannien erfuhr ich aufmunternde Hilfe, Unterstützung und Inspiration und bisweilen auch alles drei auf einmal, insbesondere von Dr. Zaki Bedawi, Peter Clayton, William Dalrymple, Dr. Nicholas Gendle, dem mittlerweile verstorbenen Rabbi Hugo Gryn, Derek Hopwood, Leiter des Middle East Centre in St. Antony, Oxford, Dr. Stephen Quirke, dem früheren Leiter des Britischen Museums, Professor Jaromir Malek am Ashmolean-Museum in Oxford, Deborah Manley, Dr. Stephane und Monica René, John Ruffle, Kustos am Oriental Museum, University of Durham; Janet Starkey, ebenfalls University of Durham, sowie Liz Wickett. Peter Willasey vom Pressebüro bei Harrods sandte mir eine Flasche Bier der Marke »Tut ench Amun«, was mir eine Vorstellung vermittelte, wie die alten Ägypter ihre Abende verbracht haben könnten. Kate Fenhalls, Zaza und Kadir Guiray, Jane Joseph sowie Richard und Carol Sattin stellten mir Arbeitsplätze zur Verfügung. Dank schulde ich auch Wagdi Soliman vom Unternehmen Soliman Travel in London, der für mich viele Male eine Reise nach Ägypten organisiert hat.

In Ägypten konnte ich auf die tatkräftige Unterstützung vieler zählen: Gamal Abu'l-Haggag, Adel Sabet, Colin Clement und Professor Jean-Yves Empereur vom Centre d'Etudes Alexandrines; Lila Abu Lughod, Hassan el-Geretly, Salima Ikram, Michael Jones, Tim Mitchell, Suzy Naga, Youssef Rakha, Dr. John Rodenbeck, Muhammad Salem, Dr. Boutros Wardieh, Nicholas Warner und Professor Kent Weeks. Cary Cavness und ihre Mitarbeiter gewährten mir großzügig Zugang zur Bibliothek am American Research Centre in Egypt (ARCE). Alan Wright begleitete mich streckenweise auf meinen Reisen, wodurch mir neue Erkenntnisse offenbar wurden, und Maria Golia ließ mich an ihren Erfahrungen teilhaben. Siona Jenkins, Karima Khalil, Cydbey Roach, Max Rodenbeck, Olivier Sednaoui und David Sims gewährten mir zu jeder Zeit stets große Gastfreundschaft und Inspiration.

Auch in anderen Teilen der Welt traf ich auf hilfreiche Unterstützung und große Begeisterung für mein Vorhaben – bei Dr. Nicolaas Biegman, dessen hervorragendes Buch über *moulids* mich sehr inspirierte, bei Professor Valerie J. Hoffman von der University of Illinois, bei Dr. Andreas Reichert an der Universität in Tübingen und bei Dr. Jason Thompson von der Western Kentucky University.

Mein Dank gilt ebenso Christine Walker und Caroline Gascoigne, Chefredakteurinnen der *Sunday Times*, die mein Vorhaben tatkräftig unterstützten.

Liz Knight, eine begeisterte Lektorin, die in jungen Jahren verstarb, hat dieses Buch mit ihrem Scharfblick und Verständnis in einer frühen Phase mitgestaltet. Ich hoffe, dass ihr Einfluss ersichtlich ist. Mike Petty hat ihre Arbeit fortgeführt, und er, Rebecca Porteous und Amira Ghazalla standen mir mit wertvollen Ratschlägen und Anleitungen zur Seite. Ihnen sowie meinem Agenten Bill Hamilton gebührt mein herzlichster Dank.

Mein allergrößter Dank jedoch gilt Sylvie Franquet, denn sie war es, die mich zurück an den Nil gelockt hat, die mir die Augen öffnete und mir alles zeigte.

# Zufälle

> Der letzte Sinn, auf den alle Erzählungen verweisen, hat zwei Gesichter: Fortgang des Lebens, Unausweichlichkeit des Todes.
>
> *Italo Calvino,* Wenn ein Reisender in einer Winternacht

Es fing damit an – und das war der pure Zufall –, dass ich einen jungen Führer namens Amr kennen lernte, einen hoch gewachsenen, dünnen Dorfjungen in einer beigefarbenen *galabiyya* und mit brauner Strickmütze. Irgendwann trieb Amr einen braunen Esel für mich auf. Und bevor wir uns aufmachten, hinaus aus dem Tal und hinein in die Wüste, saßen wir im Schatten einer Dattelpalme bei schwarzem Tee, scherzten und lachten, mein Esel festgebunden neben seinem. Dann brachen wir auf.

Urplötzlich und abrupt ging das saftige Grün zu trockener Einöde über. Am Rande der Wüste war der Boden noch fest, das karge Ödland eher steinig als sandig. Die späte Vormittagssonne brannte wie ein heißes Eisen und schien die Falten der Landschaft glatt zu bügeln. Die Esel gaben ein ungewöhnliches, klagendes Keuchen von sich, als ob sie darum bettelten, sonst wo sein zu dürfen, bloß nicht hier. Doch sie drehten sich nicht ein einziges Mal um, im Gegensatz zu mir, um sehnsüchtig auf das Niltal Mittelägyptens zu blicken, das bei diesem Licht fast schillernd grün leuchtete. Es verhieß Labsal und Erquickung, eine Vorstellung, die mich so peinigte, wie der Gedanke an das Paradies eine geplagte Seele quält.

Wir legten ein zügiges Tempo vor, und Amr kramte einen weißen *kufiyya* hervor, den er sich um die Ohren band. Er rutschte auf seinem Esel etwas nach hinten, ließ die Füße baumeln und, als er wieder bequem saß, fing er an zu singen, eine Weise über Antar, einen der größten und legendärsten arabischen Helden.

So ritt Antar durch die Wüste
Und eilte in den Kampf
Erhobenen Schwertes und Hauptes …

Er zog den dünnen Bambusstock hervor, den er immer bei sich trug, und durchschnitt damit die dicke Luft. Don Quijote hätte es nicht besser gekonnt. Das Bambusrohr zischte, imaginäre Köpfe rollten, und die keuchenden Esel, das Schlimmste fürchtend, legten einen Zahn zu, nur ein wenig, nur für einen kurzen Moment, bis ihnen die Hitze den Schrecken aus den Gliedern schmolz.

Über einen sanft absteigenden Hang ging es bergan, hinaus aus dem Tal, wir entfernten uns immer weiter vom fruchtbaren Land, gewannen eine weite Übersicht über Ägypten und konnten mühelos die Himmelsrichtungen feststellen. Der Nil strömt von Süden her vom Sudan nach Ägypten und fließt mehr oder weniger genau nach Norden, wo er schließlich ins Mittelmeer mündet. Die Sonne steigt im Osten über der Wüste auf und geht im Westen in der Wüste unter. So gesehen, befindet sich das Land in einer vollkommenen und harmonischen Beziehung mit der Sonne und dem Wasser. Von fast jeder Stelle aus kann man die Bewegung des Flusses und den Lauf der Sonne verfolgen und spüren, dass sich hier die zwei wesentlichen Dinge allen Lebens kreuzen. Kein Wunder, dass die alten Ägypter aus diesen Elementen Götter schufen und Re, den Sonnengott, als obersten Gebieter über alle anderen stellten.

Die Esel trabten genau nach Osten auf eine cremefarbene Hügelkette zu. Selbst vom Fluss aus hatte ich die Kerblinien in den Abhängen ausmachen können. Im Süden war halbwegs ein Kalksteinbruch zu erkennen, im Norden die alten Gräber von Beni Hassan, berühmt für ihre Terrassenanlage, die weite Sicht über das Tal zur Libyschen Wüste und für ihre Wandbilder, auf denen Jagd- und Ringkampfszenen zu sehen sind – ein Zeugnis davon, dass die Menschen sich schon damals mit Dingen vergnügten, die auch uns heute noch gefallen.

Amr ritt voran und besang weiterhin die Tugenden des großen Antar. »Er konnte reiten wie der Wind«, sang er, »er konnte kämpfen wie der Teufel. Er konnte lieben wie ein Prinz ...« So ging das Lied in einem fort, war flehentlich und, wie mit so vielen Dingen in Ägypten, je länger es ging, desto stärker kam eine religiöse Bedeutung zum Vorschein – eine passende Begleitmusik für unseren Einzug in das Hügelland.

Wir ritten aus einem tiefen Tal weiter bergan, vorbei an mehreren alten Grabeingängen. Amr drosselte das Tempo, lehnte sich auf seinem Esel nach vorn, als wollte er absteigen. Das sei eine beliebte Raststelle, erklärte er mir, das wisse er von den vielen Ausländern, die er schon hierher geführt hatte. Ich aber war viel zu aufgeregt und vergnügt, um hier anhalten zu wollen, und so ritten wir weiter zu dem Ort, den ich eigentlich sehen wollte, den Tempel von Pascht, Speos Artemidos, den Amr, wie so viele Ägypter, »Antars Stall« nannte.

Vor dem »Stall« stand als Vorbau eine Säulenhalle aus Steinpfeilern in zwei Viererreihen. Die Säulenhalle war aus dem Gestein herausgehauen, die Kammer darunter in den Fels geschlagen, was den unregelmäßigen Zufallsformen der Natur vor langer Zeit eine überraschende Ordnung und Symmetrie auferlegt hat – ihre tiefere Bedeutung ist längst vergessen, die äußere Anordnung alles, was erhalten blieb.

Ägyptologen benennen den Ort mit dem Namen, den die Griechen ihm gaben – Speos Artemidos, die »Höhle von Artemis«, der

Göttin der Jagd – doch alt war der Tempel schon, als die alten Griechen kamen. Ihre Anspielung auf die Jagd wäre passend gewesen, denn die Gegend war reich an jagdbaren Tieren, und selbst vor 150 Jahren konnte man so weit nördlich noch auf Krokodiljagd gehen. Ich blickte ringsumher. Die Wüste ist trügerisch. Auf den ersten Blick scheint sie leer und öde, doch hält man eine Weile still, tauchen oft Zeichen von Leben auf, ein Vogel, der sich aus seinem versteckten Ruheplatz schwingt, Insekten am Boden, kleine Nagetiere, die sich balgen. Doch hier, nahe der Höhle, die der griechischen Göttin der Jagd geweiht ist, schwirrten lediglich ein paar Fliegen um die Esel.

Der kleine Tempel wurde vor rund dreieinhalbtausend Jahren erbaut, zu einer Zeit, als die Tierwelt so bedrohlich war, dass es einleuchtet, Tiere als Gottheiten anzubeten. Einzelheiten über seine Erbauung – warum er hier erbaut wurde und wer den Bau befehligte – sind nicht bekannt, doch war er Pascht geweiht, der uralten Göttin der Löwen. »Vor langer Zeit«, erklärte Amr, während wir auf ihn zugingen, »fand man hier mumifizierte Löwen und Katzen, die in tiefen Erdhöhlen hier ganz in der Nähe begraben waren.« Ich wollte gerade fragen, ob man immer noch was finde, ob man immer noch suche, als er mir mit der Hand bedeutete, mich still zu verhalten, und auf zwei Esel vor uns zeigte, die unweit des Tempels angebunden standen.

Die Anwesenheit der Esel war eine Enttäuschung. Denn ich hatte diese Reise unter anderem deswegen angetreten, weil man mir erzählte, ich hätte den Ort für mich allein. Doch nun waren hier offenbar noch andere Touristen oder auch Beamte der staatlichen Altertumsverwaltung.

Amr dachte anders. Er legte seinen langen, dünnen Zeigefinger auf die Lippen. »Warte hier. Ich sehe nach.«

Das Leben ist fürwahr ein seltsames und wunderbares Spiel, und so kam ich auf die Idee, dass wir womöglich ein Versteck von Dieben oder Haschischschmugglern gefunden hatten – Ali Baba an den Ufern des Nils! Das wollte ich auf keinen Fall versäumen. Meine Fersen stießen in die Rippen des mageren Esels. »Ich komme mit.«

Wir banden unsere Esel nahe den anderen fest und marschierten über den staubigen Boden bis zur Säulenhalle, bis zu den gemeißelten Wandbildern der Löwengöttin. Drinnen im Tempel – den man sich eher als Schrein denn als Luxor-Prachtbau vorstellen muss – war es nach dem gleißenden Licht der Wüste zwar recht finster, doch kein Zweifel, da kamen zwei Männer auf uns zu.

Amr begrüßte die beiden. Sie erwiderten den Gruß, doch es hatte etwas Bedrohliches. Während Amr redete, lugte ich an den Männern vorbei nach hinten und sah in der kleinen Kammer eine Frau. Sie war schwarz gewandet und verschmolz mit der Dunkelheit, so dass ich sie unmöglich klar erkennen konnte. Aber sie war eindeutig allein, kauerte am Boden, wälzte sich allem Anschein nach über Sand und Gestein, hin und her. Ich hörte sie reden, ganz vertrauensvoll, wehklagen, sanft flehen.

Einer der Männer stellte sich vor mich, um die Sicht zu behindern.

»Bitte«, sagte Amr und drehte sich zu mir, »wir können hier jetzt nicht bleiben. Wir müssen ein andermal wiederkommen.«

Mein erster Gedanke war, dass Amr so verfuhr, um bei einem nächsten Ausritt ein zweites Mal bezahlt zu werden, und ich wollte protestieren, doch er nahm mich am Arm und führte mich aus der Säulenhalle hinaus.

»Warum können wir nicht hinein?«

»Diese Frau möchte Kinder haben, bekommt aber keine«, sagte er so unumwunden, als ginge es um die Reparatur ihrer Waschmaschine. »Also ist sie hierher gekommen, damit es ihr ermöglicht wird.«

»Warum hier?«

»Weil es hier *baraka* gibt, Segen.«

Die Geschichte, so wie sie mir Amr erklärte, während wir zurück ins grüne Tal ritten, war einfach. Die Frau stammte aus einem nahe gelegenen Dorf, hatte Probleme gehabt, schwanger zu werden und bereits den Scheich und den Arzt aufgesucht. Pillen, Heiltränke und Gebete – es half nichts. Und nun setzte sie all ihren Glauben in die alten Steine und war gekommen, um zu Pascht zu beten, damit sie sie mit einem Kind segne.

»Jetzt wird sie geheilt«, versicherte mir Amr und nahm seinen Bambusstock, um mit dem Schwanz meines Esels zu fechten.

»Warum?«

»*Allah karim*. Gott ist großzügig, ya Antoon«, erwiderte er und verwendete dabei die koptische Übersetzung meines Namens.

»Aber hier herrscht Pascht, die alte Göttin, oder Antar, der arabische Held – nicht Allah.«

»In meinem Land ist das alles das Gleiche, alles Allah.«

»Tun das viele Frauen?«

Er sah mich an, wie er mich noch nie angesehen hatte, eine Spur Argwohn im Blick, und blickte dann wieder geradeaus. »Viele Frauen? Ja ... wenn es notwendig ist.«

»Und die Männer?«

»Die Männer?« In hochmütiger Verachtung wandte er sich ab, als traue er seinen Ohren nicht, dass ich eine solch dämliche Frage gestellt hatte. »Antar hatte nie Schwierigkeiten bei seinen Frauen.« Er hob seinen Stock und durchschnitt die dicke, heiße Luft, als wollte er die Unterhaltung damit beenden.

So ritten wir eine Weile schweigend weiter, bis Amr plötzlich stehen blieb und von seinem Esel stieg. Aus einer der Öffnungen im Gestein ließ er Wasser in eine Blechdose tröpfeln und bot mir eine ziemliche Rostbrühe zu trinken an.

»Danke«, lehnte ich ab, und da mich der Anblick der Dose nicht gerade begeisterte, log ich: »Ich habe keinen Durst.«

»Du musst trinken«, beharrte er. »Das Wasser kommt aus dem Nil. Es wird aus der Mitte entnommen, wo der Fluss schnell ist, es ist unproblematisch. Und weißt du, wie man hier bei uns sagt?

Wenn du das Wasser des Nils trinkst, wirst du immer wieder zurückkommen.«

Abermals reichte er mir die Blechdose und hatte der Geste damit eine so große Bedeutung verliehen, dass ich nun unmöglich Nein sagen konnte, denn das wäre dem Eingeständnis gleichgekommen, nie wieder an den Nil zurückkommen zu wollen. Das Wasser war überraschend kühl und, weniger überraschend, es schmeckte nach Schlamm und Rost. Ich muss wohl etwas beklommen ausgesehen haben, als ich Amr die Dose zurückreichte, denn er gab mir einen Klaps auf den Rücken und gratulierte mir.

»Und wenn du wiederkommst, erinnerst du dich an deinen Freund Amr, der dir all diese Orte gezeigt hat.«

Ein hochherziger Vorschlag, nach dem mir aber, bis ich Kairo erreichte, kaum mehr der Sinn stand, denn die ersten Symptome einer Amöbenruhr zeigten sich.

Amr lernte ich im Mai 1987 kennen. Ende des darauf folgenden Jahres, als ich auf Durchreise in Kairo war, führte eine weitere Zufallsbekanntschaft dazu, dass ich mich verliebte, und danach ließ ich mich nur vom dringlichsten aller Gründe – mein erster Roman stand zur Veröffentlichung an, und das Buch musste druckfertig gemacht werden – zur Rückkehr nach London bewegen. Subjekt und Objekt meiner Begierde war eine junge Belgierin. Sie war Arabistin und lebte seit fünf Jahren in Kairo. Da sie nicht zu bewegen war mitzukommen, blieb mir nichts anderes übrig, als allein zu fahren. Anfang 1989 wohnten wir zusammen im obersten Stockwerk eines Wohnhauses direkt am Fluss, auf einer Insel im Nil, die zu den vornehmeren Gegenden in Kairo gehört. Von dort oben sahen wir auf die Gärten der Botschaften ringsum und auf eine prächtige Palme vor unserem Fenster, in der tagsüber Vögel saßen und nachts die Fledermäuse hingen. Außerdem blickte man über den Fluss auf das verfallene Hafenviertel von Bulaq und dahinter auf die Minarette und Türme stadteinwärts. Bei dieser Aussicht schien uns die ganze

Stadt zu Füßen zu liegen. An manchen Tagen suchten wir uns von unserer Dachterrasse aus einfach einen markanten Punkt, marschierten munter drauflos, quer durch die Stadt, gespannt, was wir alles erleben würden. Die Tage waren erfüllt von lebhafter Neugier und zufälligen Begegnungen, wie an jenem Morgen, als ich das Telefon abhob. Die männliche Stimme am anderen Ende war mir fremd, und so fragte ich, wen er sprechen wolle.

»Egal«, antwortete er. »Mit Ihnen.«

Im ersten Moment wollte ich spontan wieder aufhängen, fragte dann aber, wie er an meine Nummer gekommen sei.

»Ich habe einfach gewählt. Das mache ich öfter. Dank sei Gott, heute bin ich an einen *khawaga* geraten, einen Ausländer. Ich muss mit jemandem sprechen. Ich heiße Khalid.«

Khalid hatte vor kurzum sein Medizinstudium abgeschlossen. Er hatte es schwer gehabt. Sein Vater starb, als er zwei Jahre alt war. Damals wie heute lebte er mit seiner Mutter in Sayyida Zeinab, eines der ärmeren Viertel Kairos, benannt nach der Heiligen, die dort begraben liegen soll.

»Geld ist nicht alles. Ich habe hart gearbeitet, und bei den schriftlichen Prüfungen war ich es, Khalid, der sehr gut abschnitt ... besser als die anderen mit Geld und guten Kleidern. Ich habe einen der besten Abschlüsse meines Jahrgangs gemacht.«

Er hielt inne, vielleicht um mir Zeit zu geben, ihn zu beglückwünschen.

»Was passierte dann?«

Das anfängliche Selbstbewusstsein in seiner Stimme ließ nach, sie wurde hart, brüchig, wuchs allmählich wieder an. »Soll ich Ihnen was sagen? Es gibt eine Krankheit, die Ägypten zerstört. Sieben Jahre lang habe ich studiert, habe die besten Noten, aber keinen Job. Die guten Jobs bekommen Leute mit Beziehungen, nicht die mit guten Noten. Das will ich nur loswerden, und es tut gut, es jemandem wie Ihnen zu erzählen. Hoffnung gibt es nicht.«

Khalid lud mich zu sich nach Hause ein. »Auf einen Besuch, und weil ich«, so erklärte er, »Professor im Teezubereiten bin.« Als wir uns ein paar Tage später am Midan Tahrir trafen, Kairos chaotischem zentralen Platz, sah ich ihm an, dass ich nicht ganz seiner Vorstellung von einem *khawaga* entsprach. Vielleicht war ich zu jung oder hatte zu lange Haare, was weiß ich. Meinerseits war ich ebenfalls überrascht: Er sah eher aus wie ein gescheiterter Berufsboxer als wie ein Arzt. Er hatte ein dickes, bulliges Gesicht und einen noch dickeren, fettleibigen Körper; sein zu enges Hemd spannte an den Knöpfen, und seine eng anliegenden, weißen Hosen rissen an den Nähten. Er war groß, größer als sein Freund, ein quirliger Elektroingenieur namens Hamdi.

Während Khalid anfänglich schüchtern war, war Hamdi äußerst redselig. Er erklärte, dass an jenem Abend der Höhepunkt eines *moulid* sei, eines Festes, das die Geburt von Sayyida Zeinab feiert. »In diesen Tagen gedenken wir unserer Heiligen und bitten um ihren Segen. Außerdem nutzen wir die Gelegenheit, um vergnüglich zusammenzukommen, so wie ihr am Geburtstag des Propheten Eissa (Jesus).« Khalid warf ihm einen finsteren Blick zu und lief ein paar Schritte voraus, als sein Freund mich auf Michael Jackson ansprach.

Das Treiben um uns erinnerte eher an Karneval als an Weihnachten. Nahe der Sayyida Zeinab geweihten Moschee wurden die Lichter heller, und das Hupen der Autos ging unter in den Korangesängen, die an Ladenfassaden und hoch oben auf den Moscheen aus den Lautsprechern dröhnten. Eine wahre Masse bunt zusammengewürfelter Menschen: ein paar wenige reiche Kairoer auf einem Bummel; Bauern, die auf einem ihrer seltenen Ausflüge in die Hauptstadt grüppchenweise an der Straße hockten; junge Männer sprangen aus Spaß um sauber und gut gekleidete Familien herum, die Hand in Hand gingen und aussahen wie Ausschneidebildchen aus Papier; betagte Scheichs in langem Gewand, hohem Turban und einer beinahe greifbaren Aura von Erhabenheit und Würde, die in einer Prozession Richtung Moschee zogen, ihre Gefolgschaft in

Trauben hinterher. Khalid wurde zunehmend nervöser, als er und Hamdi mich durch die feiernde Menge schleusten.

Auf dem Pflaster hockten Frauen auf Plastikmatten über Primuskochern, bereiteten Essen zu und kochten Tee; Männer im Schneidersitz zogen an aus Blechkanistern gebastelten Wasserpfeifen. Entlang der Hauptstraße boten die *mawalidiya* – Händler, heilige Männer und Bettler, die sich bei solchen Ereignissen ihr Brot verdienten – Süßigkeiten, gekochte Bohnen, Kuchen, Segenssprüche und Beschneidungen feil sowie mystische Augenblicke im Duft von Räucherwerk, während sie kostenlos und überschwänglich den Geist der verehrten Heiligen lobpreisten.

Sayyida Zeinab wurde im Jahre 618 in Medina als Enkelin des Propheten Mohammed von dessen Tochter Fatima geboren. 679 bereitete Kairo ihr einen so herzlichen Empfang, dass sie zu bleiben beschloss. Im darauf folgenden Jahr verstarb sie dort im Alter von 52 Jahren und wurde in den Jahrhunderten nach ihrem Tod zur zweitberühmtesten Volksheiligen nach ihrem Bruder, dem Märtyrer Hussein.

Die Moschee von Sayyida Zeinab und ihr Grab, das im Mittelpunkt des Interesses der Massen stand, erschien vor uns, geschmückt wie eine Schauspielbude in einem Vergnügungspark. Die hohen Steinwände waren mit weißen Lichtern wie Perlen verziert, die runden Konturen des Grabs mit roten, grünen und gelben Glühbirnen behängt. Oberhalb der Steinwand erschien in Neonleuchtschrift in einziges Wort – Allah. Wenn das Religion war, verwundert es nicht, dass sie so populär ist.

Während die Menge in Richtung Moschee strömte, stand Khalid vor mir und schob die Menschen beiseite. Jedes Mal, wenn ich langsamer ging, um Männer, Frauen und Kinder beim Gebet zu betrachten, oder meinen Blick auf Tanz und Gelächter heftete, schien ihm das peinlich. »Komm. *Komm*. Hier ist es nicht sicher«, sagte er, als ob jeden Moment etwas Schreckliches passieren würde. Doch seine Worte und seine Bemühungen waren umsonst. Im Gedränge zur

Moschee wurden wir einfach mitgeschoben, Khalid redete auf mich ein und ergab sich schließlich der Kraft der drängenden Menschenmenge, als sei es Gottes Wille.

An den Stufen der Moschee ging das Geschiebe und Geschubse erst richtig los, ein einziges Gewimmel an Händen und Knien, Ellbogen und Schultern, da jeder auf Biegen und Brechen näher an den silbernen Zaun gelangen wollte, der das Grab der Heiligen umgab. Wir waren mittendrin, fast nahe genug, um ein oder zwei Wünsche zu sprechen, doch Khalid schaffte es irgendwie, uns in den entgegen gerichteten Strom zu zerren, der auf dem Rückweg war, und so entfernten wir uns mit der Menge.

In den Seitenstraßen und engen Alleen ging es ruhiger zu, wenn auch nicht ganz ruhig. An der einen Ecke bot eine Familie Fladenbrot feil sowie kleine Pyramiden aus Salz und Gewürzen – ein einladender Anblick. An der nächsten Ecke psalmodierte ein Mann von einem behelfsmäßigen Podest aus das immer gleiche Wort: Al*lah*, Al*lah*, Al*lah*. Er sang glänzend gegen den durch Lautsprecher verstärkten Gesang in unmittelbarer Nähe an, ließ seine Stimme durch die stinkende Luft wogen – und wie eine Antwort darauf kam ein jaulendes Feedback aus der Lautsprecheranlage.

Die Straße war vollgestopft mit Menschen, jung und alt wogte im Rhythmus des Gesanges hin und her. Als der Takt schneller wurde, stimmte die Menge in den Refrain ein, im Glauben, die Worte brächten sie näher zu Gott.

»Die Leute hier …«, sagte Khalid, als hätte er im Ernst gehofft, früh ins Bett zu kommen, »sie machen die ganze Nacht so weiter.«

Wir gingen in ein hinter dem Podest gelegenes Gebäude. Das laute Stimmengewirr verteilte sich draußen, und wir stiegen im Dunkeln die zwei Betonstiegen hinauf zu Khalids Wohnung.

In einem kleinen von Kerzen erleuchteten Wohnzimmer – Veloursessel und Stühle um einen niedrigen Tisch und überall eine dicke Staubschicht – unterhielten sich vier Männer mit gemäßigter

Stimme. Sie waren bei dem Straßenlärm nicht zu verstehen. Ihre Gesichter wirkten im Kerzenschein unheimlich.

Khalid stellte mich vor.

»Aus London«, wiederholten sie ohne die Begeisterung, die mir sonst in Ägypten entgegenschlägt. Mir wurden mehrere Zigarettenpäckchen auf einmal entgegengestreckt, und die Männer fuhren mit ihrem Geflüster fort. Khalid ging in das nächste Zimmer, von wo ich Frauenstimmen hörte. Mit einem Tablett voll schwarzen Tees kam er zurück. »Es ist mir eine Ehre, Sie hier in meinem Haus zu haben. Ich bin sehr glücklich.«

Noch glücklicher war er, als der Strom wiederkam und das Licht anging. Auf der geweißten Wand hing in einem goldenen Plastikrahmen eine glitzernde Inschrift aus dem Koran sowie das verblichene Schwarzweißfoto eines Mannes, der gut Khalids verstorbener Vater hätte sein können. Im Licht der Kerzen fielen mir Khalids nervöse Zuckungen auf, die zuckende Augenbraue, das langsam blinzelnde Auge und das unentwegte Wippen mit dem rechten Fuß, wie ein Kurzstreckenläufer, der vor dem Rennen Lockerungsübungen macht.

Die anderen Männer verdrückten sich, und als sie fort waren, schloss Khalid Tür und Fenster. »Zu viel Krach«, kommentierte er das Gesinge, wobei ich die Enge der Straße dem beengenden Zimmer vorgezogen hätte.

Eigentlich hatte ich erwartet, dass Khalid an unser Telefongespräch anknüpfen würde, sich weiter auslassen würde über Korruption und die Ungerechtigkeit des Lebens, wenn man nicht die richtigen Beziehungen hatte. Stattdessen fragte er, was ich von Ägypten hielt.

Ich gab die Standardantwort: »Ich denke, es ist schön«, und benutzte sogar das arabische Wort *helwa*, süß.

Er lächelte, als ob ihm das schmeichelte, und fing an, in seinem fließendem Englisch eine Rede über den Islam und den Koran zu halten. Der Revolutionär schwenkte auf die Religion. »Der Islam hat mir mein Leben zurückgegeben. Jetzt erst ... wieder ... Dank Gott ... habe ich etwas, an das ich glauben kann.«

Hamdi sagte nichts.

»Wir müssen nach den Gesetzen des Propheten leben – Friede sei mit ihm. Wir haben falsch gelebt, und sieh nur, was aus uns geworden ist. Unser Land steckt in Schwierigkeiten, und unsere Führer sind schlecht. Ich sage Ihnen, wenn wir nach dem Koran leben, wird Ägypten wieder stark sein, so ist Gottes Wille.«

»Vertreten Sie einen fundamentalistischen Standpunkt?«, fragte ich naiv – das war noch vor der derzeit bestehenden Gefahr terroristischer Anschläge durch islamische Fundamentalisten. Bevor Khalid antworten konnte, mischte sich Hamdi ein. »Wenn ... wenn ... wenn ... sieh dich doch mal um, Khalid. Es sind nicht nur die *khawagas*, die die Lehren unsres Propheten ignorieren.« Er fuhr mit der Hand herum und zeigte auf das Treiben vor dem Fenster.

Khalid hob die rechte Hand, um ihn zu beschwichtigen, und hielt sie mehrere Minuten lang oben, die Augen geschlossen, der rechten Fuß wippte. Ich fing langsam an, mir ernste Sorgen um ihn zu machen, als er sich wieder mir zuwandte. »Sie kennen den Koran ... das Wort Gottes, das dem Propheten gegeben wurde?« Er hielt inne, vielleicht dachte er, zu vermessen gewesen zu sein, und brachte seine Ausführungen etwas bedächtiger vor. »Sie kennen doch unseren Propheten? Mohammed? Möge Gott ihn segnen und ihm Erlösung gewähren.«

Ich beteuerte ihm, sogar die ein oder andere Stelle im Koran gelesen zu haben. Das ermunterte ihn. »Wie kann man daran nicht glauben? Das verstehe ich nicht. Wie können diese Menschen die Wahrheit nicht erkennen und ihr nicht gehorchen? Warum folgen sie dem *Sharia* nicht, dem Wahren Weg? Was die da draußen heute Abend veranstalten ... das hat mit Islam nichts zu tun. Das ist nicht das, was Allah uns zu tun geheißen hat. Warum tun sie so etwas? Warum dürfen sie das? Das müsste unterbunden werden. Und wenn die Regierung nichts unternimmt, dann muss eben der Regierung ein Ende gesetzt werden. Ich sage Ihnen, Ägypten ist am Ende, wenn wir nicht anfangen, dem Propheten zu gehorchen.«

Das war also der eigentliche Grund für seine Einladung. Um mir das mitzuteilen – und um mit mir Tee zu trinken. Und nun, da er es los war, hatte er nichts mehr zu sagen. Wenig später lotste er mich zurück durch die noch immer ausgelassen feiernde Menge, die sich mittlerweile etwas gelichtet hatte, und verabschiedete mich am Midan Tahrir.

Ich habe ein paar Jahre gebraucht, bis ich die Verbindung sah zwischen der Frau, die sich am Boden zwischen den Ruinen des alten Schreins wälzte, und einem jungen Mann in einem der am dichtesten bevölkerten Viertel Kairos, der auf dem Standpunkt beharrte, dass man als Ägypter streng nach dem Koran leben müsse. Die Verbindung wurde mir erst klar, als ich eines schönen Tages im Frühjahr 1997 die Ruinen des alten Arbeiterdorfes von Deir al Medina in Luxor besuchte.

Das frische Morgenlicht war klar und blendend hell, hatte etwas vom Glanz der Schöpfung. Alles sah jung aus. Das Licht ließ sogar die staubbedeckten Bäume und die verfallenen Gebäude frisch aussehen und verlieh den Rostkähnen auf dem Nil einen schimmernden Glanz. Und es wühlte alle möglichen Gedanken in mir auf.

Im Grab eines frühen Bildhauers namens Iphy bekam ich Gesellschaft von einer Gruppe italienischer Touristen. Ihr junger ägyptischer Reiseführer hatte eine dröhnende Stimme, und im beengten Grabraum, in dem es nur geringfügig kühler war als in dem sich aufheizenden »Backofen« draußen, blieb mir nichts anderes übrig, als mich dem Tross anzuschließen.

»Iphy, der Bildhauer, lebte zur Zeit Ramses II. Ramses war, wie wir wissen, ein Pharao aus dem Neuen Königreich, aus der 19. Dynastie, und er regierte von 1279 bis 1212 v. Chr. Dieses Grab könnte also 3200 Jahre alt sein.«

Die Gruppe, die seit fünf Uhr früh auf den Beinen war und bereits ein halbes Dutzend andere Gräber und Tempel besichtigt hatte, reagierte kaum darauf.

»Das ist sehr alt, oder nicht?«, hakte der Führer nach, erhielt als Antwort aber nur ein teilnahmsloses Kopfschütteln.

»Wenn Sie mal hier hin sehen, dann erkennen Sie, was dieses Grab von den königlichen Gräbern, die wir aus dem Tal der Könige kennen, unterscheidet. Hier haben wir Iphy, der in einem ägyptischen Dorf seiner Arbeit nachgeht. Hier sehen wir ihn pflügen, hier Getreide schneiden, seine Tiere führen, Trauben pflücken …«

»Wieso ist das so alt?«, unterbrach ihn ein Mann. »Der Mann da mit dem Pflug – der sieht doch so aus wie der Bauer, den wir heute Morgen auf dem Weg hierher gesehen haben.« Sie hatten also Bauern gesehen, die weißen Gewänder beim Arbeiten hochgeschürzt, Bauern, die auf das Vieh eindroschen, damit es die hölzernen Pflüge zieht, und sie hatten gesehen, dass die Frauen hinterher gehen.

»Sehr gut«, sagte der Führer, eifrig bedacht, diesen Einwand weidlich auszunutzen. »Sie haben recht: In Ägypten haben sich seit Pharaos Zeiten viele Dinge in vielerlei Hinsicht und für alle ganz und gar nicht verändert.«

»In vielerlei Hinsicht und für alle …« Über diese provokante Aussage dachte ich nach, während ich den Hang über dem alten Dorf bergan stieg, vorbei an einem Ptolemäischen Tempel, zu einer riesigen Grube, die, wie ich annahm, in der Antike ausgehoben worden war. Ein gewundener Pfad führte vom Grubenrand aus hinunter, hörte dann aber plötzlich auf, und der Mut verließ mich. Mir fiel eine Geschichte ein, die mir einmal jemand erzählt hat – eine wahre oder ein Filmausschnitt? –, in der eine Frau in dieser Gegend in eine Grube gefallen war und nicht mehr herauskam. Man fand sie Wochen oder Monate später, neben ihr einen Zettel, auf den sie ihre letzten Gedanken geschrieben hatte. Sie wusste, dass sie sterben würde, dass die Wahrscheinlichkeit, jemand käme hier vorbei und würde in das Grab spähen, nicht sonderlich hoch war – ich konnte nicht einmal über den Rand sehen. Die ganze Zeit, die sie dort unten noch lebte, hatte sie ein Bild vor Augen: vom Himmel, den sie in ihrem Leben hatte, und von der Hölle, der sie jetzt ausgesetzt war.

Ich lief um den Rand der Grube herum, den Blick auf dem Boden, und machte eine Art Bestandsaufnahme von allem, was mir vor die Füße kam: Tonscherben, die vom letzten Jahr oder von vor fünftausend Jahren stammen konnten, Kalksteinbrocken aus der Felsnase über mir, Zigarettenpäckchen der Marke Cleopatra, versteinerte Muscheln, andere Muschelschalen und ein paar seltsame, weiche Brocken. Einen hob ich auf. Er fühlte sich von der Sonne ganz warm an. Mit seinen Knötchen und Klümpchen sah er aus wie ein Stück des Planeten, den der kleine Prinz in Antoine de Saint-Exupérys gleichnamigem Buch besucht. Als ich darauf klopfte, sprang der Brocken auf, wie das in Ägypten oft passiert, und was ich in Händen hielt, war noch viel phantastischer, als ich mir es vorgestellt hatte. Es war ein Hämatit, ein weicher Stein mit einer festen Lage Eisenerz, in der Farbe getrockneten Bluts. Ich zerdrückte ein kleines Stück zwischen den Fingern, und sofort zerfiel es in feines Puder. Ein Stück weiter oben fand ich einen Limonit, ebenfalls ein Eisenerz, das in gelbe Farbkörperchen zerfiel. Aus diesen Pigmenten stellten die Arbeiter von Deir al-Medina die Farben her, mit denen sie die Gräber ihrer Könige verzierten. Ich war also gerade über einen alten Farbmalkasten gelaufen.

Weiter zur Felswand hin wurde der Hang steiler. Steine, Sand und Staub lösten sich unter meinem Tritt, und alle paar Schritte rutschte ich zurück. Als ich die Wand erreicht hatte, ragte der Fels Hunderte von Metern hoch in die sengende Mittagssonne. Der Schweiß brach mir aus allen Poren, als ich in eine Felsnische kletterte. Als sich meine Augen an das Dunkel gewöhnt hatten, erkannte ich, dass ich mich in einem Höhleneingang befand. Ich ging hinein, nur so weit, wie das helle Licht einfiel, bekam Herzklopfen bei der Vorstellung, was im tiefsten Inneren der Dunkelheit alles liegen könnte und dass ich eine Grube unter mir oder einen Felssturz vor meiner Nase nicht einmal sehen würde, solange ich dort drin wäre. Kein Mensch wusste, wo ich war. Kein Mensch würde mich hier suchen kommen. Ich war noch nicht bereit, mich an den »Ort der Wahrheit« zu begeben.

Mit der Zeit sah ich deutlicher und stellte fest, dass ich von menschlichen Überresten und Knochenteilen umgeben war. Die letzten Reste eines Ermordeten? Wie lange dauerte es wohl, bis ein Körper bei dieser dörrenden Luft in seine letzten Reste verfallen war, zu Staub und Knochen? Die hier herumstreunenden Wildhunde und Schakale – normalerweise sind sie nicht zu sehen, nachts aber unüberhörbar –, könnten das ihre dazugetan haben, um den Prozess zu beschleunigen. Dann erspähte ich auf dem Boden ein paar braune Stofffetzen. Ich hielt ein Stück ins Licht. Grob gewebtes Leinen von der Sorte, die man als Mumienwickel verwendet, das aber genauso gut von einem Kleidungsstück oder einer Verpackung hätte stammen können. Es war unmöglich, allein vom Anblick der menschlichen Überreste auf deren Alter zu schließen, doch ich vermutete, dass das Leinen uralt war; nur Mullbinden weisen heute noch dieselbe Webart auf.

Draußen, gleich neben dem Höhleneingang, befand sich ein Grab, und etwas weiter an der Wand entlang waren noch mehr Mumiengruben, noch mehr Fetzen und Knochen. Die Bergkette war durchsetzt von Gruben und Höhlen, den letzten Ruhestätten der Unbekannten, der Menschen, die nicht für die Nachwelt verewigt wurden, denen zu Ehren man keine Tempel erbauen und keine Pyramiden errichten ließ. Ein grobes Leinenlaken und ein gewöhnliches Grab waren ihr Los – wie es das für viele Ägypter heute noch ist.

Langsam setzte ich einen Fuß vor den anderen, ging an der Felswand entlang zurück, am Tempel vorbei, bis ich mich oberhalb des verfallenen alten Dorfes befand. Ich setzte mich in den Schatten eines überhängenden Felsens und drehte das Stoffstück in meiner Hand hin und her. Kleine Farbpartikel zerbröckelten zu Staubkörnchen. Ich streckte die Hand aus, um sie aufzusammeln, als sie zu Boden fielen, gleichwie ich versuchte, meine wirren Gedanken und Beobachtungen zu sammeln. Ich suchte nach einer Methode, sie zu sortieren. Die Vergangenheit schien hier auf so viele Arten noch lebendig. Die Frau bei Speos Artemidos, die tat, was die Frauen hier seit Jahrtausenden tun, Gott oder die Götter oder wen auch immer zu bitten, ihr Fruchtbarkeit zu schenken. Unten in Iphys Grab stellten die italienischen Touristen die Verbindung zwischen dem Bild eines vor dreitausend Jahren gestorbenen Mannes und den Bauern her, die sie an jenem Morgen auf den Feldern Ägyptens gesehen hatten. Warum also – wobei ich erkannte, dass ich rein zufällig auf all das stieß, ohne eigentlich danach zu suchen, und jeder weiß, dass über Ägypten mehr geschrieben wurde als über sonst einen Ort der Welt – hatte ich außer ein paar Worten nicht mehr gelesen oder gehört vom Fortleben der alten ägyptischen Kultur? Und warum hatte ich nun das Gefühl, regelrecht hineingezogen zu werden? Warum ich? Warum jetzt?

Ich stamme aus einer Auswandererfamilie. Meine Mutter ist Amerikanerin, und die Familie meines Vaters kommt aus Polen und Russland. Der Vater meines Vaters wurde 77 Jahre alt, doch all die Jahre, die er in London lebte, hat er weder Englisch lesen noch schreiben gelernt. Meine Familie lebte sehr ortsverbunden – in meiner Kindheit und Jugend sind wir nur viermal in der näheren Umgebung umgezogen –, und abgesehen von alljährlichen Urlaubsfahrten ans Mittelmeer blieben wir daheim. Ich jedoch bin mit meiner Heimat nicht tief verwurzelt, das Reisen ist Teil meines Lebens. Für mich ist es nichts Ungewöhnliches, dass ich in der Weltgeschichte herumreise, dass mein Bruder in New York lebt, meine Schwägerin in Hongkong oder mein Schwager mit einer Südafrikanerin verheiratet ist. Nun, da ich den Fetzen Leinen in meiner Hand hielt, ihn drehte und wendete, zusah, wie er zerfiel, erschien es mir vollkommen plausibel, dass ich von einem Volk fasziniert sein musste, dessen »Stärke« laut dem Propheten Jesaja darin lag, »zu verharren«. In den Schatten, die die Pharaonen und ihre Untertanen warfen, in den Sitten und Gebräuchen, in den Vorstellungen von Glauben und Aberglauben, welche überlebt haben, in der Fortdauer all dessen im Leben der Ägypter, die ich kennen gelernt hatte, erkannte ich etwas, das meinem Leben fehlte – ein Aufleuchten des Ewigen.

So saß ich dort oben auf dem Berg und beschloss, auf die Suche zu gehen, die später zu einer Obsession wurde. Ich wollte wissen, welche Sitten und Gebräuche aus dem Alten Ägypten überdauert haben und, falls das überhaupt möglich war, wie sie überdauert haben. Ich wollte wissen, wie die Ägypter zu diesen Überbleibseln stehen, wie Muslime und Christen reagieren, wenn man ihnen den Spiegel der Zeit vorhält und sie im Leben jener Heiden etwas von ihrem eigenen Leben erkennen.

Und außerdem wollte ich die mächtigen Kräfte ausmachen, die gegen diese alten Traditionen gerichtet sind; insbesondere, was den wachsenden westlichen Einfluss betrifft. In den 1960er Jahren hatten viele Dörfer am Nilufer noch keinen Strom, doch mit dem Modernisierungsprogramm von Präsident Sadat hielt im ganzen Niltal und Nildelta das Fernsehen Einzug, und amerikanische Seifenopern wurden kostenlos übertragen. In den letzten Jahren hat sich das Tempo der Veränderung rasant beschleunigt. Mit den Nachwirkungen des Golfkriegs und der Aufhebung der Kontrollmechanismen im Kapitalverkehr in und aus dem Land hat Ägypten – zumindest in den Städten – eine soziale Revolution erlebt, eine Revolution, die den alten Traditionen absolut entgegengesetzt war.

Die Karnevalsatmosphäre beim *moulid* zu Ehren Sayyid Zeinabs war Khalid deshalb peinlich, weil sie mit der muslimischen Art zu feiern seiner Ansicht nach nicht mehr viel zu tun hatte. Kurz nach dem *moulid,* nachdem Khalid sich mir gegenüber für eine Rückkehr zum Fundamentalismus ausgesprochen hatte, wurden

Stimmen islamistischer Führer laut, die eine Beendigung solcher Praktiken verlangten, die in ihren Augen unislamisch waren. Darunter fielen die Sitten und Gebräuche, die Amr, mein Führer in Speos Artemidos, für vollkommen natürlich hielt, die Sitten und Gebräuche, die mich faszinierten. Die Islamisten beharrten darauf, dass es für die Ägypter an der Zeit war, diese überholten Traditionen über Bord zu werfen. Ein paar Jahre, nachdem ich Khalid kennen gelernt hatte, unmittelbar nach dem Golfkrieg, begannen die Islamisten eine Gewaltkampagne, die die Islamisierung des Landes vorantrieb und zahlreichen Überresten aus der Kultur des Alten Ägypten, nach denen ich auf der Suche war, den Garaus machen sollte. Die Aussicht auf tief greifende Veränderungen, die unter dem islamistischen Einfluss eintreten könnten, verlieh meiner Suche eine besondere Dringlichkeit, denn die Gebräuche und Glaubensvorstellungen, die mehrere Jahrtausende überdauert haben, könnten nun innerhalb einer Generation verschwinden. Dieser Generation.

Dass Dinge vergehen und dies unvermeidlich ist, hatte ich im Laufe der vergangenen Jahre begriffen. Ich hatte mich so arg verliebt, dass ich mir sicher war, ein Leben wäre nicht genug. Dieses bewusste Gefühl von der Kostbarkeit der Zeit wurde einmal mehr verstärkt, als ein Freund von mir bei einem Flugzeugabsturz ums Leben kam. Natürlich, die Wahrscheinlichkeit für ein solches Ereignis ist so gering, dass man es kaum einkalkuliert. Ich jedenfalls hatte nicht damit gerechnet, und trotzdem ist es passiert. Die Vergänglichkeit der Dinge war mir sehr wohl bewusst, aber wenn es um Liebe und Tod ging, wollte ich einfach glauben, dass Fortdauer, dass Ewigkeit möglich war.

Dort oben auf dem Berg über den Begräbnisstätten der Pharaonen ging mir all dies durch den Kopf, während ich den Fetzen Leinen zwischen den Fingern drehte. Nur noch wenige Fäden waren übrig, wie die wenigen Schlüssel, die ich besaß, um mir das Leben in Altägypten zu erschließen.

»Eh, Mister.«

Ich sah auf, geblendet vom grellen Licht und der leuchtenden Farbe des Tals.

»Mister.«

Unterhalb von mir, zwischen all den braunen und beigefarbenen Farbtönen, die am Hügelhang in der aufsteigenden, warmen Luftströmung tanzten, winkte der Wächter des nahe gelegenen Tempels.

»*Mamnouh*!«

»*Mamnouh*?«

»*Mamnouh*! Das ist verboten. Sie müssen herunterkommen.«

Also ging ich hinunter.

Als der Winter sich in jenem Jahr seinem Ende neigte, befand ich mich wieder daheim in England, fuhr in einem Zug durch die braune Landschaft, und nichts sonst bewegte sich unter dem drückenden Himmel. Es regnete nicht, doch die Wolken hingen so tief, dass die Landschaft feucht war. In Liverpool schlenderte ich am düster wirkenden Hotel Adelphi unterhalb der Kathedrale, einem eher misslungenen Bauwerk, vorbei zur Universität, wo ich mir die wissenschaftlichen Veröffentlichungen einer 1950 verstorbenen Forscherin ansehen wollte.

Winifred Blackman ist ein archetypischer Blaustrumpf gewesen. Als Tochter eines walisischen Geistlichen und Schwester von Aylward M. Blackman, dem späteren Professor für Ägyptologie an der Universität Liverpool, studierte sie Anthropologie an der Oxford University und reiste mit der Percy-Sladen-Expedition erstmals nach Ägypten. 1920 kam sie dort an, zwei Jahre, bevor Howard Carter das Grab des Tutanchamun entdeckte, und brachte das Tal der Könige in Luxor sowie ihre ägyptologischen Forschungen auf der ganzen Welt in die Schlagzeilen.

In den folgenden zehn Jahren beschäftigte sie sich mit lokalen Glaubensvorstellungen und Gebräuchen und suchte nach Analogien im Alten Ägypten. Was sie vor den meisten anderen Ausländern in Ägypten auszeichnete, war ihre Fähigkeit, Arabisch zu sprechen, das moderne wie auch das Alte Ägypten zu verstehen, ihr Interesse an den *fellahin* und ihre Bereitschaft, in den Dörfern zu leben. Über mehrere Jahre hatte sie in einem Haus im Faijum ein Zimmer gemietet.

Blackman verbrachte die Winter in Ägypten, doch während der Sommermonate kehrte sie nach England zurück. Dort überarbeitete sie ihre Aufzeichnungen, stellte Hintergrundrecherchen an und schrieb ihre Aufsätze über Gebräuche, Aberglauben, Magie und Heilige, die sie anthropologischen Fachzeitschriften wie *MAN*, *Discovery* und *Folklore* sowie in der Zeitschrift der ägyptischen Forschungsgesellschaft veröffentlichte. Vermutlich betrieb sie auch Kontaktpflege, um sicherzustellen, dass für das folgende Jahr weitere Forschungsstipendien bereitgestellt würden. All das war eine Art Vorspiel für *The Fellahin of Upper Egypt*, ihre Abhandlung über »das religiöse, soziale und industrielle Leben heute unter besonderer Berücksichtigung fortlebender Reste aus der Antike«. 1928 veröffentlicht, galt das Werk als bahnbrechende Untersuchung, die erste aus der Feder einer gelehrten Anthropologin und noch heute eine der besten.

»Die Gebräuche und Glaubensvorstellungen sind von großer Bedeutung und Wichtigkeit in sich«, schrieb sie, »aber da die meisten sehr alt sind, ist die eingehende Erforschung sowie ihre genaue Aufzeichnung noch sehr viel dringlicher.« In den *Fellahin* ist allerdings nur ein Kapitel den Analogien zwischen Vergangenheit und Gegenwart gewidmet, welches mit einer überaus klaren Aussage beginnt: »Es liegt mir sehr am Herzen zu betonen, dass ich in diesem Kapitel keineswegs eine vollständige Liste der mir bekannten Analogien zur Antike aufstelle... In meiner wissenschaftlichen Darstellung der *fellahin* (die ich zu einem späteren Zeitpunkt veröffentlichen werde), wird die Frage nach den fortlebenden Resten der alten Kulturen umfassend behandelt. Da ich in Kürze ein Buch veröffentliche, welches sich mit koptischen Heiligen und muslimischen Scheichs befasst, und eines über moderne ägyptische Heiler, lasse ich jetzt alle Hinweise auf die zahlreichen Überreste aus, die mit den Kulthandlungen um Heilige und Scheichs verbunden sind.« Leider aber war und blieb *The Fellahin of Upper Egypt* das einzige Buch, das von Winifred Blackman erschienen ist. Ich reiste nach Liverpool, um herauszufinden, was mit dem Rest ihrer Aufzeichnungen passiert war.

Ihr Bruder war von 1934 bis 1949 Professor für Ägyptologie an der Universität Liverpool gewesen, und so ist Winifred Blackmans Archiv als Teil seines Nachlasses dort erhalten geblieben. Es füllt eine ganze Reihe Aktenschränke. Sie standen in der Mitte eine großen Raumes, in denen die School of Archaeology, Abteilung Klassische und Orientalische Studien, einige ihrer Antiquitäten ausstellte. Auf einem Blatt war der Nachlass aufgelistet: Notizbücher, Manuskripte, Preislisten, Ringhefter, Briefe, Tausende von Fotografien und Negativen, unzählige seltsame Gegenstände – Winifred Blackmans Lebenswerk aufgezählt, katalogisiert und weggeschlossen. Als der Aktenschrank geöffnet wurde, fand ich Münzen und Knöpfe, Tierdung, Fell und Haare, beschriebene Amulette, Arzneien und Heiltränke, Bücher, alte Zeitschriften, Briefe in arabischer Sprache, alte Drahtsaiten und Metallstückchen, über deren Verwendungszweck nur gemutmaßt werden kann. Aber ich fand kein weiteres Manuskript, kein weiteres Buch. Ihre Forschungsaufzeichnungen waren allerdings vorhanden, fein säuberlich mit der Hand geschrieben. Also machte ich mich daran, die Notizbücher durchzuforsten, nutzte jede Stunde, solange der Saal geöffnet war, las schnell und machte eifrig Notizen von allem, was aussah, als könnte es von Bedeutung sein.

Am zweiten Morgen stieß ich auf einen Stapel mit Aufzeichnungen von Aylward, darunter auch Nachrufe auf Winifred. Am 16. Dezember 1950 meldete der *Abergele Visitor* ihren Tod. Zwei Tage später widmete die *Times* ihr einen kleinen Artikel und nannte ihre erstklassige Untersuchung der *fellahin* ein »beachtliches Werk insofern, da es dem Gelehrten von Nutzen und zugleich von Interesse für die breite Leserschaft ist«.

Was geschah mit Winifred Blackman in den Jahren zwischen 1927, als sie ihr erstes Buch veröffentlichte, und 1950, ihrem Tod? Warum hat man nach 1927 nichts mehr von ihr gehört? Was geschah mit den Büchern, die sie in den *Fellahin* angekündigt hatte, mit der »wissenschaftlichen Darstellung der *fellahin*«, dem »Buch, welches sich mit koptischen Heiligen und muslimischen Scheichs befasst« und dem Werk »über moderne ägyptische Heiler«? Hatten sie die langen Jahre des einsamen Lebens und Arbeitens in den Wahnsinn getrieben? War ihr in Ägypten etwas zugestoßen? Gerüchten zufolge hatte sie eine Affäre mit einem Dorfbewohner, der ihr bei ihrer Arbeit half. Ein gebrochenes Herz also? Vielleicht.

Kurz bevor ich abreiste, fand ich einen Zettel mit vier Zeilen auf Arabisch und Englisch. Eine Übersetzung vielleicht, von etwas, das sie aufgeschnappt hatte. Vielleicht aber auch eine eigene Dichtung: »Die Hölle ist heiß. Die Hölle ist kalt. Hölle ist Durst. Hölle ist Hunger.«

Zurück in Kairo wühlte ich mich durch die Bibliotheken des Deutschen Archäologischen Instituts, des Niederländischen Instituts und des Amerikanischen Forschungszentrums. Dabei stieß ich auf den Namen einer weiteren Engländerin, einer ungefähren Zeitgenossin von Winifred Blackman – Dorothy Eady.

Dorothy Eadys Biografie ist in *The Search for Umm Seti* von Jonathan Cott nachzulesen. 1907, im Alter von drei Jahren, stürzte sie in ihrem Elternhaus in Blackheath, südlich von London, die Treppe hinunter. Als der Arzt eintraf, konnte er nur noch den Tod durch »Gehirnerschütterung auf Grund eines Sturzes ohne Fremdeinwirkung« feststellen. Doch zur großen Freude aller stand sie eine Stunde später wieder auf und sprang vergnügt umher. Allerdings wurde sie kurze Zeit nach dem Sturz in ihren Träumen von immer gleichen Bildern verfolgt – mächtige, mit Kolonnaden versehene Gebäude inmitten von Blumengärten und Obstbäumen. Tagsüber weinte sie und lag ihren Eltern in den Ohren, sie wolle nach Hause. Du bist doch zu Hause, redeten die ihr zu. Nein, beharrte sie, ich will zu meinem richtigen Zuhause. Wo das denn sei. Sie wusste es nicht.

Ein Jahr darauf bei einem Besuch im Britischen Museum rannte sie los, um die Füße ägyptischer Statuen zu küssen, und verkündete, das seien ihre Verwandten. Wenige Monate später gab ihr Vater ihr einen Band der *Children's Encyclopaedia* mit einem Kapitel über Altägypten, und Dorothy verkündete, dass sie früher Hieroglyphen habe lesen können, aber vergessen habe, wie das geht. Im Alter von sieben Jahren sah sie ein Foto mit dem Tempel von Sethos I. in Abydos in Mittelägypten. »Das ist mein Zuhause«, erklärte sie ihren ungläubigen und zunehmend besorgten Eltern. »Dort habe ich einmal gewohnt.«

Als sie zehn war, schwänzte sie des Öfteren die Schule, um im Britischen Museum zu verweilen, wo sie eines Tages dem Kustos der ägyptischen Antiquitäten, Sir E. A. Wallis Budge, auffiel. Budge, ein etwas verschrobener Mensch, hatte sich erkundigt, warum das kleine Mädchen nicht in der Schule sei, und erfahren, dass sie lieber lernen wolle, die Hieroglyphen zu lesen. Er bot an, es ihr beizubringen.

Im Alter von vierzehn wurde sie eines Nachts von einem Mann geweckt, der sich über sie beugte und die Hände am Ausschnitt ihres Nachthemds hatte. Wie sie Jahre später einem Freund erzählte, hatte sie aus naheliegenden Gründen Angst, war aber gleichzeitig glücklich, denn sie wusste, wer dieser Mann war – Pharao Sethos I.

Der weitere Lebensweg der Dorothy Eady war zwangsläufig vorgezeichnet. Mit 27 Jahren lernte sie einen Ägypter kennen, der in London studierte. Er machte ihr einen Heiratsantrag, und zwei Jahre später folgte sie ihm nach Kairo, wo sie ihn heiratete. Ein Jahr später brachte sie einen Sohn zur Welt, den sie Seti (Sethos) nannte. Einem ägyptischen Brauch folgend, bekam sie den Namen Umm Seti, Mutter von Seti, unter dem sie bekannt werden sollte.

Sie begann, an den regelmäßigen nächtlichen »Besuchen« von Pharao Sethos Gefallen zu finden. Auch andere sahen ihn kommen, einschließlich ihrer Mutter, die von da an der festen Überzeugung war, dass »Ägypten kein sicherer Ort zum Leben sei«. Umm Seti hingegen hielt Ägypten für einen wundervollen Ort zum Leben – seinetwegen. Vom Pharao erfuhr sie, dass sie vor über dreitausend Jahren schon einmal gelebt hatte und in ihrem früheren Leben in einem Tempel aufgewachsen war. Der Name ihres damaligen *alter ego* lautete Bentreshyt. Als diese zwölf Jahre alt gewesen war, hatten die Priester sie vor die Wahl gestellt, entweder den Tempel zu verlassen und einen Mann zu nehmen oder im Tempel zu bleiben und ihr Leben Isis zu weihen. Bentreshyt wählte Letzteres und legte ein Gelübde der Keuschheit ab, ohne zu ahnen, dass ein Pharao ihr verfallen würde. Ein paar Jahre später wurde sie von Sethos schwanger, und bevor sie den Pharao der Schmach aussetzte, wählte sie lieber den Freitod. Nun, da er sie wieder gefunden hatte, erschien ihr der Pharao regelmäßig in nächtlichen Visionen, erklärte, was in ihrem früheren Leben geschehen war, und versprach, sie dieses Mal nicht wieder zu verlassen.

Umm Seti war glücklich, ihrem Gatten jedoch war das alles zu viel, und er verließ sie. Ein paar Jahre später erwirkte er das Sorgerecht für den gemeinsamen Sohn.

1952, in dem Jahr, als Ägyptens Monarchie gestürzt wurde, machte sich Umm Seti nach Abydos auf. Doch erst 1956, im Jahr der Verstaatlichung der Suezkanal-Gesellschaft und der gescheiterten anglo-israelischen Invasion, die das Land befreien sollte, wurde sie von der ägyptischen Altertumsverwaltung dorthin entsandt. Sie war damals 52 Jahre alt und blieb bis zu ihrem Tod 1982 in Abydos, wo sie die alten religiösen Riten in Sethos' Tempel praktizierte und bewahrte.

Als ich das erste Mal von Umm Seti las, war ich skeptisch – um es gelinde zu formulieren –, was ihre Behauptung anging, dass sie im Alten Ägypten gelebt hatte und auf Astralreise mit Sethos ging. Doch je mehr ich las, desto glaubhafter klang ihre Geschichte. Ich erwähnte sie Ägyptologen gegenüber, Leuten, die von Berufs wegen oder von Haus aus vorsichtig, konservativ und wortkarg sind. Alle, die sie persönlich gekannt hatten, reagierten gleich: Ein breites, unzweideutig strahlendes Lächeln ging über ihr Gesicht. »Oh, Umm Seti ...«, sagte Professor Kent Weeks, als ich ihn in seinem mit Computern voll gestopften Büro auf dem Campus der American University mitten in Kairo besuchte. »Sie war eine ganz wunderbare Person.« Weeks hatte mit ihr in den 1960er Jahren zusammengearbeitet, als er in der ägyptologischen Feldforschung noch ein Neuling war. Sein Interesse galt alten medizinischen Praktiken, und er kam dahinter, dass sie über einen reichen, außergewöhnlichen Wissensschatz verfügte. Darüber hinaus hatte sie viele der alten Heilmittel selbst ausprobiert. »Es war leicht, sich abfällig über Umm Seti zu äußern, bis man sie persönlich kennen lernte. Auch ich hatte alle möglichen absurden Geschichten über sie gehört, und, ehrlich gesagt, ich habe sie nicht geglaubt. Andererseits kam man an ihr auch nicht vorbei, denn immerhin führte ihr Insiderwissen, wie man es nennen könnte, in Abydos zu einigen bedeutsamen Entdeckungen.«

Eine der wichtigsten Entdeckungen, die Kent Weeks erwähnte, betraf die Gärten, wo Bentreshyt, wie sie sich erinnerte, gespielt und Sethos I. kennen gelernt hatte. 1956, als Umm Seti nach Abydos kam, wurde der Tempel gerade restauriert. »Unaufhörlich habe ich nach dem Garten gesucht, bis ich hierher kam«, zitiert Jonathan Scott Umm Seti, »und dann fand ihn der Vorarbeiter genau da, wo ich gesagt habe, dass er liege – südwestlich des Tempels – Baumwurzeln, Weinwurzeln, kleine Wasserkanäle ... sogar der Brunnen war da und hatte sogar noch Wasser.«

»Im Endeffekt«, schloss Kent Weeks bedächtig, um nur ja keine Blöße zu bieten, »kann jeder über sie sagen, was er will, aber ihr großes Wissen über das Alte Ägypten kann ihr keiner nehmen.«

Im Ägypten-Informationsblatt des amerikanischen Forschungszentrums vom Winter 1981/82 stieß ich auf einen Nachruf auf Umm Seti, geschrieben von Dr. Labib Habachi, einem hervorragenden Ägyptologen. Anerkennend stellte Habachi fest, dass Umm Seti durch ihr in jenem Jahr erschienenes Werk *Abydos, Holy City of Ancient Egypt* wohl bekannt war, und kündigte das baldige Erscheinen ihres zweiten Buchs an, *Survivals from Ancient Egypt*.

So bald offenbar doch nicht. Im Bibliothekskatalog des Forschungszentrums war jedenfalls kein weiteres Manuskript von Umm Seti verzeichnet, und auch der Bibliothekar wusste nichts davon. Also versuchte ich mein Glück auf anderem Wege und setzte mich mit Jano Fairservis in Verbindung, der Witwe von Professor Walter Fairservis jr., einem Ägyptologen, der häufig Feldforschung in Ägypten betrieben und Umm Seti persönlich gekannt hatte.

Jano Fairservis antwortete prompt. Ja, sie besäße das »Omm Sety (*sic*) Manuscript«, und erläuterte auch, wie sie daran gekommen war. »Mein Mann beauftragte Umm Seti mit dem Schreiben der Artikel. Er erkannte ihre einzigartige Stellung und ihre erzählerischen Fähigkeiten – zudem hatte sie alle Mühe, sich über Wasser zu halten. Das amerikanische Forschungszentrum in Ägypten leitete das Geld, das mein Mann schickte, weiter, und sie sandte die Manuskripte dorthin – wo sie liegen blieben. Wir nahmen an, dass das Forschungszentrum die Artikel veröffentlichen würde, aber das haben sie nicht getan.«

Jano Fairservis sandte mir eine Kopie des Manuskripts per Post. Als das Päckchen dann eintraf, war mir richtig zum Feiern zumute. Winifred Blackman hatte mir viele Schlüssel, viele Hinweise und viele Anmerkungen an die Hand gegeben, und nun erschienen mir Umm Setis Aufzeichnungen als eine Art belebender Geist. Lebte sie noch, ich hätte den Nil durchschwommen, um an ihre Tür zu klopfen. Statt dessen hielt ich hier ihre Schriften in Händen, Ausdruck ihrer Anschauungen und ihres großen Wissens um die vielfältig fortlebenden Reste einer antiken Kultur. Durch ihre Schriften hatte sie ein weiteres – ein drittes? – Leben.

Ich legte den losen Stapel Papiere ganz oben auf die Bücher, Zeitschriften, Fotokopien und handschriftlichen Notizen, die sich während meiner Forschungsarbeiten angesammelt hatten. Daneben lagen die Schreibblocks und kleinen schwarzen Notizbücher, die ich mit meinen eigenen Gedanken gefüllt hatte, mit persönlichen Erfahrungen und Beobachtungen. Auch einige leere Notizblocks lagen dort. Darin wollte ich Bekanntschaften notieren, die mir der Zufall bringen würde. Ich war besser vorbereitet denn je, die Schatten der lebendigen Vergangenheit Ägyptens zu beleuchten. Und auf ging's zu einer Party – um zu feiern!

# Die Welt und ihr Ende

Die, welche Serapis anbeten,
sind Christen.

*Kaiser Hadrian*

Professor As-Said Abdel-Aziz Salem saß hinter einem großen Schreibtisch im ersten Stock der Philosophischen Fakultät an der Universität von Alexandria, ein Sofa und zwei Lehnstühle davor, ein Student neben ihm. Er bedeutete mir, Platz zu nehmen und zu warten. Und so saß ich und wartete. Das war nichts Neues. Schon oft hatte ich in ähnlich möblierten Amtsstuben der Abteilungen für Antikes, Information und Staatssicherheit die Zeit mit Warten zugebracht. Professor Salems Büro jedoch unterschied sich von allen anderen in einem Punkt: Große Stapel Papier und mächtige Bücherberge hatten sich hier über Jahre aufgehäuft und erweckten den Eindruck – ob von Professor Salem beabsichtigt oder nicht –, dass er seit seinem Amtsantritt an der Universität eine ganze Menge Forschungen abgeschlossen hatte, und so wie es aussah, noch eine ganze Menge mehr abzuschließen gedachte.

Als der Student uns allein ließ, kam Professor Salem auf mich zu und setzte sich auf das Sofa mir gegenüber. In seiner äußeren Erscheinung war er eine seltsame Mischung aus Eleganz und akademischer Schludrigkeit, und sein Wesen strahlte ein gewisses Wohlbefinden aus; sein metallenes Brillengestell funkelte. »Ich bin in Alexandria geboren, habe meinen Doktor der Philosophie aber in Paris gemacht. Kennen Sie die Sorbonne?« Als Experte auf dem Gebiet Islamisches Spanien war er Direktor des Islamischen Instituts in Madrid gewesen und Kulturattaché an der ägyptischen Botschaft dort. Zudem hatte er an den Ausgrabungen an der Medina Azhara in Cordoba teilgenommen, war Mitglied der Spanischen Königlichen Akademie der Künste und lehrte seit Jahrzehnten an der Universität von Alexandria.

Professor Salem hat sich lange genug mit dem Aufstieg und Niedergang verschiedener Kulturen befasst, um zu der Überzeugung zu gelangen, dass Geschichte sich fortlaufend wiederholt; sie vergessen zu machen, war schwer vorstellbar, eine Verneinung seines Fachs, die im Widerspruch zu den Tatsachen stand, wie er sie begriff; sie auf immer zu verewigen – das galt ihm alles. Geschichte war für ihn keine feste, statische Sache, wie wir versucht sind zu glauben, dass die alten Ägypter sie begriffen, sondern großartig und ruhmreich, verzweifelt und schrecklich sowie unendlich.

Ich stellte meine Frage. Wie lässt es sich am besten erklären, dass Alexandria seit der Antike überdauert hat? Und lehnte mich in dem riesigen Lehnsessel bequem zurück, so weit, dass ich kaum mehr auf die Oberfläche des Schreibtisches sehen konnte, den obligatorischen, süßen schwarzen Tee vor meiner Nase, bereit, mich von den selbstsicheren Anschauungen des Herrn Professors über Geschichte einhüllen zu lassen.

»Haben Sie schon mein Buch über Alexandria gesehen? Nein?« Er war sichtlich überrascht, als wäre ich der Einzige auf der Welt, der es noch nicht kannte, und fing an, am untersten Ende eines Stapels hinter seinem Schreibtisch zu graben, auf den Bücherregalen, dem Fenstersims, in der Hoffnung, ein Exemplar zu finden. »*Dos minutos.*« Er rief in der Universitätsdruckerei an.

Während Professor Salem die lange Liste seiner veröffentlichten Werke durchging, gesellten sich zwei junge Dozenten zu uns, denen ich ebenfalls meine Frage stellte. »Lebt irgendetwas aus dem alten Alexandria heute fort?« Ich erwähnte Amr Ibn al-As, den arabischen General, der von Marmorpalästen, Bädern und Theatern,

1200 Gemüsehändlern und 40000 Juden berichtete. Zählt man dann noch Griechen, Ägypter und Levantiner hinzu, Händler und Gelehrte von anderswo her, ergibt sich eine große, kosmopolitische Stadt. Zur Zeit des Ersten Weltkriegs, als E. M. Forster hier lebte, war die Stadt ebenso bunt gemischt – Griechen, Italiener, Osteuropäer, Briten; rund 400000 Menschen lebten damals in Alexandria. Und wie viele sind es heute – vier Millionen? Fünf Millionen? Wahrscheinlich mehr. Doch seit den 1960er Jahren besteht der Großteil aus Ägyptern.

»Durchweg Ägypter«, korrigierte einer der Dozenten, »und weit mehr als fünf Millionen.«

Was also könnte möglicherweise vom kosmopolitischen Geist Alexandrias übrig geblieben sein? Die Frage erregte Professor Salems Gemüt. »Alexandria ist heute nicht mehr wie früher. Früher war es die glanzvollste Stadt im Mittelmeerraum. Heute ist es schmutzig und die Häuser – alles – dem Verfall überlassen.«

Ich hatte das Gefühl, dass Professor Salem meine Frage nicht ganz verstanden hatte, doch ehe ich ihn korrigieren konnte, sagte der schmalere der beiden Dozenten: »Das Problem ist ein wirtschaftliches ...«

»Ah! Der Wirtschaftsfaktor!«, spöttelte der Professor.

«... weil die Regierung alles dem Privatsektor überlässt, und der will Profit machen.«

Bei diesem Satz wurde Professor Salems Stimme lauter: »Vergiss den Profit. Was ist mit unseren Traditionen? Was ist denn mit dem alten Baustil passiert? Ich für meine Person lebe in einer Villa – mein Schlafzimmer ist doppelt so groß wie dieser Raum hier .... Wir Alexandriner brauchen Platz. Wir sind nicht für so etwas hier geboren. Wir brauchen hohe Decken, sonst kann die Luft nicht zirkulieren. Aber diese neuen Gebäude ....«, er schüttelte den Kopf, »... Schachteln, nur Schachteln. Alexandria hat sein Gesicht verloren, und du erzählst mir was von Profit. Allah!«

Als der Name Gottes fiel, verstummte die Unterhaltung, keiner wagte zu widersprechen. Trübsinnig saßen sie da, die Akademiker. Ein Bote der Universitätsdruckerei durchbrach die gedrückte Stimmung, um das bestellte Buch abzugeben.

»Aber...«, fügte Professor Salem hinzu und reichte mir das Exemplar, als wäre es ein Lebensretter, »ihre Erinnerung, die hat die Stadt nicht verloren.«

In dem Moment, da ich das Buch aufschlug, kamen zwei weitere Professoren herein. Sie hatten gehört, dass eine außerplanmäßige Diskussionsrunde im Gange war, und wollten nichts verpassen. Einer von ihnen, ein großer, sonnengebräunter Mann mit borstigem, grauem Haar und vollkommen rundem, lachendem Gesicht, stellte sich als Dr. Lutfallah vor. Während Professor Salem seinen Disput fortsetzte, fragte Dr. Lutfallah: »Sind Sie zufällig Historiker?«

»Nein«, antwortete ich, »Schriftsteller. Ich bin nur hier, um mich zu erkundigen, wo oder wie oder ob etwas von der alten Stadt übrig ist.«

Dr. Lutfallah, Professor für griechisch-römische Geschichte, rückte näher heran: »Kommt darauf an, was Sie mit alt meinen. Alexandria ist eine klassische Stadt. Sicherlich kann man Spuren des pharaonischen Erbes finden, allerdings nicht mehr viele.«

»Dann eben von der klassischen Stadt«, pflichtete ich bei.

Mit leiser Stimme, die beinahe konspirativ klang, als schnitte er ein Thema an, das er sich nicht laut auszusprechen getraute, erklärte Dr. Lutfallah, wie alte Stätten und ihre Funktionen in Alexandria überdauert hatten. »Lassen Sie sich nicht täuschen vom augenscheinlichen Mangel an Monumenten und baulichen Überresten. Da die Stadt schon immer bewohnt war, hat man alte Steine für neue Bauten verwendet. Doch so manches hat auf eine andere und vielleicht viel wichtigere Art und Weise überdauert. In Alexandria haben wir eine Tradition der Urbanisation, des städtischen Lebens auf engem Raum. Das mag einleuchtend klingen, aber ich bin mir nicht sicher, ob es das ist. Ganz sicher gibt es nur wenige, die darüber geschrieben haben.«

»Können Sie mir ein Beispiel geben?«

»Nun, nehmen wir das Gebäude hier. Die Universität wurde an dem Ort erbaut, an dem einst das Museion stand, Heimstatt der großen Alexandrinischen Bibliothek, auf dem Boden des Königlichen Palastes. Der Markt befindet sich noch da, wo er immer war. Die beiden Hauptstraßen, welche die Stadt in zwei Hälften teilen, folgen noch immer der Straßenführung, die Alexander einst angelegt hat. Das Gleiche gilt für Alexanders Grab. Die Stätte um die Nebi-Daniel-Moschee, wo einige Alexanders Grab vermuten, war seit eh und je eine königliche Begräbnisstätte. Dort sind vor der Revolution von 1952 viele Mitglieder der königlichen Familie begraben worden. Und warum ist das so? Weil wir in diesen Dingen Kontinuität lieben. Unter der Moschee befindet sich eine mittelalterliche Kirche und unter der Kirche… wer weiß? Vielleicht ein Grab, ein Tempel. Ist doch denkbar, dass Alexander und die Ptolemäer dort begraben liegen. Oder nicht? Wenn nicht dort, wo dann? Nein, ich denke wirklich, dass sie dort liegen.«

Strabo, der griechische Philosoph, der Alexandria um die Zeit Jesu gekannt hat, beschrieb den Ort als eine Stadt mit zwei besonders eindrucksvollen Straßen, »von größerer Breite als der Rest, jede gut ein Plethron (30 Meter) breit, die sich im rechten Winkel kreuzen.« Mit anderen Worten: eine Kreuzung im Zentrum der Stadt. Der Überlieferung nach wurde Alexandria vom Architekten Dimokrates geplant und in Anwesenheit von Alexander dem Großen angelegt, wobei der grundlegende Bauplan dem ägyptischen Ideal einer Stadt überraschend ähnelt. Die alte Hieroglyphe für »Stadt« war ein Oval oder ein Kreis, durchschnitten von einem Kreuz, von zwei Linien, welche die runde Form in vier Hälften teilten – genau wie das Straßenkreuz in Alexandria.

Wie mehrere Besucher berichteten, die das Grab Alexanders des Großen gesehen haben wollen, wurde er an jener zentralen Straßenkreuzung begraben, in einem Gebäude namens Soma. Aller Wahrscheinlichkeit nach hatte das Grab die ursprüngliche Form einer Pyramide, die von einer Tempelanlage umgeben war. Um den von Dr. Lutfallah erhobenen Anspruch auf Kontinuität zu testen – wohl wissend, dass es sich dabei um eine von vielen Theorien handelte –, ging ich an der Uferpromenade entlang, die sich vis-à-vis der riesigen Baustelle befand, wo die neue, hochmoderne Alexandrinische Bibliothek errichtet wurde, vorbei an verfallenden Gebäuden aus dem frühen 20. Jahrhundert und entlang der von Palmen gesäumten Straße vor dem Cecil Hotel. Hier traf der Schriftsteller Jan Morris in den 1960er Jahren auf ein Echo der jüngeren städtischen Vergangenheit in Gestalt eines alten Ehepaars aus der Kolonialzeit, »Relikte der sommerlichen Dreißiger«; die Frau blind und bettlägerig, den Mann »sah man bisweilen noch die dunklen Stiegen hinuntergehen, mit sachtem, soldatischem Tritt«. Heute hasten hier europäische Geschäftsleute und ein paar Touristen über die Stiegen, und die Erinnerungen an die Kolonialzeit zeigen sich nicht mehr so strahlend wie das Holz und Messing am reich verzierten Aufzugkäfig des Hotels.

Von der Uferpromenade bog ich in eine belebte Einkaufstraße, die ungewöhnlich lang und gerade war. Sie passte, wie Dr. Lutfallah gesagt hatte, auf die Beschreibung der alten Straße mit der Soma, die vom östlichen Hafen in Richtung des Sees hinter der Stadt verlief. Wie die Straße mit der Soma war auch diese nach einer Begräbnisstätte benannt, nämlich nach der des Nebi oder Propheten Daniel. Wie Alexander, der unweit der Straßenkreuzung der alten Stadt begraben lag, ruhte der Prophet Daniel an einer der Hauptkreuzungen der neuzeitlichen Stadt.

Seit über hundert Jahren versuchen Archäologen und Touristen, den Ort von Alexanders Grab auszumachen. In der Tat gab es in der Stadt zwei Gräber Alexanders, eines, in das er 320 v. Chr. von Ptolemäus I. gebettet worden war, und ein zweites, eine Art Ptolemäisches Familiengrab, das einhundert Jahre später von Ptolemäus IV. erbaut wurde. Im ersten nachchristlichen Jahrhundert erwies Kaiser Augustus diesem Helden seine größte Hochachtung – als Diener sich anerboten, ihm die Überreste von Alexanders Nachfolgern zu zeigen, soll er wörtlich gesagt haben: »Ich wollte einen König sehen. Keine Leichen.« Kaiser Caracalla folgte seinem Beispiel im Jahre 215. Danach gibt es keine Überlieferungen mehr. Was also war geschehen? Vielleicht war sein Grab ja tatsächlich, wie vielfach vermutet wird, während einer der zahlreichen Aufstände im dritten und vierten Jahrhundert zerstört worden, die das Gleichgewicht der Stadt aus den Fugen brachten. Vielleicht hatten die heidnischen Priester seine sterblichen Überreste ja auch an einen sichereren Ort gebracht, als sie für deren Sicherheit im Schrein nicht mehr garantieren konnten. Die Priester von Theben waren mit ihren Pharaonenmumien ebenso verfahren, hatten deren große Gräber aufgegeben zugunsten einer anonymen, aber sicheren Höhle – warum sollte man mit Alexander nicht ebenso verfahren sein? Doch der Gedanke, dass er noch immer unter den Straßenkreuzungen der Stadt begraben liegen könnte, war verlockend und ging mir bei meinem Streifzug nicht aus dem Kopf, bis ich das dringende Verlangen verspürte, mir die umstrittene Stelle zumindest einmal anzusehen.

Besucher der alten Stadt staunten am meisten über die Weite und Eleganz der Hauptstraßen. Achilles Tatius, ein Bischof im 5. Jahrhundert, schrieb: »Von einem Ende der Straße bis zum anderen reihte sich eine Säule an die andere. Ich ging daran entlang, immer weiter die Straße hinunter, bis ich an einen Platz kam, der den Namen Alexanders trägt, und konnte von dort die andere Hälfte der Stadt sehen, die ebenso schön war. So wie die Säulengänge vor mir sich erstreckten, so gesellten sich nun auch andere Säulengänge im rechten Winkel dazu.« Auch E. M. Forster, ein Zeitgenosse des 20. Jahrhunderts, hat diesen Teil der Stadt noch immer als auffallend schön befunden. Doch das Geld wanderte aus der Stadt in die Vorstädte und viele der moderneren Läden gleich mit, so dass die Straße, die einst zur Moschee und zum Grab von Nebi

Daniel führte, heute irgendwie verlassen wirkt, mitsamt ihren mit Schuhen, Kleidern und billigem Spielzeug voll gestopften Läden.

An der Straße, die an der Moschee entlang führt, war ein Flohmarkt mit allem möglichen Krimskrams und Secondhandartikeln; Bücher, Kleider, Videos und Schreibwaren, ausgelegt auf Laken und Pappkarton. Gegenüber der Moschee war der Eingang zum Französischen Kulturzentrum, von Pfeilern flankiert, die ursprünglich ein ptolemäisches Gebäude stützten. Da Dr. Lutfallah zuvor erwähnt hatte, dass die Gräber der ägyptischen Königsfamilie aus der jüngeren Zeit hier in der Nähe liegen sollten, war ich neugierig und fragte einen Mann, der auf dem Gehsteig vor dem Kulturzentrum Bücher verkaufte, ob er wisse, wo diese zu finden seien.

»Hier gibt es keine königlichen Gräber«, sagte er mit Bestimmtheit. Doch so einfach wollte ich mich nicht abwimmeln lassen. »Und das von Said Pascha vielleicht?«, hakte ich nach und erwähnte damit Ägyptens Herrscher aus dem 19. Jahrhundert, der den Bau des Suezkanals bewilligt hatte und nach dem der Mittelmeer-Hafen des Kanals benannt war. »Weißt du, wo er begraben liegt?«

»Said wer? Nie gehört.«

Mittlerweile standen mehrere Leute um uns herum und hörten zu. »Sicherlich hat jemand von euch schon einmal von den königlichen Gräbern gehört, gleich hinter dieser Mauer da? Irgendwer muss doch von Said Pascha gehört haben?«

Nichts. Doch dann kam ein runzliger, alter Mann und nahm mich am Arm. »*Lookee, lookee*«, sagte er auf Englisch und führte mich über die Straße an eine schmale Lücke zwischen zwei Gebäuden, wo ich hindurchspähte und unter Müll und abgeladenem Bauschutt einige alte Pfeiler ausmachte. »Romani«, versuchte er eine Erklärung, schüttelte meine Hand und verschwand.

Ich gab meine Suche nach den Gräbern auf, überquerte die Straße und ging einen betonierten Weg hinter einem Süßwarenladen hinauf zur unauffälligen, weiß gekalkten Nebi-Daniel-Moschee. Drinnen saßen ein halbes Dutzend Männer gebückt in einer Haltung, die eher schlafend als betend wirkte. Ich machte den Fehler und nahm an – da niemand mir Beachtung schenkte –, dass man mich nicht bemerkt hatte. Ich setzte mich, lehnte gegen einen schmucklosen Pfeiler und schloss die Augen. Als ich sie ein paar Minuten später wieder öffnete, stand ein kleiner Mann in einer weißen *galabiyya* über mich gebeugt und fuhr sich mit einem Taschentuch über das kurze, feuchte Haar.

»Ja?«, fragte er auf Englisch, um sich gleich selbst die Antwort zu geben. »Sie wollen bestimmt das Grab des Propheten Daniel sehen.« Er zauberte einen überdimensionierten Schlüssel hervor und öffnete die Tür zu einer Nebenhalle der Moschee. In der Mitte der Halle befand sich eine Bodenluke, die von einem grünen Gitter eingefasst war. Er ging hinüber zum Gitter und sah auf ein Grab hinunter, das in ein blaues, mit arabischen Zeichen besticktes Tuch gehüllt war. »Der Prophet Daniel«, versicherte mir der Wächter und zeigte dann auf ein benachbartes Grab: »Lukman, der Weise.«

Einige Minuten lang sprach er darüber, wer schon alles hier gewesen war, um das Grab zu besichtigen, darunter auch Fernsehteams aus England, die, so beschwerte er sich, ihm für seine Dienste nie genug bezahlt hatten. Nun, da er das Thema Entlohnung angeschnitten hatte, schlug er vor, ich solle die Leiter hinabsteigen und mir das Grab aus der Nähe besehen. Das ließ ich mir nicht zweimal sagen, doch als ich schaukelnd und schwingend auf der Leiter stand, wünschte ich, ich hätte mich vorher erkundigt, wie sicher sie war.

Die letzten paar Meter sprang ich in die Grabanlage hinein. Die Öffnung war groß genug und das Tageslicht hell genug, um die Krypta vollständig zu erleuchten. Der Wächter hatte angenommen, dass ich das Grab des Propheten Daniel besichtigen wollte, aber ich wusste bereits, dass nicht der Löwenbändiger hier begraben lag, sondern ein Shafei-Scheich aus dem 14. Jahrhundert, der zufällig den gleichen Namen trug. Und auch Lukman der Weise war nicht

Gegenstand meines Interesses. Vielfacher Meinung zufolge lag hier an diesem Ort Alexander begraben. Heinrich Schliemann, der als großer Entdecker antiker Kulturen gilt und nach seiner Entdeckung und Ausgrabung der Schätze von Troja mit Erfolg und internationaler Anerkennung überhäuft wurde, kam in den 1880ern nach Alexandria, um das Grab des Helden zu finden. Schliemann prüfte die Sachlage, die alten Texte und die Grabungsergebnisse andernorts und kam zu dem Schluss, dass Alexander unter der Nebi-Daniel-Moschee begraben liegt. Weiter kam er mit seinen Forschungen nicht, da ihm eine Genehmigung für Ausgrabungen an der heiligen Stätte verweigert wurde, aus Furcht, damit die Muslime zu kränken.

Es gab keine Beweise dafür, dass jemand das Grab seit dem dritten Jahrhundert gesehen hätte, es sei denn, man nimmt die von E. M. Forster aufgezeichnete »Klatschgeschichte« eines Dragomanen vom Russischen Konsulat für bare Münze, der »einen menschlichen Körper in einer Art Glaskäfig, halb gebeugt auf einer Art Erhöhung oder Thron, mit einem Diadem auf dem Kopf« gefunden haben wollte. Das war 1850, doch seither hat weder er noch irgendjemand sonst den Ort wieder gefunden.

Die Krypta, in der Daniel und Lukman begraben waren, sah aus wie eine kreuzförmige Kapelle. Die Decke war gewölbt, und das Grab des ehrwürdigen Scheichs befand sich in der Mitte des Kreuzes, während Lukmans Grab eines der Querschiffe einnahm. Hinter mir, am Ende dessen, was das Hauptschiff zu sein schien, fielen mir ein paar Stufen auf. Ich ging darauf zu, und der Wächter, dessen Blicke mich von oben die ganze Zeit verfolgt hatten, verlor mich aus den Augen. Ich hörte ihn mit dem Gitter hantieren, damit er mich besser sehen konnte.

Die Stufen führte hinauf zu etwas, das aussah wie der Anfang eines Korridors, der aber von dicht aneinander liegenden Steinen blockiert war. Ich stieg bis zu den Steinen hinauf, lugte durch einen Spalt und hoffte, dass ich den großen mazedonischen Helden auf seinem goldenen Thron erspähen würde, doch es war finster, und ich konnte nichts erkennen.

Was hatte es mit diesen Stufen auf sich? Wenn das hier ursprünglich eine Kapelle war, warum führte dann eine Treppenflucht in das Hauptschiff hinein? Vielleicht stand ich ja in einer der alten Zisternen oder Untergrundkammern, mit denen Alexandria angeblich durchzogen sein soll und wo vor etwa zwanzig Jahren eine junge Frau verschwunden sein soll, weil sie in ein Loch in der Straße gefallen war. Vielleicht würde ich auch, wenn ich die Steine, die den Weg blockierten, einfach zur Seite schob, nicht Alexanders Grab, sondern noch mehr Korridore, noch mehr Biegungen und noch mehr Anfänge finden.

Am Ende war nur eine Sache gewiss: Die gleiche Macht, die bisher noch jeden Alexander-Jäger aufgehalten hat, von James Bruce über Heinrich Schliemann bis zu Michael Palin und Michael Wood, hielt auch mich auf. Der Wächter, der eventuell sogar wusste, worauf ich aus war, rief nach mir: »He Freund, wo bist du? Du musst da bleiben, wo ich dich sehen kann.«

»Ich wollte nur sehen, was es sonst noch hier unten gibt«, erklärte ich, während ich die Leiter hinaufkletterte.

»Da gibt es nichts«, sagte er und wiederholte noch etwas bestimmter: »Nichts.«

Drei Uhr. Ein typischer Nachmittag in Alexandria. Windig und leuchtend hell. Der Verkehr röhrte die übliche Melodie, die Taxifahrer hupten jedes Mal, wenn sie ein anderes Taxi sahen, und die alte Straßenbahn donnerte die ausgefahrenen Schienen entlang. Ich schlenderte an Marktbuden mit Kleidern und Haushaltswaren vorbei, die gegenüber der Allee beim Friedhof standen. Hinter dem Friedhof erhob sich auf einer Anhöhe die Pompejussäule, eine der Hauptsehenswürdigkeiten Alexandrias, wo der Überlieferung nach die erste Fischersiedlung Rhakotis gelegen haben soll. Wenn das stimmt – und nur Weniges in dieser Stadt der Legenden kann man als historisch verbürgt nehmen –, dann war das verfallene Viertel, durch das ich hier ging, dieser verkommene Kern, der älteste bewohnte Stadtteil.

Die Säule ist das Mittelstück eines archäologischen Parks, eines Ortes unverhoffter Ordnung in einer chaotischen Stadt. Die blühenden Sträucher werden täglich bewässert, die Bäume beschnitten, die Wege gekehrt – ein sauberer, aber bescheidener Ort und ein seltsam unangemessener dazu, wenn man bedenkt, dass an dieser Stelle das Alte Ägypten sein Ende gefunden hat.

Am Eingang zum Park plauderten die Wächter. Die Frau am Kartenschalter hob kaum den Blick von ihrer Zeitung, nahm auch nicht die Hand aus einer Tasche mit Münzgeld, während sie mich bediente. Ich war allein in der Anlage und nahm mir Zeit, die säuberlich ausgelegten Architekturfragmente und zerbrochenen Statuen entlang des Wegs anzusehen, die einzige noch vollständig erhaltene Säule immer im Hintergrund, wo sie sich – von meiner Position am Fuße der Anhöhe aus gesehen – unmäßig hoch aufrichtete. Das helle Sonnenlicht verlieh ihr einen blendenden Glanz, einen Hauch von Glamour.

Die Araber nannten sie Amoud as-Sawari, die Säule des Fuhrmanns, und diesen Namen trägt sie noch heute in der Stadt. Der Fuhrmann ist eine Anspielung auf eine Porphyrstatue des römischen Kaisers Diokletian aus dem 3. Jahrhundert, die bis zum Ende des 18. Jahrhunderts auf der Säule gestanden hat. Für ausländische Touristen heißt diese Säule nach wie vor Pompejussäule. So haben sie Kreuzzügler benannt, die irrtümlicherweise glaubten, dass sie die Asche des 48 v. Chr. in Ägypten ermordeten Pompejus, des Rivalen Julius Cäsars, enthielt. Dem arabischen Historiker al-Maqrizi aus dem 15. Jahrhundert zufolge stand die Säule ursprünglich in einem Portikus, umgeben von rund vierhundert weiteren Säulen. Ihr Ruhm als eine der überzeugendsten Antiquitäten der Stadt bestätigte sich einmal mehr, als der britische Ägyptologe Sir John Gardner Wilkinson in den 1840er Jahren beanstandete, dass zahllose Leute ihre Namen auf den Unterbau geritzt oder mit schwarzer Schuhwichse geschrieben hatten. Wilkinson lässt in seinem Werk *Modern Egypt and Thebes*, dem ersten ägyptischen Reiseführer, durchblicken, dass er es war, der das Geheimnis um den Ursprung der Säule gelüftet hat, denn »Mr. Salt (der britische Konsul) und ich waren ermächtigt, mit Hilfe einer Leiter an die Buchstaben zu klettern und sie freizulegen, um eine vollständige Kopie zu fertigen.« »Dem gerechtesten aller Kaiser«, las Wilkinson, »dem Schutzgott von Alexandria, Diokletian, dem Unbesiegbaren: Postumus, Präfekt von Ägypten.« Die Säule wurde 298 errichtet. An jenes Jahr sollten sich die Alexandriner mit Bitterkeit erinnern, denn damals strafte Diokletian sie für ihre Untreue, indem er die Stadt acht Monate lang belagert hielt. Als seine Legionen schließlich mit der Hilfe eines opportunistischen Alexandriners in die Stadt vorstießen, fand ein Massaker statt. Doch Ägypten wäre nicht Ägypten, wenn nicht noch eine gegenteilige und ebenso plausible Geschichte zur Errichtung der Säule existierte. Danach handelt es sich um eine Dankesgabe für Kaiser Diokletian, der, nachdem ihn die Kunde von einer Hungersnot in der Stadt erreicht hatte, erlaubte, dass ein Teil des Getreides, das normalerweise an Rom abgeführt wurde, in Alexandria verbleiben durfte.

Wie auch immer, ich jedenfalls wusste, dass die Säule »ein zweitrangiges Monument war«, um es mit den Worten Forsters zu sagen. Die bedeutenderen Ruinen liegen rings um den Säulensockel, und die Geschichte, die mich interessierte, ereignete sich fast hundert Jahre, nachdem Diokletians Legionen durch die Stadttore eingefallen waren.

Ich hatte mich gerade aufgemacht, über den geschlängelten Pfad zur Säule hinauf zu marschieren, da eilte ein Mann an mir vorbei und sagte im Laufschritt: »Jetzt geschlossen.«

»Aber Sie haben doch bis vier Uhr nachmittags geöffnet, und es ist jetzt gerade erst kurz nach Mittag.«

»Heute nicht. Heute schließen wir früh. Feiertag. Kommen Sie ein andermal wieder. Geschlossen.«

Wann genau das antike Ägypten endete, darüber streiten Akademiker und Ägyptologen mit glühendem Eifer, so wie über beinahe alles, was mit der geschichtlichen Vergangenheit Ägyptens zusammenhängt. Einige sagen, das Ende kam 667 v. Chr. mit dem Einmarsch der Assyrer in Ägypten und dem Niederbrennen der Hauptstadt Theben. Andere verweisen auf das Jahr 525 v. Chr., als der persische König Kambyses II. das Land nicht nur einnahm, sondern es seinem Herrschaftsreich einverleibte und damit dem pharaonischen Ägypten ein Ende setzte. Vertreter der griechisch-römischen Schule plädieren für das Jahr 332 v. Chr., als Alexander der Große, König von Makedonien, Ägypten eroberte und der bunten Mixtur aus kulturellen Elementen noch eine griechische Note beimischte. Wieder andere darauf beharren, dass Kleopatra die letzte Herrscherin der Pharaonen war. Kam der Zerfall Altägyptens also mit jenen Giftschlangen, die Kleopatras »Sehnsucht nach Unsterblichkeit« erfüllten, wie William Shakespeare uns glauben machen will? Nein, werden viele sagen, denn obwohl Ägypten nach dem Tode Kleopatras dem Römischen Reich zufiel und Augustus sich neben all den vielen anderen Titel auch den Königstitel des Pharao zulegte, überdauerten Religion und Kultur Altägyptens auch die Römische Oberhoheit und überstanden gar die römische Vorherrschaft im Mittelmeerraum. Ich persönlich sehe das Ende der alten ägyptischen Kultur irgendwo während der christlichen Herrschaft, zwischen dem kulturellen Wandel unter dem byzantinischen Kaiser Konstantin (323–337 n. Chr.) und der islamischen Eroberung Ägyptens durch Amr Ibn al-As im Jahre 641 n. Chr.

Als die byzantinische Garnison die Stadt den einfallenden Arabern kampflos übergab, war General Amr Ibn al-As, ein erfinderischer und gebildeter Mann, sehr beeindruckt von dem, was er dort vorfand: marmorgepflasterte Straßen, umschattet von Kolonnaden – eine Stadt, so schrieb er an seinen Herrscher, den Kalifen Omar in Arabien, »mit 4000 Palästen, 4000 Bädern, 4000 Theatern«. In diesen Worten schwingt etwas von der tiefen Ehrfurcht des Wüstenbewohners. Auch wenn wir in Anbetracht der dichterischen Handlungsfreiheit die Zahlen getrost ein wenig nach unten korrigieren können, so bleibt noch immer eine Stadt von großer Bedeutung für die Welt. Was aber ist mit ihr passiert?

Nachlässigkeit und Naturkatastrophen haben den Großteil des antiken Alexandria zerstört. Der mächtige Leuchtturm von Pharos, eines der sieben Weltwunder der Antike, zerfiel nach und nach, weil niemand da war, der über die nötigen Mittel oder über die Fähigkeit verfügte, ihn instand zu halten. Schließlich wurde er durch zahlreiche Seebeben völlig zerstört und stürzte ins Mittelmeer. Im 15. Jahrhundert dann errichtete Sultan Kait Bey zu Verteidigungszwecken auf den Turmfundamenten eine Festung. Das königliche Viertel mit seinen Palästen, Tempeln und dem Museion (Museum), Mittelpunkt der etablierten intellektuellen Gesellschaft, wurde zum Teil durch Feuer und Gefechte zerstört, die letzten Reste von einem Erdbeben ins Meer gestürzt. Anderswo in der Stadt passierte mehr oder weniger das Gleiche. Da Alexandria fortlaufend einer Fremdherrschaft unterworfen war und ein Auge immer in die Zukunft gerichtet hatte, ist nur sehr wenig ausgegraben worden. Wo man geht, treten die Füße buchstäblich auf Vergangenheit; und liegt man im Bett, ruht das Haupt auf Geschichte.

Doch das Fehlen sichtbarer Monumente hat die Phantasien um das geheimnisumwobene Alexandria noch mehr angeregt. Allein schon am Namen entzünden sich die Geister. So missliebig er den einen ist, so inspiriert er andere, seinem Geist gerecht zu werden. Alexandria rühmt sich noch immer seiner geistigen Errungenschaften, auch wenn die meisten davon Jahrtausende alt sind; hält sich noch immer für eine Weltstadt, auch wenn die meisten Ausländer in den 1950er und 1960er Jahren aus der Stadt vertrieben wurden; will noch immer Handelszentrum sein, auch wenn der Hafen den Großteil des internationalen Handelsumschlags an den Suezkanal verloren hat. Ein Hauch von Spuren aus den glanzvollen Zeiten der Ptolemäer lassen sich heute noch erkennen, etwa in der Art und Weise, wie junge Alexandrinerinnen beim Gehen die Hüfte schwingen, oder in der Art und Weise, wie alte Männer mit Barett oder schwarzer Sonnenbrille an einem vorbei stolzieren. Ja, selbst die orange-schwarzen Taxis wirken irgendwie farbiger als die schwarz-weißen in Kairo.

Was ich sah, als ich am Osthafen ankam, war nicht der königliche Palast, auch nicht Kleopatras Hof oder Sterbebett, sondern eine Ansammlung von Gebäuden aus dem späten 19. oder frühen 20. Jahrhundert. Doch selbst darin konnte man unmöglich das unverwechselbare Merkmal Alexandrias übersehen, den unverhüllten, weltbürgerlichen Eklektizismus, der sich am wohlsten fühlt, wenn sich Elemente aus Italien zur Zeit der Renaissance mischen mit denen aus Frankreich zur Zeit Louis XVI., aus England zur Zeit Henry Tudors, aus Makedonien zur Zeit Alexanders des Großen und aus Theben zur Zeit des Ramses. Neben vielen anderen und weit interessanteren Gebäuden der Stadt gehören sie zum neuen Aufschwung des 19. Jahrhunderts, einer Blütezeit, auf die Alexandria über all die langen Jahre der Besatzung durch Araber und Osmanen hatte warten müssen. Als es so weit war – der Aufschwung begann mit einer pro-europäischen Politik Mohammed Ali Paschas im frühen 19. Jahrhundert und fand in den 1860ern mit dem extensiven Anbau von Baumwolle dank einer weltweiten Verknappung seinen Höhepunkt –, erfuhr die Stadt eine tief greifende Veränderung. Während Alexandria sich von einem vernachlässigten levantinischen Ort zu einer bedeutenden internationalen Hafenstadt wandelte, gab es zwar den einen oder anderen Vorstoß, viel versprechende Stätten zu schützen und auszugraben, doch auf der Jagd nach Ausbau und Entwicklung hat man die meisten der städtischen Altertümer schlichtweg überbaut.

Dennoch blieb Alexandria ein großer Mythos, für den sich die neureiche Elite der Stadt brennend interessierte, und zahlreiche talentierte Schreiber waren geneigt, davon zu erzählen – angefangen beim gebürtigen Alexandriner und Dichter Konstantin Cavafy, über E. M. Forster und Lawrence Durrell bis zu Nagib Machfus. Ihre Geschichten waren so ausgeschmückt, wahre Epen geradezu, und malten derart farbige Bilder, dass sie bis heute unsere Vorstellungen von Alexandria beeinflussen. Wie sehr, das spürte ich erst, als ich hier ankam. Selbst ich, der ich ausreichend vorbereitet war, der ich nur zu gut wusste, dass man nicht mit großen Hoffnungen und Erwartungen kommen darf, war doch enttäuscht, als ich am Hafen stand und ein Fischerboot beobachtete, das vom Mittelmeer in den Hafen einlief; einen Papierdrachen, der über der Festung Kait Bey schwebte; Fischer, die auf den aus Beton gebauten Wellenbrechern saßen und davon träumten, etwas Leckeres für das Abendessen an die Angel zu bekommen. Selbst ich, so merkte ich, hatte im Grunde meines Herzens auf etwas Wesentliches und Eindeutiges gehofft, auf etwas, das mir auf meiner Suche nach Überresten vergangener Zeiten ein Licht der Erkenntnis bescheren könnte, doch was ich stattdessen fand, waren nichts als Träume, Sehnsüchte und sonderbare, unabänderliche Tatsachen.

Ich entfernte mich langsam von der Ufergegend und stieß etwas weiter auf mehrere vergitterte Polizeitransporter sowie ein Großaufgebot an bewaffneten Polizeikräften. Eine Demonstration? Ein Unfall? Oder war der Gouverneur auf Besuchsreise? Ich überquerte die Straße und stellte fest, dass sie die Synagoge bewachten, ein imposantes neo-klassizistisches Bauwerk mit einem mächtigen Portikus, das sich etwas von der Straße zurückgesetzt hinter einem hohen schmiedeeisernen Zaun befand – ein unwahrscheinlicher Ort, um unverhofft auf einen Überrest alter Kulturen zu stoßen.

Die Soldaten am Eingang trugen Stahlhelme, wo selbst die Miliz an der irakischen Botschaft nur Baretts trug. Auf meine Frage, was los sei, reagierten sie aggressiv. »Sind Sie Jude?« – »Natürlich«, antwortete ich frech und lächelte. Das nahm er mir ab. »Juden da hin.« Er zeigte um die nächste Ecke und drehte mir dann den Rücken zu.

Am Seiteneingang stellte mir ein kleiner Mann in grünem Pullover, ein Walkie-Talkie in der Hand, dieselbe Frage: »Sind Sie Jude? Woher?« Er verlangte meinen Pass, wohl in der Hoffnung, dass dort meine Konfessionszugehörigkeit vermerkt sei, und rief den Wächter herbei. Sogleich erschien ein großer, dünner Mann in einer weißen *galabiyya* und Strickmütze und bat mich, ihm zu folgen.

Wie das Serapeum in der christlichen Zeit gehörte auch die mächtige und imposant gebaute Große Synagoge in eine andere Epoche, da die Juden noch eine der geschäftstüchtigsten und reichsten aller Minderheiten Alexandrias stellten. Der Pförtner hatte etwas dagegen, dass ich sie mir ansah. »Komm schon«, blaffte er und führte mich zu einem Nebengebäude, der Verwaltung oder, wie es auf dem Schild hieß, dem »Grand Rabbinat Communauté Israélite«. Ich hielt an, um die Widmung in der Eingangshalle zu lesen, das Namensverzeichnis der Sponsoren, deren großzügige Spenden den Bau der Synagoge in den 1890er Jahren ermöglicht hatten. Die Namen waren in weiße Marmortafeln gemeißelt, die so blitzblank waren, als seien sie soeben aufgehängt worden. Erneut trieb mich der Pförtner zur Eile an, wollte nicht, dass ich mich umsah oder etwas anfasste. Er klopfte an eine geschlossene Tür und führte mich hinein.

Drei Leute saßen im Zimmer, eine ältere Dame, ein grauhaariger Mann mit Brille und ein betagter Herr, mindestens über achtzig, der sich nur schlurfend fortbewegen konnte. Langsam schaffte er es bis zum Stuhl hinter seinem Schreibtisch, von wo aus er die Runde leitete.

Als der betagte Herr Platz genommen hatte, wandte sich die alte Dame an mich. Ich fragte, ob mir jemand über die jüdische Gemeinde und ihre Geschichte Auskunft geben könne.

»Was will er?«, fragte der betagte Herr die Dame.

»Mit Balasseano sprechen«, gab sie mit lauter Stimme zur Antwort und beugte sich zu ihm hinüber.

»Ach«, sagte der andere, »Balasseano und seine Geschichten.«

»Mit dem müssen Sie sprechen«, sagte die Dame. »Balasseano. Er ist berühmt für seine Geschichten. Aber im Moment ist er nicht da. Und bis er kommt, kann noch eine bis eineinhalb Stunden vergehen …«

Und für den Fall, dass ich die Absicht gehabt hätte, bei ihnen im Raum auszuharren, bis er kommen würde, fügte sie hinzu: »Hier ist kein Wartezimmer.«

Also wartete ich in einem Café in der Nähe und ging später noch einmal zum Rabbinat. Balasseano war mittlerweile eingetroffen.

Victor Balasseano war 64 Jahre alt, gebürtiger Alexandriner italienischer Abstammung, graue Haare, sanfter Blick. Er hinkte, so dass er auf seinen Stock angewiesen war. Wir unterhielten uns auf Englisch, doch nach ein paar Minuten schwenkte er auf Französisch um. »Das ist die Sprache, die wir hier vornehmlich sprechen. Selbst in der Hebräischen Schule wird in Französisch unterrichtet.«

»Die Hebräische Schule?« Ich wusste, dass es in Alexandria früher im 20. Jahrhundert mehrere angesehene jüdische Schulen gegeben hatte, von der vierstöckigen allgemeinbildenden Schule, welche die Schüler auf das arabische Bakkalaureat vorbereitete, bis zur Privatschule, der französischen *Ecole Fondation de Mensce*. Doch hatte ich angenommen, dass sie während des arabisch-israelischen Krieges alle geschlossen wurden und zusammen mit der jüdischen Gemeinde Alexandrias aufgehört hatten zu existieren.

»Aber ja, in den 40er Jahren hatten wir hier 1500 Schüler.«

»Und heute?«

»Heute?« Diese trockene Frage überraschte ihn. »Wir haben sie übergeben – nein! Wir haben sie den Ägyptern ausgeliehen. Was sollen wir mit einer Schule? Wir haben ja keine Kinder.«

Als ich nach der Geschichte der Juden in Alexandria fragte, seufzte Balasseano tief. »Juden hat es hier seit – von Anfang an gegeben.«

Das war nicht übertrieben. Kurz nachdem Alexander der Große die Stadt gegründet hatte, siedelten sich Juden aus dem ganzen

Reich, vor allem aus Jerusalem, in Alexandria entlang des alten Kanopischen Kanals an, gleich um die Ecke von der Stelle, wo ich gerade mit Balasseano zusammensaß. Der Sage nach verschmolzen jene ersten jüdischen Ankömmlinge derart mit der griechischen Kultur, dass im 3. Jahrhundert v. Chr. der Herrscher Ptolemäus Philadelphus befahl, das Pentateuch, die ersten fünf Bücher Mosis im Alten Testament, ins Griechische übersetzen zu lassen, damit die nachfolgende jüngere jüdische Generation, die kein Hebräisch mehr sprach, ihre Religion ausüben konnte. Um die Genauigkeit der Übersetzung zu gewährleisten, ließ man auf der Insel Pharos siebzig Hütten errichten, in die man siebzig gelehrte Rabbis steckte, damit sie dort die alten Schriften übersetzten. Heraus kamen siebzig identische Übersetzungen, die man heute als »Septuaginta« kennt. Soweit zumindest die Legende, zu der E. M. Forster die doch realistischere Anmerkung macht, dass an der Septuaginta »über viele Jahre hinweg gearbeitet und sie erst 130 n. Chr. fertig gestellt wurde«.

Sogar die Synagoge hatte ihre eigene Geschichte. Das gegenwärtige Bauwerk wurde 1856 fertig gestellt, dank der Genehmigung des ägyptischen Herrschers Mohammed Ali und dem Geld des jüdischen Philanthropen Sir Moses Montefiore. Es ersetzt ein Gebäude, das 1798 zerstört wurde, als Napoleon Bonapartes Armee Alexandria besetzte. Der Philosoph Moses Maimonaides erwähnte, das frühere Bauwerk, das Eliahou Hanabi, 1165 besucht zu haben, während ein jüdischer Schriftsteller der Antike, der sich vermutlich aber auf ein anderes Bauwerk bezog, bemerkte: »Wer die Synagoge von Alexandria und die Flucht ihrer doppelreihigen Kolonnaden nicht gesehen hat, kennt nicht die Glorie der Kinder Israels.«

Ein paar Jahre zuvor hatte ich auf einer italienischen Insel einen Alexandriner im Exil kennen gelernt. Seine Eltern waren italienische Juden, die in Alexandria lebten. 1948, als Israel seine Eigenstaatlichkeit erklärte und von den arabischen Nachbarstaaten angegriffen wurde, hatte er beschlossen, auf der Seite der Israelis zu kämpfen.

Seine Familie wurde daraufhin enteignet, und seither war er nicht wieder in die Stadt zurückgekehrt, sprach aber noch heute voll verzehrender Sehnsucht von ihr. Balasseano kannte ihn. »Tilche? Natürlich erinnere ich mich an ihn. Er war im Komitee … wann war das gleich … 1946.«

Während wir uns unterhielten, näherte sich uns ein junger Ägypter in beigefarbenem Hemd und grauer Hose. »Steck dein Notizbuch weg«, sagte Balasseano. Ich schloss meine Tasche, als der Mann auf mich zukam. Er fragte, wer ich sei, und blätterte meinen Pass durch, wobei mir nicht klar war, ob er Englisch lesen konnte. Er arbeitete für das Innenministerium, und Balasseano ergriff die Gelegenheit beim Schopf, um zu fragen, ob die Synagoge außerhalb der regulären Zeiten geöffnet werden könnte. Mein Freund war plötzlich nervös. Er redete nun schneller, witzelte ein bisschen zu viel und überschüttete den Mann mit etwas zu vielen ehrenden Worten. »*Ya bey, ya habibi, ya pasha.*« Als sie sich schließlich geeinigt hatten, wie viel Zeit die Juden in ihrer Synagoge verbringen konnten, wandte sich der Vertreter des Ministeriums an mich: »Und Sie gehen. Und zwar jetzt.«

Aus dem Gespräch der beiden hörte ich heraus, dass für den nächsten Abend, zum Beginn eines jüdischen Feiertages, ein Gottesdienst anberaumt war. Balasseano hatte zugegeben, dass sie mit Mühe und Not die für einen Gottesdienst am Sabbat notwendigen zehn Personen zusammenbekämen; ich war gespannt, wie groß die Gemeinde an einem Feiertag sein würde.

Die Sicherheitsvorkehrungen außerhalb der Synagoge waren um ein antiquiertes Löschfahrzeug erweitert worden, das nicht einmal getaugt hätte, einen in Brand geratenen Busch zu löschen. Auf dem umzäunten Gelände wurde ich von mehreren Polizisten in Zivil in die Mangel genommen, die mir den britischen Juden glaubten. Einer notierte sich die Angaben aus meinem Pass und winkte mich dann hinein.

Von innen war die Synagoge genauso groß wie von außen. Die Wände waren mit Eichenholz verschalt, und die Emporen ruhten auf Marmorsäulen. Doch dem Ort haftete etwas Unbeseeltes an. In der Luft hing der Moder des Alters; die Emporen und die meisten der Bankreihen zu ebener Erde waren leer. Das beherrschende Element des Raumes bildete wie in allen Synagogen der Thoraschrein, in dem die Thorarollen, die Heiligen Gesetzesrollen der Juden, aufbewahrt werden. Der Raum war so groß und die Versammlung der Andächtigen so klein, dass der weite Abstand zwischen den Gläubigen und dem Thoraschrein unmöglich ausgefüllt werden konnte.

Ein paar Frauen saßen links des Mittelgangs, zwei Männer rechts davon. Die Frauen unterhielten sich in jener seltsamen, bereits für die Levante der frühen 1920er Jahre typischen Sprachverwirrung. »*Izzayyik, chérie*«, sagte die eine zur anderen, »*bonne fête*, auf dass du noch viele schöne Jahre verlebst.« – »Hast du Gelée royale genommen?« – »Hast du gesehen, was die vorige Woche anhatte?«

Da der Gottesdienst nicht pünktlich begann, ging ich die Reihen entlang, um die Namen auf den an den Sitzen angebrachten Messingschildern zu lesen, eine Namensliste jüdischer Gemeindemitglieder, von Chedid bis Mizrahi. Ein paar Leute trafen noch ein, die Männer liefen über den Gang bis nach vorn, die Frauen setzten sich in die hinteren Reihen. Während ich wartete, sorgte ich mich zunehmend um meine Sicherheit. Warum bloß das Löschfahrzeug und all die Soldaten vor der Tür? Rechnete man etwa mit einem islamistischen Anschlag auf eine ägyptische Synagoge? Warum war der einzige Vertreter der Israelischen Botschaft ein Sicherheitsbeamter, ein junger *sabra*? Die Frauen schienen derlei Sorgen nicht zu haben, und wenn, dann verbargen sie dies gut hinter Klatsch und Tratsch über Vitamine und Kleidung.

Ich schickte mich an, die Männer in den vorderen Reihen zu begrüßen, darunter den alten Herrn und den Grauhaarigen, die ich im Büro gesehen hatte. Der eine würde den Gottesdienst leiten, und der andere war der Kantor.

»Hat Balasseano mit Ihnen gesprochen?«, fragte Ersterer mit schnippischem Ton in der Stimme.

»Er wusste ein paar gute Geschichten zu erzählen.«

»Geschichten sind auch alles, was er erzählt...«

Zur anberaumten Zeit fehlten noch immer ein paar Leute, so dass der israelische Sicherheitsbeamte sein Handy aus der Tasche zog und anfing zu wählen.

Ich hatte eigentlich nicht vorgehabt, am Gottesdienst teilzunehmen, denn ich wollte mich nicht aufdrängen, doch nun, da ich plötzlich eine der erforderlichen zehn Personen war, fühlte ich mich zum Bleiben verpflichtet. Der Kantor machte nach wie vor keine Anstalten, mich willkommen zu heißen, ließ vielmehr ein paar Bemerkungen darüber fallen, dass ich keine Krawatte und keine Kopfbedeckung trug. »Das hier ist eine Synagoge, wie Sie ja schon wissen.« Die anderen aber begrüßten mich und schüttelten mir die Hand.

Balasseano traf als Letzter ein. Mit ihm kamen seine Frau und seine zwei Kinder, die einzigen jungen Leute in der Synagoge. Kaum hatten sie ihre Plätze eingenommen, ging es los: Der Kantor stimmte seinen Gesang an; Balasseano begann eine seiner Geschichten zu erzählen; die Frauen nahmen den Faden wieder auf und trugen den neuesten Klatsch weiter.

Der Kantor sang auf Hebräisch, hob und senkte die Stimme innerhalb eines begrenzten Tonumfangs. Es gab nur wenige Variationen. Über den Ursprung dieses Gesangs wusste ich nichts, doch als an vorgeschriebener Stelle in der Liturgie sich alle erhoben und zwei Männer nach vorn gingen, um den Thoraschrein zu öffnen, kam mir der Gedanke, dass es eine Parallele geben muss zwischen diesem Schrein und den Schreinen der Götter im Alten Ägypten; der alte ägyptische Glaube, wonach ein Gott in einem Schrein wohnt, entspricht dem vergleichbaren Ereignis im Exodus, dem zweiten Buch Mose, als Gott Moses befahl, dass sein Volk ihm einen Schrein baue, »damit ich unter ihnen wohnen kann«. Ich schloss die Augen und lauschte dem Kantor und der plötzlichen Stille, welche die beiden Männer auf ihrem Weg zum Thoraschrein begleitete. Diese Tonabfolge – der vom Kantor leise gesungene Anfangsgesang, der dann von der Gemeinde weitergeführt wird, während zwei Leute still durch die versammelte Gläubigenschar gehen – war in Alexandria seit eh und je zu hören, seit seiner Gründung vor mehr als 2300 Jahren, weit vor dem Ende Altägyptens. Der Klang der anbetenden Verehrung an diesem Ort war tatsächlich so etwas wie ein Überrest, wenn auch einer, den ich nicht unbedingt erwartet hätte, ich erwartete auch nicht unbedingt, dass er überdauern würde. Denn angesichts des Alters der Gemeinde und angesichts der Tatsache, dass die Balasseanos die einzige anwesende junge Familie waren, hätte man mehr als optimistisch sein müssen, um zu glauben, dass man diese Klänge in zehn Jahren noch hören würde.

Der Gottesdienst dauerte eine Stunde. Danach gingen die meisten der fünfundzwanzig bis dreißig noch übrig gebliebenen Juden von Alexandria – die Älteren, die Alten und die paar Jungen – gemeinsam zum Essen. Balasseano hinkte herüber und lud mich ein mitzukommen. Doch obwohl die Sorge um meine Sicherheit mittlerweile verflogen war, fand ich die ganze Szenerie bedrückend. Für heute hatte ich genug Geschichten gehört, genug Erinnerungen, genug Kommentare über die Vergangenheit, genug Anspielungen auf eine ungewisse Zukunft. Die Lichter gingen nach und nach aus, und das imposante Bauwerk lag im Dunkeln. Ich wünschte Balasseano noch einen schönen Feiertag, verabschiedete mich von ihm auf den Stufen unter der neoklassizistischen Fassade und lief im Halbdunkel quer über das umzäumte Gelände zum Tor.

Alexander der Große wollte mit seiner neuen Stadt einen Sammelplatz schaffen, einen Schmelztiegel. Inwieweit das gelang, bezeugte im Alten Ägypten nichts besser als der Serapis-Kult, das religiöse Bindeglied zwischen Griechen und Ägyptern, ein Gott mit ägyptischer Theologie und gütigem, bärtigem griechischem Gesicht.

Während der Herrschaft des ersten Ptolemäers, des Nachfolgers Alexanders des Großen in Ägypten, wurde mit Serapis eine neue Gottheit geschaffen, in der Hoffnung, dass diese die kolonisierenden Griechen und die einheimischen Ägypter vereinen würde – ein Gott, der dem Zeitgeist entsprach. Sein Kult wurde auf der Stelle populär, wobei königliche Patronage das ihre dazutat; Inschriften in altägyptischen Hieroglyphen und in griechischer Schrift, wie beispielsweise auf dem berühmten Stein von Rosette, bekunden, dass Ptolemäus III. Euergetes (246–222 v. Chr.) bei Rhakotis einen Tempel samt dessen geheiligter Anlage dem Gott Serapis geweiht hat. Auch den berühmten Tempel auf der Halbinsel Kanopus mehrere Meilen östlich der Stadt weihte der König dem Gott Serapis. Am Ende hatte der Serapis-Kult eine so breite Anhängerschaft gefunden, dass Schreine und Tempel für Serapis auf der ganzen damals bekannten Welt errichtet wurden, von Athen und der heiligen griechischen Insel Delos bis nach Indien.

Ptolemäus III. hatte den Beinamen »Wohltäter«. In E. M. Forsters Worten war er »ein kluger und erfolgreicher Soldat, mit einer Vorliebe für die Wissenschaft«. Er heiratete seine Cousine Berenike, »die gerühmteste aller Ptolemäer-Königinnen. Unter ihrer Herrschaft«, so Forster weiter, »steht Ägypten auf dem Höhepunkt seiner Macht und Alexandria erlebt seine glanzvollsten Zeiten.« Der Serapis-Kult und die Serapis-Tempel waren Teil dieser Blüte.

Der ursprüngliche Serapis-Tempel auf dem Hügel von Rhakotis wurde im klassischen griechischen Stil erbaut, eher im Stil des Parthenon als des Tempels von Karnak. Als über die Jahrhunderte immer weitere Nebengebäude hinzukamen, veränderte sich das äußere Erscheinungsbild, die strenge Anordnung schwand nach und nach. In einem der späteren Gebäude befand sich eine großzügig ausgestattete Bibliothek, die mit einem Bestand von drei- bis vierhunderttausend Texten zum weltweit größten Archiv für antikes Schriftgut wurde, nachdem die berühmte »Mutterbibliothek« auf der Palastanlage niedergebrannt war. Auf dem Höhepunkt des Serapis-

Kults in den frühen Jahrhunderten v. Chr. gehörten das Serapeum – so hieß der Tempel – sowie sein Pendant bei Kanopus zu den heiligsten Stätten im Mittelmeerraum. Der Keim für ihre Zerstörung wurde einige hundert Jahre später gesät, als ein Mann namens Markus aus dem benachbarten Palästina eintraf.

Nach der koptischen Überlieferung bringt der Evangelist Markus im Jahre 45 den christlichen Glauben nach Ägypten. Kaum war er an Land gegangen, begann Markus mit der Missionierung. Er bekehrte einen jüdischen Schuster, dem er den Namen Annianus gab zu einem neuen Kult, dem so genannten Christentum, der sogleich großen Zulauf fand. Siebzehn Jahre später – ebenfalls der Überlieferung nach – wird Markus hingerichtet, da er sich öffentlich gegen die Verehrung des Serapis ausspricht. Sein Name wird fortan auf der wachsenden Liste der frühen christlichen Märtyrer und Heiligen geführt und ist Beweis dafür (falls es der Beweise überhaupt bedurfte), dass die Nichtchristen damals noch immer die Oberhand hatten und Serapis ein Gott war, dessen man gewärtig sein musste.

Für die nächsten dreihundert Jahre drängelten sich auf dem Marmorpflaster des weltmännischen Alexandria Christen, Juden, Neoplatoniker und jede Menge Anhänger aller möglichen Sekten, Kulte und Glaubensgemeinschaften. Bei einer derartigen Glaubensvielfalt musste es unweigerlich zu gegenseitigen Beeinflussungen ebenso wie zu Meinungsverschiedenheiten kommen, die oftmals über verbale Auseinandersetzungen hinausgingen. Die Unterschiede waren den jeweiligen Anhängern sehr bewusst, für viele Außenstehende jedoch unverständlich, wie aus einem in Alexandria verfassten Brief aus dem Jahre 134, der aus der Feder Kaiser Hadrians, dem Nachfolger Trajans, stammen soll, hervorgeht: »Die, die Serapis anbeten, sind Christen, und die, die sich Bischöfe Christi nennen, hängen Serapis an.« In den Augen des Kaisers lief das auf ein und dasselbe hinaus. Die Unterschiede waren aber vorhanden, und zwar nicht nur in der Lehre. Die Christen verstanden es, sich zu organisieren, doch viel bedeutsamer war, dass der Serapis-Kult Unterstützung aus königlichem Hause erfuhr, während den Christen ein Stigma anhaftete, da ihr Gründer als Unruhestifter von den Römern hingerichtet worden war. All das änderte sich gegen Ende des dritten Jahrhunderts.

Konstantin hatte als Offizier in der Armee gedient, die Kaiser Diokletian gegen Alexandria aussandte. Von 306 an war er Mitregent im Römischen Reich und errang sechs Jahre später im Kampf um die Oberherrschaft bei Rom einen Sieg über seinen Konkurrenten. Der Legende nach erschien ihm auf seinem Weg in die Schlacht ein flammendes Kreuz am Himmel mit der Inschrift »In diesem Zeichen wirst du siegen«. Das tat er und trat nach siegreicher Schlacht zum Christentum über. Im darauf folgenden Jahr erließ er ein Edikt, das den Christen volle Religionsfreiheit zusicherte, und nutzte ab 324 seine Macht als Alleinherrscher, um den christlichen Glauben durchzusetzen, der 379 zur Staatsreligion im Römischen Reich wurde.

Von einer Heidenverfolgung ließ Konstantin aber nach wie vor ab. Erst Kaiser Theodosius der Große gab gegen Ende des 4. Jahrhunderts mehrere zunehmend restriktive Edikte gegen die »Heiden« heraus, zog aber seinen Befehl zur Zerstörung der alten Tempel in letzter Minute zurück. Unter Konstantin wurde ein Mann namens Theophilus Patriarch von Alexandria. Und wegen Theophilus und der Zerstörung, die er in Gang gesetzt hat, wollte ich noch einmal zurück zur Pompejussäule.

Ich stand zeitig auf und sah beim Frühstück durch das Fenster über den von Palmen umsäumten Platz zum Osthafen hin. Eigentlich hatte ich mir vorgenommen, an der Pompejussäule zu sein, wenn ihr Schatten noch lang war, doch die Stadt hatte sich gegen mich verschworen, und bis ich endlich über den gepflegten Pfad hinauf zum Sockel der Säule stieg, stand die Sonne bereits hoch über dem Hügel von Rhakotis, und die Pförtner zogen sich in den Schatten zurück. Die Säule war auf einer kleinen Felsanhöhe über den Trümmern des Serapis-Tempels errichtet worden. Vom Ausgangspunkt am Säulensockel konnte ich das grobe Ausmaß des Serapis-Tempels, einer der berühmtesten und spektakulärsten Tempel des klassischen Altertums, erkennen – oder vielmehr das gesamte Ausmaß seiner Zerstörung.

Unterhalb der Säule zeigte ein Schild die Stelle an, wo Archäologen Trümmer der Fundamente und mithin den Grundriss des ursprünglichen Tempelgebäudes freigelegt hatten. Die Fundstätte war überzogen von Höhlen und Gruben, Kalksteinzacken, die aus Erdhügeln ragten, und von Resten verfallener Mauersteinwände aus römischer Zeit. Der stark beschädigte Kalksteinsockel, auf dem die Säule steht, war wie ein Sieb durchlöchert, was mich an Bienenwaben erinnerte. Weiter hinten, in Richtung des muslimischen Friedhofs, hatte man eine kleinere Säule rekonstruiert. Daneben führten Stufen hinunter zu einem mit Steinen gepflasterten Hof. Unten im Hof stand auf einem Schild: »Zu den Gängen für religiöse Zeremonien«. Die Tore waren verschlossen, doch konnte ich durch den Zaun auf einen langen unterirdischen Gang hinuntersehen, wo Nischen in die Felswände gehauen waren, um Götterfiguren aufzubewahren. Hier unten hatte auch die lebensgroße aus Basalt gemeißelte Stierstatue, die Serapis geweiht war und aus dem 2. Jahrhundert n. Chr. stammte, über all die langen dunklen Jahrhunderte hinweg gewartet, den rechten Fuß nach vorn gerichtet, mit hängenden Ohren, eine Sonnenscheibe auf dem Kopf, bis sie schließlich entdeckt und in das Museum von Alexandria verbracht wurde. Ansonsten – noch mehr Höhlen, noch mehr Gruben und ein sonderbarer Wasserkanal. Was hatte es damit auf sich? Um dahinter zu kommen, musste ich mich an Kirchenhistoriker halten.

Bis zur Herrschaft des Patriarchen Theophilus hatte sich das Zentrum der Stadt vom Serapeum weg nach Osten in Richtung der neueren römischen Vorstädte verlagert. Auch das Tempelleben war im ganzen Land zurückgegangen. Das lag zum Teil daran, dass Staat und alte Religion fortan getrennt waren und die Tempel nun nicht mehr der zentralen Verwaltung unterstanden. Jedoch war das weltberühmte Serapeum zu bedeutend, um einfach übergangen zu werden. In seiner Kirchengeschichte aus dem Jahre 402 gibt Rufinus von Aquileia eine überzeugende, obschon für einen Christen seltsam schmeichlerische Beschreibung von dem Bauwerk: »Die Anlage erhebt sich – nicht auf natürliche, sondern auf künstliche Art – bis auf eine Höhe von hundert oder mehr Stufen, von wo aus die langen, rechtwinklig angeschlossenen Erweiterungen sich in alle Richtungen erstrecken. Alle Kammern links und rechts der unterirdischen und oberirdischen Gänge haben gewölbte Decken, sind mit Deckenleuchten ausgestattet, die mehrere voneinander getrennte Innenkammern verborgen halten, welche zu rituellen und geheimen Zwecken benutzt wurden. Auf der oberen Ebene bot die ganze Außenanlage zudem Platz für Hallen und Schreine sowie für großzügige Wohnhäuser, in denen normalerweise Tempelbedienstete wohnten oder diejenigen … die sich rein hielten. Dahinter war die gesamte Innenseite gesäumt von Portiken, im rechten Winkel zueinander angeordnet. In der Mitte des Geländes erhob sich die heilige Stätte mit Säulen aus kostbarstem Gestein, die äußeren aus Marmor, mächtig hoch und großartig anzusehen … Die inneren Mauern des Schreins sollen einst mit Goldplatten verkleidet gewesen und mit Silber und später mit Bronze überzogen worden sein.« Edward Gibbon, englischer Historiker aus dem 18. Jahrhundert, war der Ansicht, dass die Anlage »Pracht und Erhabenheit des römischen Kapitols gar übertraf.«

Der eigentliche Schatz des Tempels war ein großes Serapis-Kultbild, das vom griechischen Bildhauer Bryaxis geformt worden sein soll und so groß war, dass Rufinus zufolge »die rechte Hand die eine Wand und die linke die andere berührte«. Um dieses Bildnis rankten sich viele Legenden. Eine der bekanntesten erzählt, es sei nach Alexandria gebracht worden, nachdem der Gott Serapis König Ptolemäus I. im Traum verhieß, seine Statue an einem Ort namens

Sinope aufzustellen. Als Objekt der Verehrung und Ehrfurcht war die Statue den Christen ebenfalls ein Dorn im Auge. Im Jahre 391, unmittelbar nach dem Erlass der Edikte gegen Heiden durch Kaiser Theodosius, spitzten sich die Dinge zu.

Bei Rufinus findet sich nichts über Theophilus, wohl aber bei Theodoret, dem Bischof der kleinen syrischen Stadt Kyrene, Begründer einer weiteren, der Theophilus – von der Kirchengeschichtsschreibung nicht gerade unbeeinflusst – beschreibt als einen »sowohl von ausgesprochener Weisheit als auch von großem Mut erfüllten Mann, durch dessen Eifer die Stadt Alexandria von der Götzenanbetung befreit wurde«. Er schrieb dies Mitte des 5. Jahrhunderts, also gut fünfzig Jahre nach dem Ereignis. Für Edward Gibbon dagegen war Theophilus ein »ständiger Feind des Friedens und der Tugend; ein kahlköpfiger, böser Mensch, dessen Hände mit Gold und Blut befleckt waren«. Als fromme Christen begrüßten beide Historiker zweifelsohne die Schließung des Heidentempels. Was Gibbon letztlich gegen Theophilus aufbrachte – abgesehen von den guten Eigenschaften, die er erwähnt –, war die Kenntnis, dass er mehr bewirkt hat als nur das Ende der Zeremonien im Hause des Serapis. Er hat den Gott erfolgreich zerstört. Und nun, da der große Serapis sich als schwache Gottheit gezeigt hatte, begann das ganze ägyptische Pantheon allmählich vom Sockel zu stürzen.

Wie so oft bei Ereignissen von großer Tragweite geschah das eher zufällig als planmäßig. Im gesamten Mittelmeerraum wurden die Tempel geschlossen, da entdeckten Arbeiter, die andernorts in Alexandria mit der Erbauung einer neuen christlichen Kirche beschäftigt waren, dort eine vorchristliche Heiligenstätte. Für Theophilus eine willkommene Gelegenheit, die Kultgegenstände persönlich abzuholen und sie in der ganzen Stadt zur Schau zu stellen. Wie nicht anders zu erwarten, waren die Serapis-Anhänger darüber so erzürnt, dass es zu heftigen Straßengefechten kam und sie sich schließlich mit christlichen Geiseln im Serapeum verschanzten.

Im Wissen, dass ihre Tage gezählt waren, und ermutigt durch den Philosophen Olympius, gelobten die Serapis-Anhänger, ihren Tempel mit aller Macht zu verteidigen. »Diese heidnischen Fanatiker«, schreibt Gibbon, »verschanzten sich im Tempel oder besser gesagt in der Festung des Serapis und wehrten die Angreifer durch kühne Vorstöße und eine entschlossene Verteidigung ab.« Gibbon erwähnt unmenschliche Grausamkeiten, die an christlichen Gefangenen verübt worden sind. Rufinus schildert: »Man zwang sie, sich auf Altären, wo ein Feuer entzündet war, der Folter zu unterwerfen; wer sich weigerte, wurde mit anderen Methoden zu Tode gefoltert; man hängte sie an Galgen oder brach ihnen die Knochen oder warf sie in die Höhlen … die gebaut wurden, um sich des Bluts der Opfer zu bemächtigen.«

Schließlich erschien der Gouverneur der Stadt, vielleicht auch sein Botschafter, auf dem Schlachtfeld. Eine Feuerpause wurde verhandelt und Kaiser Theodosius persönlich um Hilfe ersucht. Christen und Heiden zogen unbewaffnet in Scharen auf den größten Platz der Stadt, um das kaiserliche Verdikt zu vernehmen. Der Beschluss des Kaisers, in seinen Augen eine höchst diplomatische Lösung, sah vor, die toten Christen zu Märtyrern zu erklären, den Heiden Amnestie zu gewähren und dem Serapis-Kult ein Ende zu machen.

Von den Unterdrückungen, die folgten, gibt es keine Zeitzeugenberichte, was angesichts der anschließenden Umwälzungen auch nicht verwunderlich ist. Es existieren jedoch Schilderungen von Theodoret, der um die Zeit der Tempelzerstörungen geboren wurde. Zuerst verschwanden die unbedeutenderen Schreine, deren Götterfiguren mittels eines Priesters Befehle und Prophezeiungen verkündeten, in geheimen Korridoren hinter den Götterbildnissen, ähnlich wie es heute noch in vielen christlichen Kirchen Seitenkapellen und Seitenaltäre gibt. »Diese zerstörte der weiseste aller Bischöfe und enthüllte so dem Volke die Arglist der Priester.«

Von jenseits der heiligen Hallen näherte sich der Patriarch Theophilus dem Heiligtum des Gottes Serapis. Die Serapis-Anhänger, die wussten, dass der Kampf verloren war, hatten sich bereits von ihrem Gott abgewandt, doch war er noch immer von einer Aura der Macht und einer geheimnisvollen Kraft umgeben. Theodoret spricht von einem »Ammenmärchen, das den Leuten glauben machte, ein plötzliches Erdbeben würde aufkommen und das ganze Volk zerstören, sobald sich jemand in die Nähe des Heiligtums begebe« – ein Echo auf den Glauben antiker Völker, wonach die Götter die Geschicke bestimmen und die Aufrechterhaltung der heiligen Kulte sie gnädig stimmen würde.

Während sich die Anhänger des Christentums brav daran hielten, aus Furcht vor den möglichen Folgen einer Zuwiderhandlung, erhob einer von Theophilus' Männern die Axt gegen die Statue. Die Menge hielt den Atem an und sprach vorsichtshalber ein paar hastige Gebete zu Serapis und dem Rest des heidnischen Götterreigens – nur für den Fall, dass diese sich doch als mächtiger erweisen sollten, als der Patriarch dies behauptet hatte. Die Statue, so schreibt Theodoret, fühlte keinen Schmerz und stieß auch keinen Schrei aus, »denn sie hatte ja kein Leben in sich.« Zu einer Zeit, da sie glaubten, dass die Götter den Statuen innewohnen, muss diese neue Erfahrung für die Menschen zutiefst erschütternd gewesen sein. Doch es sollte noch schlimmer kommen. Einigen Berichten zufolge war die Statue selbst durch und durch verfault, denn als ihr Haupt fiel, kroch ein ganzes Mäusevolk heraus. Danach wurde die Statue noch mehr mit Schmach beladen. Theodoret schreibt, dass sie »durch die ganze Stadt geschleift wurde, damit alle, die das Bildnis einst angebetet hatten, sie nun so sahen und der Schwäche ihres Gottes Hohn lachten.« Teile der Götterstatue wurden in verschiedenen Vierteln der Stadt verbrannt. Und die letzte schmähliche Niederlage erfolgte, als Theophilus über die Tempelanlage Kirchen erbauen ließ, von denen es später hieß, sie beherbergten die Reliquien Johannes' des Täufers und des Propheten Elias.

Kurz nach dem Ende des Serapis gab Kaiser Theodosius ein weiteres Edikt heraus, wonach es »niemandem zustehen solle, Opfer darzubringen, sich nahe der Tempel aufzuhalten oder die Schreine zu verehren«. Nachdem das Serapeum endgültig zerstört und zu einer christlichen Stätte geworden war, war es nur eine Frage der Zeit, bis auch alle weiteren Kultstätten geschlossen wurden. Rufinus formulierte folgendermaßen: »Welche Dämonentempel hätten nach dem Tod des Serapis, der nie am Leben gewesen war, noch überdauern können?«

Das Verbrennen von Statuen war eine Sache, aber was in den Köpfen vorging, war nicht so einfach zu verändern. Das hatte ich bald begriffen. Als ich von der Anhöhe, auf der die Säule stand, wieder nach unten spazierte, bemerkte ich, dass ein Treppengang unter den Sockel führte und durch einen kleinen Bogen an einen Platz, wo einst ein so genannter Nilometer gestanden hatte, an dem das gütige Wohlwollen des Serapis – das jährliche Ansteigen des Nil – abgelesen und die Aussicht auf Wohlstand abgeschätzt wurde. Als Teil der Zerstörung des Tempels und als Zeichen seiner gestiegenen Macht, verbrachte Bischof Theophilus den Nilometer in eine seiner neuen Kirchen.

Die alten Ägypter glaubten, dass der Nil nach dem Willen der Götter anstieg. Zuerst war es Osiris und später Serapis, von denen man glaubte, dass sie den größten Einfluss auf die lebensspendenden Überflutungen hätten. Als die heidnischen Riten am Serapeum verboten wurden, fürchteten die Alexandriner, dass sie für diese Blasphemie mit einem niedrigen Nilwasserstand und einer nachfolgenden Hungersnot bestraft werden würden. Im folgenden Jahr aber schwoll der Nil so hoch an, dass sie Sorge hatten, der Fluss würde über die Ufer treten. Rufinus schreibt, dies sei geschehen, »damit Gott beweisen konnte, dass er der Herrscher über das alljährliche Ansteigen der Wasser des Flusses war und nicht Serapis …« So wie Rufus es sah, war die alte Ordnung dahin. Doch er irrte.

Nachdem man den Nilometer vom Serapeum in eine Kirche verbracht hatte und der Nil weiterhin anstieg, schrieb Rufinus, dass »ein Brauch aufkam, die Messlatte (den Nilometer)… dem Gott der Wasser in die Kirche zu bringen.« Der alte Glaube, dass die Götter darüber entscheiden, ob der Nil steigt oder nicht, hatte sich also nicht mit Serapis in Rauch aufgelöst. Vielmehr wurden diese und weitere Eigenschaften der alten Götter auf die neue Religion übertragen, vielleicht auch, um sie den konservativen Ägyptern annehmbarer zu machen. So oder so, der Glaube, dass der christliche (und später der muslimische) Gott die Fluten des Flusses kontrolliert, hat sich bis ins 20. Jahrhundert erhalten. In den 1930er Jahren schrieb die Ägyptologin Margaret Murray, dass die »Menschen wie eh und je zum Herrscher über den Fluss beten, zwar nicht mehr zu Osiris, aber zu Christus; und wie eh und je beten sie um den Segen für ihre Kinder und ihre Häuser.« Das spornte mich an herauszufinden, was davon in der Beziehung der Ägypter zu ihrem Fluss noch vorhanden war.

# Die Frauen und der Nil

»Die Bauern scheinen zu glauben, dass vor allem das Alte mit *barakeh* belegt ist und deswegen kinderlose Frauen von ihrer Unfruchtbarkeit zu heilen vermag.«

*Winifred Blackman,*
*The Fellahin of Upper Egypt*

Früher Morgen: Die Fischer waren schon draußen. Auf ihren zusammengeflickten Ruderbooten, grob behauenen Einbäumen und gefährlichen Treibwracks balancierten sie an der Kante morscher Bretter, die als Bug dienten, warfen ihre Netze aus oder schlugen auf das Wasser des Nil – so wie man es von alten Gemälden kennt, wie es ihre Vorfahren schon vor Tausenden von Jahren taten. Vormittag: Ich ging hinunter zum Fluss, um eine Maus frei zu lassen, die in unserer Küche einen Festschmaus gehalten hatte. Am Ufer wimmelte es von Ratten, die sich über die Frühstücksabfälle der Stadt hermachten. Später Vormittag: Passagierschiffe auf ihrem Weg zum Assuandamm fuhren vorbei, so voll, dass kaum noch Platz zum Tanzen war. Der ganze Jubel und Trubel an Bord veranstaltete einen solchen Lärm, dass er mich aus jedem noch so traumseligen Tiefschlaf hätte reißen können. Pendelbusse steuerten vom Fluss in Richtung Alt-Kairo, Lastkähne fuhren flussauf, flussab, schoben Geröll, Treibholz und gelegentlich auch Naturalien vor sich her, und die Wasserschutzpolizei preschte in ihren Schlauchbooten möglichst nahe am Ufer entlang. Vereinzelte Wasserskisportler machten eine Tour um die Insel, und ägyptische Segler sahen sich in einer Art Härtetest genötigt, vor lauter Schreck stromaufwärts zu schaukeln. Wenn der Fluss wenig Wasser führt, schießt die Achtermannschaft des Zamalek-Ruderclubs in ihrem schnittigen Boot an meinem Fenster vorbei und zeichnet mit ihren acht Rudern Kreise auf die Wasseroberfläche – wie Nadelstiche um eine alte Operationswunde.

Nachts kommt der Fluss zur Ruhe. Auf der Wasseroberfläche spiegeln sich die Lichter der Stadt, und nur wenige Partyboote sind auf Rundfahrt von Ufer zu Ufer. Dann sitze ich meist auf unserer Terrasse und lasse den Blick über das Wasser schweifen, lausche den Geräuschen, die der Wind aus einem Nachtclub über die Wasseroberfläche zu mir hin trägt, und glaube, so wie die alten Ägypter lange vor meiner Zeit, dass ich mich am Nabel der Welt befinde.

Der Nil ist länger als alle anderen Flüsse der Erde, und er verhält sich auch außergewöhnlich und einzigartig. Im Sommer, wenn andere Flüsse sinken, steigt der Nil, und zwar die ganze heiße Jahreszeit hindurch. In der alten Zeitrechnung begann ein neues Jahr dann, wenn das Hochwasser kam. Das ländliche Leben richtete sich nach drei Jahreszeiten, die der Nil diktierte. Und weil die Ägypter sich in Bezug auf ihr Wohlergehen voll und ganz auf das Hochwasser des Nils verließen, wurden viele Zeremonien und Feste genau zu dem Zeitpunkt abgehalten, da der Nilpegel zu steigen oder zu sinken begann. Und daneben gab es unzählige weitere abergläubische Bräuche, die sich an die wechselnden Wasserstände des Flusses knüpften. Der Fluss mag in den letzten Jahren viel an Bedeutung eingebüßt haben, doch ist er nach wie vor die einigende Lebensader des Landes, und ich war zuversichtlich, Überreste zu finden, die mit ihm verbunden sind und fortleben.

Ob die alten Ägypter je die Quelle des Flusses gefunden haben, weiß man nicht. Es gibt jedenfalls keinen untrüglichen Beweis, weder gibt es Inschriften stromaufwärts in Oberägypten noch Anhaltspunkte in altägyptischen Schriften, die darauf deuten, dass sie die Quelle kannten oder von Leuten aus dem Süden etwas über Regenfälle in Äthiopien oder Uganda gehört hätten. Aber egal, ob sie das Geheimnis des Flusses gelüftet haben oder nicht, so wie ich in Alexandria erfuhr, glaubten die alten Ägypter, dass der Nil nach dem Willen und den Launen der Götter stieg – oder nicht stieg. Der Nil selbst wurde auf vielerlei Arten verehrt, und König des Nil ist ein Gott namens Hapi, der oft mit dickem Bauch und hängendem Busen dargestellt wird, Symbole für das Leben spendende Wasser des Nil. In welch großem Maß der Fluss verehrt wurde, geht aus der *Hymne auf den Nil* hervor, einem Text aus der Zeit des Neuen Reiches:

> Heil dir, o Nil, der du der Erde entspringst, aus dem geheimnisvollem Dunkel ans Tageslicht, wo die Menschen dein Kommen lobpreisen; der du die Felder wässerst, die Re erschaffen hat, das Vieh zu weiden; der du selbst die Wüste weitab des Wassers wässerst, denn es ist dein Tau, der vom Himmel fällt. Fällt die Nilflut zu gering aus, vertrocknen die Mündungen, die Menschen sind niedergeschlagen, die Opfergaben schwinden, Millionen sterben. Steigt das Wasser wieder an, erfreut sich die Erde, alle Welt lacht, alle Münder werden satt, und ein jeder freut sich seines Lebens.

Osiris, einer der volkstümlichsten Götter der Antike und einer, der sich am längsten gehalten hat, wurde getötet, als sein Bruder Seth ihn in eine Holzkiste sperrte und in den Nil warf. Osiris' treue Gattin fand seine Leiche. Als Seth dahinter kam, zerstückelte er dieselbe in dreizehn Teile und warf sie zurück in den Nil. Abermals suchte Isis nach ihm. Sie fand zehn ... elf ... zwölf Leichenteile, das dreizehnte, seinen Penis, jedoch nie. Nach einer der zahlreichen Legenden wurde sein bestes Stück von einem Fisch verspeist.

Als der Osiris-Kult an Popularität gewann, wurde Osiris zum Gott des Flusses und mit dem natürlichen Kreislauf des Lebens, mit Erneuerung und Wiedergeburt in Verbindung gebracht. Doch das Hochwasser schrieb man einer Frau zu, Isis, seiner Gemahlin. Legenden besagen, dass ihre Tränen, die sie über Osiris' Tod vergoss, den wechselnden Wasserstand verursachten. Bei den Kopten findet sich ein Echo auf diese Überlieferung, denn der elfte Tag ihres Monats Bauna (Mitte Juni) heißt *lailet an-nuqta*, die Nacht des Tropfens – ein Tropfen, der eine Träne ist.

*Lailet an-nuqta* war einst die Nacht des großen Festes, in der viele Menschen mit Schiffen auf dem Fluss fuhren. Heliodor, Geschichtsschreiber der Antike, galt es als eines der Hauptfeste Ägyptens. Libanios, Historiker aus dem 4. Jahrhundert, überlieferte, dass die Ägypter glaubten, das Hochwasser würde nicht kommen, wenn die Riten nicht in gebührender Weise vollführt würden. Landauf, landab wurde in jedem Dorf gesungen und getanzt und Statuen des Nilgottes Hapi wurden von Haus zu Haus getragen, um die Segnung zu feiern.

Von Natur aus abergläubisch, brachten die Ägypter dem Nilgott aber nicht nur Opfer dar. Sie versuchten auch vorauszuahnen, wie hoch die Flut steigen würde. Dazu legten sie unter anderem ungesäuerten Teig über Nacht auf die Flachdächer ihrer Häuser. War der Teig bis zum nächsten Morgen aufgegangen, würde es ein gutes Jahr geben. Der Staat allerdings verfügte über wissenschaftlichere Methoden, den Anstieg des Wasserspiegels abzuschätzen.

Entlang des Flusses, zwischen Assuan und Kairo, gab es eine Reihe von Nilometern, Säulen, an denen man wie am Nilometer des Serapeums die Pegelstände ablesen konnte. Neben den Säulen standen Tabellentafeln mit den Aufzeichnungen der Vorjahre. Der Historiker Strabo, ein Zeitgenosse Julius Cäsars, meinte, dass nichts in Ägypten so nützlich sei wie die Nilometer. Einer der Gelehrten, die Napoleon Bonaparte auf seiner Expedition 1798 begleiteten, ging sogar so weit, sie als »heilige Relikte« zu bezeichnen. Dank dieser

Messungen kennen wir heute die genauen Daten des alljährlichen Anstiegs des Nil bis zum 7. Jahrhundert n. Chr., und weniger vollständige Aufzeichnungen reichen bis weit in die pharaonische Zeit. Sie erzählen eine Geschichte üppiger Feste und schwerer Hungersnöte.

Die alten Ägypter beteten, dass der Fluss um sechzehn Ellen steigen möge. Der römische Schriftsteller Plinius ergründete die Bedeutung dieser Zahl. Anhand der Kerben an einem Nilometer kam er zu dem Schluss: »Zwölf Ellen bedeuten Hunger, 13 hinreichende Wassermenge, 15 sichere Versorgungslage, 16 Überfluss.«

Für die üppigen 16 Ellen beteten die Ägypter zu ihren Göttern, um sie gnädig zu stimmen. Und nicht nur das, wie Amr Ibn al-As, der große arabische General, nach der Eroberung Ägyptens feststellte. Jedes Jahr zu Beginn der Nilflut brachten die Ägypter dem Nilgott eine Opfergabe dar, indem sie eine kindliche Jungfrau ertränkten. Amr fand diesen Brauch barbarisch und befahl, ihn zu beenden, was auch geschah, doch nicht ohne schlimme Folge: Drei Monate nach der üblichen Flutzeit war der Fluss noch immer nicht gestiegen. Zum ersten Mal wusste der siegreiche General nicht, was er tun sollte. Er schrieb an seinen Gebieter, den Kalifen Omar in Medina, und erhielt eine geziemend königliche Antwort. Omar lobte Amr dafür, dass er die Darbringung menschlicher Opfergaben unterbunden hatte, und legte einen Brief bei mit dem Befehl, diesen an Stelle des jungen Mädchens in den Fluss zu werfen. In dem Brief stand: »Von Abd-Allah Omar, Beherrscher der Gläubigen, an den Nil in Ägypten. Wenn Du aus eigenem Antrieb fließt, dann fließe nicht; wenn es aber Gott ist, der Eine, der Mächtige, der Dich fließen lässt, dann flehen wir zu Gott, dem Einen, dem Mächtigen, Dich fließen zu lassen.« Und Gott sei Dank, der Nil antwortete, indem er auf die Segen spendenden sechzehn Ellen anstieg und den Menschen Überfluss bescherte.

Damit hatte der Kalif zwar weitere menschliche Opfergaben verhindert, doch zeigt sein Brief auch, dass er, genau wie die Menschen im Alten Ägypten, glaubte, der Nil werde von einem Gott regiert, den man – wie die Heidengötter – bitten konnte einzugreifen und den Fluss zum Wohle des ganzen Landes zum Ansteigen zu bewegen. Darüber hinaus konnten die jungen Mädchen sich fortan unbeschwert durch das sommerliche Kairo bewegen, ohne Angst haben zu müssen, gepackt und ertränkt zu werden, um den Nilgott gnädig zu stimmen. Dennoch, so stellte Edward Lane 1834, rund 1200 Jahre nach Amrs Dekret fest, hat die Opfertradition überlebt.

Lane vermerkte, dass, solange das Wasser im Nil niedrig stand, ein Erdwall quer über den Mündungsarm gebaut wurde, der den Fluss mit der Stadt Kairo verband, die sich damals weitab im Tal befand. Der Damm ragte ungefähr sieben Meter über die Niedrigwassermarke des Flusses. Vor den Damm errichteten die Bewohner Kairos eine runde Lehmsäule, die zur Spitze hin dünner wurde und die Form eines Kegelstumpfes hatte, aber nicht ganz so hoch war wie der Damm. Diese nannte man »arooseh« (oder Braut). Auf den flachen Kegelkopf der »Braut« wurden als Zeichen ihrer Fruchtbarkeit Weizen oder Hirse gepflanzt.

Die *arusa* war eine Opfergabe an den Fluss, ein Ersatz für die einstige Jungfrau, und sobald der Fluss anstieg, verzehrte er sie. Doch selbst dieser Brauch rührte aus alten Zeiten: im pharaonischen Ägypten wurden Puppen in den Nil geworfen, »um den Nilgott zu bewegen, das Wasser anschwellen zu lassen und das Land zu überfluten« – wie es der Ägyptologe Guillemette Andreu formuliert.

Eines Abends unterhielt ich mich auf einer Party mit Marina, einer großen, dunkelhäutigen Frau aus Rom, die schon seit vielen Jahren in Ägypten lebte und sich für meine Arbeit interessierte.

»Ich habe da eine Geschichte für dich«, sagte sie, »schon lange her, als ich neu hier war und mit Alex zusammenlebte.« Sie steckte sich eine Zigarette an. »Wie es in Ägypten so ist und wie die Leute hier sind, wollten sie wissen, warum wir keine Kinder hatten. Ich kannte ein paar Leute außerhalb der Stadt, bei den Pyramiden. Eines Tages besuchte ich sie, und die Frau fragte mich, ob ich Probleme hätte, schwanger zu werden.«

Marina erzählte, dass sie damals derart mit sich selbst beschäftigt war, dass sie ohne Zweifel eine Menge Probleme hatte, aber niemals dachte, dass sie auch mit ihrer Empfängnisfähigkeit eines haben könnte. Dennoch war sie neugierig, was hinter dieser Frage steckte, und vertraute der Frau an, dass möglicherweise tatsächlich etwas nicht stimmte, aber – nun ja – was könnte sie schon daran ändern.

»Karima, so hieß die Frau, kannte eine Frau in ihrem Dorf, die bei solchen Problemen helfen konnte. Vielleicht ja auch mir. Jedenfalls wollte Karima mich dieser Frau vorstellen.«

Und dann? Weiter kamen wir nicht, denn wir wurden unterbrochen. Entweder gingen wir, um unsere Gläser aufzufüllen, oder jemand anders kam dazu, wie auch immer, jedenfalls brachen wir das Gespräch ab.

Beim Abschied aber nahm Marina noch einmal darauf Bezug und sagte mir: »Komm mich doch mal besuchen, wenn du mehr darüber wissen willst. Irgendwann diese Woche.«

Die meisten Ägypter, mit denen ich in Kairo Kontakt hatte, waren junge Männer. Die astronomischen Kosten, eine für ein junges Paar angemessene Wohnung zu unterhalten in einer Stadt, die aus allen Nähten platzt, hielten viele ab, in jungen Jahren zu heiraten, auch wenn sie gewollt hätten. Die meisten Männer, die ich außerhalb der Stadt kannte, waren spätestens mit 25 verheiratet. Und wenn ich fragte, »Und Kinder?«, bekam ich auf dem Land immer die Antwort: »Jaaa! Vier.« Manchmal auch fünf oder mehr. »Und Sie?«, fragten sie mich dann.

Als ich das zum ersten Mal gefragt wurde, sagte ich, dass ich keine Kinder hätte. »So Gott will, eines Tages ...«, lautete die übliche Antwort, doch ich bemerkte, dass eine gewisse Distanz gehalten wurde zwischen denen, die Kinder hatten, und denen, die keine hatten. Später brachte ich es fertig zu erzählen, ich hätte zwei Kinder. »Jungen?«, fragten die Männer dann zuversichtlich. »Ja, zwei Jungen.« »Gott sei gedankt«, kam die Antwort, »der Prophet ist mit Ihnen.« Ich verbuchte das unter Chauvinismus. Um Töchter musste man sich weit mehr sorgen, zusehen, dass sie Jungfrau blieben, und außerdem kosteten sie Geld, wenn sie das heiratsfähige Alter erreicht hatten. Und darüber hinaus endete mit einer Tochter der Familienname. Mit Söhnen sah die Sache ganz anders aus. Doch es gab noch etwas Schlimmeres als Töchter. Kinderlos zu bleiben – wie ich anfangs ja auch zugegeben hatte –, war eine Schande sondergleichen. Niemand, der Name oder Blut weitergibt, niemand, der sich im Alter um dich kümmert (falls das junge Paar sich kein eigenes Heim leisten konnte, zog die frisch geehelichte junge Frau zu ihrer Schwiegermutter), niemand, der sich nach deinem Ableben auf die einzigartig kindliche Weise an dich erinnert.

»Wir alle wollen doch glauben, dass es da draußen oder da droben eine Macht gibt, die uns aus solch schwierigen Momenten helfen kann«, sagte Marina, »besonders wenn wir meinen, dass wir eine Art heißen Draht zu ihr haben. In dieser Hinsicht sind die Ägypter wie alle anderen auch, nur mit dem Unterschied, dass sie das seit urewigen Zeiten tun.«

Marina wohnte im obersten Stock eines Gebäudes im italienischen Stil aus dem 19. Jahrhundert mitten im Kairoer Stadtzentrum – eine städtische Grenzerfahrung. Um zum antiquierten Aufzugskäfig aus Holz zu gelangen, der, sofern er überhaupt funktionierte und niemand auf einer der sechs Etagen die Tür hatte offen stehen lassen, mich mit viel Glück nach oben beförderte, passierte ich zunächst einen Secondhand-Buchladen, der seinen ganzen Bestand auf dem Bürgersteig ausgelegt hatte, eine Marktkarre, die irgendwelche Kalorienbomben verkaufte, und traf auf der steilen Treppe nach oben auf ein junges Liebespaar, das verstohlen Zärtlichkeiten austauschte. Ich wollte den Rest von Marinas Geschichte erfahren.

»Nun, ich habe dir ja von der Frau, der Scheichin, erzählt, die ich dann kennen lernte«, sagte sie, als seien wir gerade vor ein paar Minuten unterbrochen worden. »Sie wohnte bei den Pyramiden, und ich sollte ihr einen Besuch abstatten. Das ist schon lange her. Ich war damals noch neu in der Stadt – und mein Gedächtnis ist auch nicht mehr das, was es einmal war. Du musst dich also ein bisschen gedulden.«

Ich fragte mich langsam, ob sie mir das nur erzählen wollte, weil sie vielleicht andere Absichten hegte. »Alles, an was du dich erinnerst, ist für mich interessant.«

Sie ging in die Küche, rührte ein Getränk in einer Kanne um und kam eilig wieder heraus, ihre wallende *galabiyya* wogte hinter ihr her. Sie hatte Tequila zubereitet. »Das sollte dem Gedächtnis auf die Sprünge helfen.«

»Ich kann dir nicht erzählen, was bei der Scheichin passiert ist, ohne dir nicht auch von Alex zu erzählen. Die beiden mögen nichts miteinander zu tun haben, aber in meiner Erinnerung an das, was geschehen ist, sind sie untrennbar miteinander verbunden.

Mit Alex hatte ich eine turbulente Beziehung. Das kann man wirklich sagen. Er gehörte zu denen, von denen man gern sagt, dass sie jung sterben, und so ist es auch gekommen. Obwohl ich mit ihm zusammen war, wollte er, dass ich ihm noch mehr von mir gebe. Er wollte, dass ich ein Kind bekomme, und ich denke, dass ich eines haben wollte, um ihm eine Freude zu machen. Das Kind sollte das untrennbare Band zwischen uns sein.«

Marina stand auf, um ein Päckchen Zigaretten zu holen, und machte es sich dann wieder auf den Kissen am Boden gemütlich. Sie wirkte etwas geistesabwesend, als ob sie dem Raum entrückt wäre, als ob sie nicht zu mir spräche, sondern einfach nur sprach und ich zufällig da war und zuhörte.

»Alex wollte nach Indien reisen, um irgendein illegales Geschäft zu machen, und ich sollte hier in Kairo auf ihn warten. Der Trennungsschmerz wurde etwas gelindert, da wir beide wussten, dass ich jeden Tag früh morgens zu den Pyramiden gehen würde, um die Scheichin zu besuchen, die ein paar Kilometer von Karimas Dorf wohnte. Der Gedanke, dass Alex sich um seine und ich mich um meine Angelegenheiten kümmerte, im Namen unseres Kindes und als Beweis für unsere Liebe, gefiel mir.«

Die Scheichin war eine korpulente Frau, die nach Gewürzen duftete, albinotisch und mit einem Froschgesicht. Sie empfing Marina im Hof ihres gemauerten Hauses. Das Haus selbst war voller Kinder (fast alles Mädchen) und Frauen, die ihrer Arbeit nachgingen, lärmten und zankten – Gesundheit und Fruchtbarkeit, wie sie leibt und lebt. Karima schilderte Marinas Fall, und die Scheichin erklärte sich bereit, ihr zu helfen.

»Wir gingen in ein Schlafzimmer und setzten uns auf den Boden. Ein kleines Mädchen kam herein, kletterte auf das Bett und schloss die Läden, da der Besuch einer Weißen für eine kleine Horde Neugieriger gesorgt hatte. Das Mädchen ging hinaus und kam zurück mit einer Dose, die mit großen Muschelschalen überzogen war, einer Schüssel und einem roten Stück Seife. Die Scheichin forderte mich durch einen Wink auf, mich hinzulegen. Karima redete mir zu, keine Angst zu haben. Die Scheichin fing an, die obligatorischen *be izn illahs* zu murmeln, entblößte dann meinen Bauch, wusch ihn mit roter Seifenlösung, wobei sie kräftig ins Fleisch langte und meinen Bauch knetete. Meine Gebärmutter, so sagte sie, war *mish mafrusha*, leer. Aber es sollte noch seltsamer kommen.«

Da klingelte das Telefon, und Marina beeilte sich, den Hörer abzunehmen – wieder wehte ihre *galabiyya* wie ein Segel hinter ihr her. Als sie zurückkam, fuhr sie unverweilt fort.

»Dann musste ich mich aufrecht hinsetzen, und die Scheichin beugte sich sieben Mal über meine gespreizten Beine, während sie psalmodierte und auf meinen Rücken drückte. Nun wendete sie sich dem Inhalt der Dose zu – ein paar Perlen, Muscheln und ein Baumwollsäckchen, aus dem sie ein winziges Kräuterduftkissen hervorzog, das mit einem Faden zusammengeschnürt war. Sie bedeutete mir mit den Fingern, näher zu kommen. Das tat ich. Sie winkte noch einmal und krümmte ihren Zeigefinger nach innen. Ich kam noch näher und stand praktisch schon vor ihrer Nase, als Karima erklärte, dass ich mir das Duftkissen einführen sollte, was ich tat.«

Das Mädchen der Scheichin wurde gerufen und die Zauberdose fortgenommen. Marina wurde angewiesen, nicht zu reiten, das Duftkissen am nächsten Morgen in Karimas Haus zu entfernen und es auf dem Weg zur Scheichin bei den Pyramiden fortzuwerfen. »Nichts trinken«, sagte die Scheichin noch und wedelte mit ihrem Glas, »und nichts frühstücken.«

»Von Alex hatte ich nichts gehört. Drei Tage lang lief ich jeden Morgen zur Scheichin, raus aus der Stadt, noch im Halbschlaf, im Taxi ans Ende der Stadt, mit leerem Bauch, stolz auf mich, dass ich das durchzog. Von Karimas Haus bis zur Scheichin war es ein weiter Marsch, doch ich genoss es, und Karima munterte mich mit Geschichten über ihre Erlebnisse mit der Scheichin auf. »Sieh dir meinen Sohn Eid an«, sagte sie stolz, als wäre er der lebende Beweis für die geheimnisvollen Mächte der Scheichin.

»Am dritten und letzten Tag reichte mir die Scheichin wie üblich ein kleines Duftkissen, doch sollte ich es dieses Mal bis zur Rückkehr meines Mannes behalten. Darauf legte sie den größten Wert. Ich müsste dann mit meinem Mann schlafen, fuhr sie fort, es danach einführen und es die ganze Nacht über dort belassen. Nach zwei Tagen sollte ich wieder zu ihr kommen und dann … endlich könnte ich guter Hoffnung sein und meinem Mann einen ach so prächtigen Sohn präsentieren, ja, ganz sicher, *inschallah*. Doch dafür brauchte ich zuerst meinen Mann zurück.

Ein paar Tage später klingelte es an der Tür. Da stand Alex, im Anzug, schwitzend, nach sechs Stunden Flug. Ich brach in Tränen aus. »Warte mal«, sagte er. »*C'est pas fini.*« Sein Gepäck, die Ware, die der Grund für die Reise gewesen war, war verloren gegangen, und er musste noch einmal zum Flughafen. Er wollte nicht, dass ich mitkomme, ich war sicher, ihn nie wieder zu sehen. Immer wieder ging ich in mein Zimmer, um das Duftkissen zu befühlen, und weinte, bis er schließlich mit der Tasche wieder da war.«

Sie hielt inne, um sich eine Zigarette anzustecken, vielleicht weil sie spürte, dass sie sentimental wurde, oder weil sie sich unbehaglich dabei fühlte, sich jemanden anzuvertrauen. Ich schwieg. Dann fuhr sie fort, eher nüchtern.

»Nachdem Alex wieder zurück war, ging ich noch einmal zur Scheichin. Dieses Mal nahm sie eine kleine Fetisch-Puppe aus ihrer Dose, führte mich in den Hof und hieß mich, sieben Mal darüber zu hüpfen. Weißt du, warum gerade sieben Mal?«

»Wochentage? Magische Zahl? Todsünden? Oder Teufelskreis?«, riet ich.

»Egal«, sagte Marina und erzählte weiter: »Nachdem ich sieben Mal darüber gesprungen war, rief sie nach einem Krug Wasser, tauchte die Puppe ein und hieß mich, sieben Mal daraus zu trinken. Das restliche Wasser schüttete sie in ein Gefäß. Ich solle mich damit bei Sonnenuntergang waschen – und bis dahin dürfe ich mit keinem Mann reden. Ich ging also nach Hause, schwieg still und wusch mich mit dem Wasser ...«

»Und?«

»Und was?«

»Hat es geklappt? Bist du schwanger geworden?«

»Klar. Mit Drillingen. Was glaubst du denn? Natürlich hat es nicht funktioniert, und ein paar Monate später ist Alex hier in Kairo gestorben. Ich hatte kein Kind. Schluss. Aus. Ende der Geschichte.«

Nicht ganz, denn später, nachdem wir Spaghetti gegessen und getrunken hatten, was noch in ihrem Schrank zu finden gewesen war, fragte ich sie, ob sie glaube, dass das Fruchtbarkeitsritual, dem sie sich unterzogen hatte, etwas mit dem Alten Ägypten zu tun habe.

»Ich weiß nicht«, antwortete sie, »aber warum besuchen wir nicht die Scheichin und fragen sie? Ich war seit... ach, seit mindestens zehn Jahren nicht mehr dort, aber ich habe irgendwo eine Schachtel mit altem Zettelkram. Bestimmt habe ich darin die Adresse aufbewahrt.«

Hatte sie nicht. Statt dessen fand sie ein Foto von Samy, Karimas Ehemann, als er noch jung war. Wie sollten wir ihn anhand eines alten Fotos ausfindig machen, fragte ich mich und äußerte meine Bedenken.

»Hab Vertrauen«, meinte Marina nur.

In *The Manners and Customs of the Modern Egyptians* nimmt Edward Lane im Zusammenhang mit der Unfruchtbarkeit Bezug auf einen »sehr eigentümlichen und abscheulichen Brauch«. Im 19. Jahrhundert war es in Kairo üblich, einen zum Tode verurteilten Verbrecher am Fuße der Zitadelle zu enthaupten. Anschließend schaffte man seinen Leichnam quer über den Platz auf einen nahe gelegenen steinernen Tisch, wo man ihn wusch und zum Begräbnis fertig machte. Das Wasser floss in einen Trog ab. »Um schwanger zu werden«, so Lane, »schritten einige Frauen sieben Mal schweigend über den Körper des Enthaupteten. Andere mit demselben Wunsch tauchten ein Stück Baumwolle in sein Blut, das sie danach auf eine Art benutzten, die ich nicht im Einzelnen schildern möchte.« Ich fragte mich, ob das Ritual, dem Marina sich unterzogen hatte, in gewisser Weise ein Echo darauf war.

In den 1890er Jahren erschien in Kairo ein zweibändiges Werk in Arabisch mit dem Titel *Tibb ar-Rukka* (Medizin der alten Frauen) – Erzählungen verheirateter alter Frauen. Verfasst hatte es ein ägyptischer Arzt namens Abd ar-Rahman Efendi Ismail. In westlicher Medizin ausgebildet, scheint Efendi Ismail die Volksmedizin mit Skepsis betrachtet zu haben. Kapitel 19 trägt die Überschrift *Ukm* (Unfruchtbarkeit). »Eines der besten ›Heilmittel‹ gegen Unfruchtbarkeit ist, über einen Menschen zu schreiten, der getötet wurde – ein berühmtes altes ›Heilmittel‹ selbst unter den Bewohnern großer Städte. Es ist lange her, dass ich während der Vorlesungen über Anatomie am Kasr al-Aini College (Kairo) junge Frauen gesehen habe, die in den Seziersaal kamen in der Absicht, dort über einen Toten zu schreiten.«

Marina saß bei Alan, einem kräftigen, dunkelhaarigen Schotten mit lebhaftem Temperament, der schon seit über zehn Jahren in Kairo lebte. Alan, der Freunde bei der Pyramide hatte, blickte auf das alte Foto von Samy und teilte Marinas Ansicht, dass wir ihn sicher ausfindig machen würden.

Im Taxi fuhren wir zu dem Dorf. Inzwischen war es zu einer richtigen Stadt geworden war, die auf Grund der Nähe zur Sphinx und der allabendlich stattfindenden Klang- und Beleuchtungsshow blühte und gedieh. Die Hauptstraße sowie ein paar Nebenstraßen waren gesäumt von Geschäften, in denen Papyrus hergestellt wird, Teppichbasaren, Souvenirläden und Ställen.

Kaum gelangten wir zu den Ställen vor den Pyramiden, wurde Alan auch schon von einem seiner Freunde gesichtet. Überschwänglich und gastfreundlich, wie Ägypter sind, wurden wir begrüßt – viel Händeschütteln, beharrliches Drängen, uns doch zu setzen, Flaschen mit einem kalten Getränk wurden geöffnet und in die Runde gereicht. Nach den Begrüßungsformalitäten holte Alan das jahrealte Foto von Samy hervor. Sein Freund sah es sich an, kniff die Augen zusammen, blinzelte, kniff die Augen erneut zusammen. Ein paar andere kamen herbei, und es dauerte nicht lange, da hockten wir zu zehnt um das alte Foto herum. Ja, doch, sie glaubten, sie wüssten, wer das war. Zwanzig Minuten später war Samy da.

Seit das Foto aufgenommen worden war, war er schwer gealtert, hatte mehrere Zähne verloren, ein paar Haare, seine Figur, sein Aussehen, doch es gab keinen Zweifel – er war es. Marina erkannte er sofort.

Erneut wurden wir überschwänglich und gastfreundlich begrüßt und kletterten allesamt in das Auto von Alans Freund, um zu Samy nach Hause zu fahren, wo wir von seiner Frau Karima einmal mehr geherzt und umarmt wurden. Auf der Matte ihres kleinen Zimmers erhielten wir wieder etwas zu trinken angeboten, und Marina tauschte fleißig Erinnerungen und Neuigkeiten aus. Irgendwann kam sie auf die Scheichin zu sprechen.

»Sie lebt nicht mehr«, sagte Karima. »Gott erbarme sich ihrer. Sie starb vor ein paar Jahren.«

Marina erinnerte sie an das Ritual, zu dem sie sie begleitet hatte, doch das brauchte sie gar nicht, Karima hatte alles in schönster Erinnerung.

»Macht jetzt eine andere Frau so etwas?«, fragte Marina.

Karima schaute verdutzt, als ob sie sich fragte, ob Marina die ganze Prozedur noch einmal über sich ergehen lassen wollte.

Als Marina erklärte, warum wir gekommen waren und was ich versuchte herauszubekommen, dass ich glaubte, es könne eine Verbindung geben zwischen den »Heilmethoden« der Scheichin und den altägyptischen Ritualen, schlug die Stimmung um.

Samys hörte zum ersten Mal auf zu lächeln. »Niemand macht das jetzt mehr.«

Erst später berichtete er uns, dass es noch eine andere Scheichin gab, er aber nicht gewillt sei, sie aufzusuchen. »Die will nur Geld«, meinte er, »viel Geld, einhundert Dollar oder noch mehr. Und wofür? Was soll das Ganze schon?«

Karima sagte nichts.

»*Maalesh*«, antwortete Marina ihnen, »macht nichts.«

Samys widerwillige Hilfsbereitschaft verwunderte mich nicht. Ich wusste nur nicht recht, ob es daran lag, dass er nur ungern private Angelegenheiten vor einem Fremden ausbreitete, oder ob es sich nur um einen weiteren Fall von Verschiebung im öffentlichen Empfinden handelte. Meinte Samy vielleicht, dass an diesen Ritualen etwas Verkehrtes ist, dass sie nicht islamisch sind?

Doch ich wollte nicht aufgeben. Ein paar Jahre zuvor hatte Dr. Zaki Bedawi, ein muslimischer Gelehrter, mir in London erzählt, dass diejenigen Bräuche, die in antiken Kulturen an tiefste Geheimnisse des Lebens, an Fruchtbarkeit und Tod, rührten, sich zuallerletzt veränderten oder abgeschafft wurden. Das gab mir neue Hoffnung, und ich rief Mona an, die ich noch von meiner ersten Reise nach Ägypten, 1987, kannte. Mona hatte mit antiken Kulten ganz und gar nichts zu tun. Sie gehörte zur modernen, kosmopolitischen, zukunftsorientierten, mobilen ägyptischen Gesellschaft.

Sie wurde in eine wohlhabende und bekannte muslimische Familie hineingeboren, hatte an der amerikanischen Universität in Kairo studiert, sah sehr gepflegt aus, war weit gereist und arbeitete im PR-Bereich, einem Job, der ihr vollkommen entsprach. Ich hatte sie schon eine ganze Weile nicht mehr gesehen, doch am Telefon war sie herzlich wie immer. Sie schlug vor, uns auf einer Caféterrasse am Nilufer zu treffen.

Das Café-Restaurant erstreckte sich über mehrere Terrassen am Flussufer. Ich wählte einen Tisch nahe am Wasser und sah kleinen Ausflugsbooten zu, die restlos überfüllt mit lärmenden, jungen Kairoern in Ufernähe vorbeischaukelten. Eine Feluke glitt stromaufwärts zur Anlegestelle am Hotel Meridien auf der anderen Flussseite. Ein Mann ruderte mit seinem Sprössling in einem kleinen Boot fast bis vor meine Füße, dann zogen sie das Fischernetz ein, das sie ausgeworfen hatten – leer. Hinter mir trugen die Bedienungen Tabletts, randvoll mit verspäteten Mittagessen, frühen Abendessen, reichlich Snacks, riesigen Eiscremebergen, Kannen voll Tee, kalten Hibiskus-Drinks. Und ganz hinten sah ich Mona kommen.

Sie war eine selbstbewusste Frau, Mitte dreißig, hatte ihre großen braunen Augen mit Kajal betont, wie es schon die alten Ägypterinnen taten. Piekfein gekleidet, in enger Bluse, langem, figurbetontem Rock, zog sie im Vorbeigehen die Blicke auf sich. Und sie war beides – verheiratet und kinderlos. Aber ich hatte keinen blassen Schimmer, wie ich unsere Unterhaltung auf Fruchtbarkeitsriten lenken sollte.

Nachdem wir bestellt und ein paar Neuigkeiten ausgetauscht

hatten, fragte Mona, woran ich gerade arbeitete, und ich erzählte ihr ein wenig von meiner Suche nach der lebendigen Vergangenheit. Dabei erwähnte ich auch ein paar Zusammenhänge, die ich herausgefunden hatte.

»Aber Anthony«, lachte sie, »wie kommt es, dass du über diese Dinge Bescheid weißt, wenn die meisten hier in Kairo nie im Leben davon erfahren?«

»Sagen wir, das ist der Vorteil des Außenstehenden. Ich kenne mich hier bei vielem besser aus als bei mir zu Hause.«

Als ich ihr von der Frau bei Speos Artemidos erzählte, wohin Amr und ich auf Eseln geritten waren, wurde sie einen Moment lang nachdenklich, als sei sie nicht ganz sicher, mich richtig verstanden zu haben.

»Interessant, dass du mich darauf ansprichst, Anthony. Noch vor zwei, drei Jahren hätte ich nicht gewusst, wovon du redest. Ich hätte dir gesagt, dass du dir das alles ausgedacht hast. Vergangenheit ist Vergangenheit. Schließlich bin ich hier in Kairo aufgewachsen, und davon hat uns niemand erzählt. Doch vor kurzem haben mich Freunde auf dieses Thema angesprochen. Sie machen sich Sorgen, weil sie noch keine Kinder haben, sich aber sehnsüchtig welche wünschen. Was also tun? Wie sie sagen, gehen sie von Arzt zu Arzt und beten in der Moschee – vielleicht auch in einer ganz speziellen wie in der Hussein-Moschee oder der Sayyida Zeinab. Aber wenn das alles nichts hilft? Nun, dann begeben sie sich hinaus aufs Land, an einen alten Tempel oder ein Grab, und beten dort um ein Kind.« Und für den Fall, dass ich ihr nicht glaubte, fügte sie hinzu: »Das geschieht wirklich.«

Mona war die Unterhaltung sichtlich unangenehm. Immer, wenn die Bedienung kam, um Tee nachzuschenken oder den Aschenbecher zu leeren, hörte sie auf zu reden. Und da man sie in diesem Café kannte und mochte, unterbrach sie sich oft.

»Zu wem beten sie?«

»Zu Allah«, sagte sie. »Zu Gott.«

»Nicht zu den alten Göttern?«, fragte ich, obwohl ich wusste, dass ich mit dieser Frage etwas zu forsch war.

»Alte Götter, neue Götter«, sie zuckte mit den Schultern und brachte die alte Phrase vor, »es gibt keinen Gott außer Gott. Nur verschiedene Namen, oder nicht?«

An ihrem Tonfall merkte ich, dass sie Verständnis meinerseits erwartete. Doch ich fragte mich, ob sie mir mit der Geschichte von ihren Freunden nicht vielleicht ihre eigene schilderte. Ein Wink mit dem Zaunpfahl vielleicht?

»Bist du mit ihnen dort gewesen? An diesen Orten?«

Sie lachte mich aus. Wo dachte ich nur hin! »Anthony. Natürlich nicht.« Und etwas weniger belustigt fügte sie hinzu: »Aber ich glaube, ich würde es auch tun. An ihrer Stelle ginge ich auch dort hin. Doch, ich denke schon.«

Der Wunsch, Kinder zu bekommen, ist in Ägypten besonders stark ausgeprägt. Nach islamischem Gesetz ist es einem Mann aus vielerlei Gründen erlaubt, sich von seiner Frau scheiden zu lassen, und ein Grund ist die Unfruchtbarkeit der Frau. Die Frau trifft das besonders hart. Sie verliert ihren Mann – und damit häufig auch die finanzielle Sicherheit, sie wird keine Kinder bekommen und als geschiedene Frau, die unfähig ist, Kinder zu bekommen, abgestempelt sein, was es für sie sehr schwierig macht, noch einmal zu heiraten. Unter einem solchen Druck ist es begreiflich, dass eine Frau all ihre Hoffnung in Dinge setzt, denen die Würde des Alters anhaftet, auf erprobte und altbewährte Mittel, welche die Patina des Altehrwürdigen haben, besonders, wenn sie mit Religion verknüpft sind.

Winifred Blackman beschreibt mehrere Riten, die sie selbst miterlebt oder von denen sie gehört hat. Während ihres ersten Aufenthalts 1920 beteiligte sie sich an archäologischen Ausgrabungen bei Meir, in der Nähe von Asyut, als mehrere Frauen in das Camp kamen, um nach alten Gebeinen zu fragen; sie glaubten, dass sie schwanger werden würden, wenn sie über die Gebeine schritten.

Einige Zeit später tat sie kund, sie habe ein paar Zauberfetische gesammelt, die bei Empfängnisproblemen angeblich schon immer geholfen hatten. Die Frauen kamen zu ihr, bis zu zehn auf einmal, und wollten sie ausprobieren.

Bei den Zauberfetischen handelte es sich um wenige Zentimeter große, blau lasierte Figuren: die Göttin Isis; eine mumifizierte, unidentifizierte Gottheit; ein Skarabäus; eine Katze. »Das Ritual«, notiert Blackman, »lief folgendermaßen ab: Die Frauen suchten zuerst eine der ältesten, geschmückten Grabkapellen auf. Beim Eintreten trat jede von ihnen sieben Schritte vor und sieben zurück, und zwar an der Stelle, wo sie sich den Einstieg zum Schacht, der hinab zu den unterirdischen Grabkammern führte, vorstellte. Nach Beendigung dieses Rituals kehrten die Frauen zu der ungeschmückten Grabanlage zurück, in der ich wohnte. Hier legte ich immer zwei Zauberfetische zusammen auf den Boden. Die Frauen schritten dann schweigend darüber, sieben Mal hin und sieben Mal zurück. Insgesamt wurden vier Fetische verwendet … Als wir damit durch waren, ging es wieder von vorn los, nur legte ich jetzt zuerst den Unterkieferknochen aus dem Schädel eines alten Ägypters auf den Boden und dann zwei komplette Schädel, wovon der eine gut erhalten und mumifiziert war, der andere nicht. Anschließend wurde ein Glas Wasser gebracht, dort hinein kamen die blau glasierten Fetische. Jede Frau nahm einen Schluck daraus, griff nach den Fetischen und lutschte sie. Einige rieben sich mit den magischen Gegenständen ein, andere führten sich das Wasser auch in den Unterleib ein.«

Als Blackman nach einem Sommerurlaub in England wieder nach Ägypten zurückkehrte, hörte sie, dass manche dieser Frauen schwanger geworden waren.

Professor J. Gwyn Griffiths von der Oxford University beschreibt in einem Artikel der anthropologischen Zeitschrift »Man« ein ähnliches Ritual: »Bei einem Besuch des Tempels Deir al-Bahari am westlichen Nilufer, gegenüber der mittelägyptischen Stadt Theben, wurde ich am 23. Februar 1937 Zeuge eines interessanten Fruchtbarkeitsritus. Ich sah mir gerade eine Mumie an, die auf dem Tempelboden lag, als ich bemerkte, dass drei junge einheimische Frauen in meiner Nähe sich für dieses Objekt ganz besonders interessierten. Eine von ihnen, die wie ihre Freundinnen europäisch gekleidet war, stellte sich neben die Mumie, hob ihren Rock ein klein wenig an und schritt drei oder vier Mal darüber, hin und zurück, und sprach dabei die Worte: »*En sha'la Rabbina yiddi ni' wahid walud* (Möge Gott mir einen Sohn schenken).« Wie Griffiths weiter schreibt, ist dieser Ritus zwar in ganz Ägypten verbreitet, wird aber nirgendwo beschrieben.

Umm Seti berichtet in ihren Aufzeichnungen ebenfalls von mehreren Fruchtbarkeitsriten, obgleich es nicht so aussieht, als hätte sie je selbst davon Gebrauch machen müssen, weder in ihrem modernen noch in ihrem früheren Leben. Sie gibt allerdings keinerlei Erläuterungen, obwohl sie eigentlich wissen musste, wovon sie sprach, hatte sie doch immer behauptet, reinkarniert zu sein, sondern begnügt sich mit der Feststellung, dass auch in der heutigen Zeit viele Ägypterinnen glauben, bestimmte Grabmäler könnten Fruchtbarkeit schenken.

Auch die Pyramiden von Giseh zogen nicht wenige Bittstellerinnen an, von denen einige an der Dritten Pyramide – der Mykerinos-Pyramide – die Kalksteinblöcke hinunterrutschten, die als Verkleidung dienten und noch erhalten sind, während andere sich am Eingang zur Zweiten Pyramide – der Chephren-Pyramide – schlafen legten. Umm Seti kannte eine der Frauen sehr gut – sie war seit vier Jahren verheiratet und noch immer kinderlos. All die Drangsal und Not, die diese Frau durchlebt haben muss, die allmonatliche Enttäuschung, die Selbstzweifel, bevor sie den Weg zu den Pyramiden hinaufging (mit ihrem Mann), vorbei an der Sphinx, weiter hinauf, ganz Kairo hinter sich, die Pyramiden vor sich und dahinter die Wüste – all das können wir nur erahnen.

Die Wächter wimmelten sie zuerst ab, bemerkten dann aber, dass sie in der Nähe wohnten, und wussten, warum sie gekommen waren. Der Mann half seiner Frau über die mächtigen Steinblöcke hinauf durch die nur mannshohen Gänge zum Zugang in das Innere der Pyramide, ließ sie dort und kletterte wieder hinunter. Sonderbarerweise erwähnt Umm Seti mit keinem Wort, welche Furcht die Frau vor diesem gewaltigen Monument empfand, vor den unbekannten Mächten, die dort weilen, vor den Geistern, den Dschinn und *afarit*, die dort wohnen und von Menschen Besitz ergreifen, sollten diese sich allein im Inneren aufhalten. Paul Brunton, der in den 1930er Jahren eine Nacht im Inneren der Großen Pyramide (Cheops-Pyramide) verbrachte, beschrieb »geisterhafte Figuren«, »graue, gleitende, nebelige Formen«, »feindselige, gespensterhafte Angreifer«, die in der Dunkelheit um ihn herumkrochen. Die Frau hingegen, die Umm Seti kannte, »schlief am oberen Eingang die ganze Nacht über tief und fest, während ihr Ehemann und einer der Wächter draußen bis zum Morgengrauen ausharrten, rauchten und Tee tranken.« Neun Monate später gebar sie eine Tochter.

Das Ägyptische Museum in Kairo besitzt eine Statue aus grünem Schiefergestein der Göttin Ta-urt, dargestellt als ein schwangeres Nilpferd, das auf seinen Hinterbeinen steht. Im Alten Ägypten war sie die Göttin der Schwangerschaft und Geburt und wurde durch die Jahrhunderte verehrt. Umm Seti fiel auf, dass die Statue einen untypischen Glanz hatte, einen Schimmer, der erst unlängst entstanden war, da viele Frauen kamen, ihre Hände am Bauch der Göttinnenstatue rieben und dann über ihren eigenen fuhren.

In der alten ägyptischen Stadt Dendera, in einem kleinen Tempel neben dem Haupttempel, wo die Söhne der regionalen Hauptgottheiten verehrt werden, stehen zwei Basaltstatuen des Gottes Ihi, dargestellt als nackter Knabe. »Um ein Kind zu bekommen«, schreibt Umm Seti, »muss die zukünftige Mutter im Uhrzeigersinn sieben Mal abwechselnd um jede der Statuen gehen. Anschließend muss sie sieben Mal über jede Figur schreiten und darauf achten, dass sie direkt über den Phallus steigt.«

Durch die anthropologische Studie des Amerikaners Richard Critchfield aus dem Jahre 1978 erlangte ein anderer Fruchtbarkeitsritus in der ganzen Welt Berühmtheit – einer, der zunächst keine erkennbare Verbindung mit Osiris hatte. Critchfield untersuchte den Fall eines Fellachen namens Shahhat, der in einem Dorf am westlichen Nilufer nahe Luxor wohnte.

Das Bemerkenswerte dabei ist, unter welchen Umständen die Mutter mit Shahhat schwanger wurde. Die Mutter, Umm Muhammad, hatte bereits vier Söhne geboren, insofern schien sie mit der Fruchtbarkeit kein Problem zu haben. Doch alle vier verstarben im Säuglings- oder Kindesalter. Umm Muhammad fürchtete, dass ihr Mann sich scheiden lassen würde, falls sie ihm keinen männlichen Erben gebar. »Sie war außer sich«, stellt Critchfield dar. »Sie opferte an den allerheiligsten Kultstätten je ein Schaf. Sie kaufte Amulette und mit Zauberformeln beschriebene Talismane, von denen es hieß, dass sie, in einem Topf mit Räucherduft verbrannt, einen Wunsch in Erfüllung gehen lassen. Sie suchte Rat bei Hexenmeistern und *sufis* sowie bei hochverehrten alten Scheichs und betete unaufhörlich zu Allah. Selbst bei koptischen Priestern suchte sie um Hilfe, denn schließlich stand ihre ganze gesellschaftliche Stellung als Frau, Ehefrau und Mutter auf dem Spiel. Am Ende, als alles nichts genützt hatte, schlich sie sich eines Nachts zum Totentempel Ramses' III., der mit einer hohen, festungsartigen Ziegelmauer umgeben ist, um die alte Gottheit anzuflehen.«

Critchfield schildert, wie sich die Frau verstohlen durch die Dunkelheit zum Heiligen Teich des Tempels begibt, ihn sieben Mal umschreitet und »mal Allah bat, ihr zu vergeben, mal inbrünstig Amun-Re anflehte, den Unbekannten, ihr zu einem Sohn zu verhelfen.« Schließlich, nachdem sie keuchend und zitternd zusammengebrochen war, trank sie ein paar Schlucke Wasser aus dem Teich. Ein Jahr später kam ihr Sohn zur Welt. Critchfield berichtet, dass sie niemandem von ihrer Unternehmung erzählt hatte. Ihren

Sohn nannte sie Muhammad, doch um ihn vor dem »Bösen Auge« zu bewahren, rief sie ihn bei einem anderen Namen: Shahhat, den Bettler. Critchfields Darstellung von Shahhats Schicksal fand große Aufmerksamkeit und gehörte schon bald zur Standardlektüre von Anthropologiestudenten, die sich mit Entwicklungen in Ländern der Dritten Welt befassten. Doch gab es nicht nur positive Stimmen. Timothy Mitchell, britischer Akademiker, beschuldigte Critchfield, auf Übertreibungen hereingefallen zu sein und, schlimmer noch, ganze Passagen schlichtweg erfunden zu haben. Mitchell war gut informiert, denn auch er hatte in Shahhats Dorf gelebt, und auch er kannte Umm Muhammed und die Umstände, die zur Geburt des *fellahin* führten. Und viele von den Leuten, die Critchfield in seiner Studie erwähnte, hatten ihm anvertraut, sie hätten so manche Geschichte erfunden, da sie dachten, dies sei genau das, was Critchfield hören wollte.

Während ich in meiner Kairoer Wohnung saß, meinen Gedanken nachhing und den ersten Fledermäusen zusah, die um die Datteln an der Palme unter meinem Fenster schwirrten, fiel mir auf, dass bei allem, was Mitchell und die Dorfbewohner geäußert hatten, offenbar niemand die Tatsache bezweifelte, dass einheimische Frauen zu pharaonischen Tempeln gingen und dort um Fruchtbarkeit flehten. Ich beschloss daher, Shahhats Dorf zu besuchen und die Bewohner zu befragen. Den Nachtzug nach Luxor würde ich auf jeden Fall noch bekommen. So rief ich noch schnell einen Freund an, der in der Nähe von Shahhats Dorf wohnte, warnte ihn vor, dass ich käme, packte meine Tasche und eilte los.

Ibrahim, der Taxifahrer bei uns an der Ecke, polierte mit einem Lappen die makellose Motorhaube seines alten Peugeot. Irgendetwas an seinen Bewegungen wirkte komisch und unbeholfen, als hätte er Angst, jeden Moment das Blech durchzuscheuern oder die Farbe abzuschrubben, wenn er zu fest aufdrückte. Hatte er den Blick gehoben, so merkte ich es nicht, aber er wusste, dass ich da war. »*Aywa missiou*«, rief er mir über die Straße zu, als würde ich es wagen, bei jemand anderem einzusteigen, wenn er dort stand. »Wieder auf Achse? Wohin diesmal?«

Ich erzählte ihm von meinem Buch. »In Luxor gehen die Frauen zu pharaonischen Tempeln, weil sie nicht schwanger werden.«

»Warum tun sie das?«

»Sie glauben, dass Dinge, die mit der Pharaonenzeit zusammenhängen, eine besondere Kraft haben. Was meinst du dazu?«

Wäre Ibrahim Sänger gewesen, hätte er mit der tiefsten Bassstimme, *basso profundo*, gesungen, obwohl seine gewaltige, tiefe Stimme weder angeboren noch antrainiert war, sondern die Folge leidenschaftlichen Rauchens seit früher Jugend. Sein Lachen klang ähnlich kehlig, und auf meine Frage antwortete er spöttelnd: »Ja, davon habe ich schon gehört, aber ich glaube es nicht.« Dann wurde er religiös: »Warum zu den alten Tempeln gehen, wenn wir Moscheen haben. Es gibt keinen Gott außer Gott…«, und ich führte den Satz für ihn zu Ende, »… und Mohammed ist sein Gesandter.«

»Doch den Saiidis ist nichts dumm genug«, fügte er hinzu und brachte damit das alte Vorurteil der Bewohner des Nordens gegen die Oberägypter aufs Tapet. Den ganzen Weg über die Fouad-Straße erzählte er mir Geschichten, die entweder vollkommener Blödsinn oder total verdreht waren, und setzte am Ende noch ein paar Saiidi-Witze drauf, ähnlich den Polen-, Iren- oder Belgier-Witzen, die man sich sonst auf der Welt erzählt. »Du kannst es dir immer noch anders überlegen«, meinte er, als ich am Kairoer Hauptbahnhof ausstieg. »Ich kann dich auch wieder nach Hause fahren.«

Ich zahlte ihm weniger, als er wollte, aber immer noch mehr, als er verdiente, und sagte Auf Wiedersehen. Es blieben mir noch ein paar Minuten, bis der Nachtzug nach Luxor abfuhr.

Zeitouns Haus lag am westlichen Nilufer bei Luxor – ein großzügiges Haus aus Lehmziegeln mit Palmen davor, im ägyptischen Stil, was heißt, dass es aussah wie eine Festung, mit wenigen Öffnungen im Erdgeschoss. Doch während alle anderen Häuser im Weiler über dem Gebälk aus Palmenstämmen Flachdächer hatten, besaß Zeitouns Haus ein großes kuppelförmiges Gewölbedach, so dass man meinen konnte, es stamme aus einer Geschichte aus Tausendundeiner Nacht. Die Tatsache, dass es zwischen Wüste und Feldern stand, unterhalb der heiligen Berge von Theben, neben dem großen Tempel von Medinet Habu, beflügelte diese Vorstellung.

Hunde kündigten mit ihrem Gebell meine Ankunft an, und Zeitoun erschien in Jeans und Hemd, Gesicht, Haare und Kleider voller Schlamm. »Du kommst genau richtig. Wir sind gerade mit Bauarbeiten beschäftigt.«

»Hast du das Haus noch nicht fertig?«

»Ein Haus wie dieses ist nie fertig. Es wächst immer weiter.«

Zeitoun war gewissermaßen ein Produkt der Levante. Seine Familie war vor und nach dem Zweiten Weltkrieg, zur Zeit Faruks, des letzten Königs, eine angesehene Kaufmannsfamilie gewesen. In der Folge der Revolution, die König Faruk auf einem schatzbeladenen Schiff aus Alexandria vertrieb, floh Zeitouns Familie in den Libanon und nach Frankreich, »was erklärt, warum ich in Beirut zur Schule ging, einen französischen Pass habe, aber Ägypter bin«, so Zeitoun.

Er war der Erste aus seiner Familie, der nach Ägypten zurückkehrte. Während seines Architekturstudiums in London hat ihn der ägyptische Architekt Hassan Fathy beeinflusst. Fathy hatte die alte Tradition der Lehmziegelarchitektur wieder aufleben lassen, und Zeitoun und David, ein amerikanischer Freund, der mit ihm im Libanon studiert hatte und damals in Ägypten arbeitete, beschlossen, sich ein solches Haus zu bauen. Es sollte ein Vorzeigeobjekt werden, ein Experiment, um zu sehen, wie weit sich Fathys Lehre der Lehmziegelarchitektur umsetzen ließ. Sehr weit – wie sie entdeckten.

Zeitoun, David und mehrere Dorfbewohner arbeiteten bis zum Mittag und hatten bis dahin die Mauer, an der sie gerade arbeiteten, um ein paar Meter hochgezogen. Jetzt war Pause, und nach der Pause machte Zeitoun mit mir eine Führung durch das Haus.

»Da du ja auf der Suche bist nach ... wie nennst du das noch gleich?`«

»Überreste.«

»*Survivances*. Ja, da bist du hier richtig. Das ganze Haus ist ein Überrest, auf die eine oder andere Art. Hast du gesehen, wie wir arbeiten, wie wir die Ziegel machen und sie in der Sonne backen lassen? Wie wir sie mit noch mehr Lehm aneinander fügen? Genau so wie in alten Zeiten. Und ich sage dir noch etwas, das du dir unbedingt aufschreiben musst: In vielen Büchern steht, dass die alten Ägypter keine Gewölbebogen kannten, dass ihre Dächer flach waren. Doch für die Wohnhausarchitektur stimmt das nicht. In ihren Häusern verwendeten sie eindeutig Gewölbebogen, so wie die, die wir hier haben« – er zeigte auf mächtige Gewölbebogen, die über den Hauseingang gespannt waren. »Und wenn du zum Ramesseum gehst, siehst du, dass unweit des Tempels Vorratskammern liegen, die ein Lehmziegelgewölbe haben, und Teile davon stehen noch heute. Nach wie vielen Tausenden von Jahren? Ist das nicht fantastisch?«

Auf der oberen Terrasse aalten wir uns auf *mastabas*, auf Lehmziegelbänken, so wie es die alten Ägypter nach getaner Arbeit zu tun pflegten. Die Sonne stand tief, aber es war noch immer warm. Die Dorfbewohner waren noch auf den Feldern, schnitten Futter für das Vieh, das sie in Bündeln nach Hause trugen, so wie es ihre Vorfahren schon immer getan hatten. Neben dem Feld, an einer Wasserpumpe, lachten ein paar Mädchen aus vollem Halse und lächelten zu uns herüber, als sie bemerkten, dass wir sie gehört hatte. Zeitoun, der hier im Ruf eines Schürzenjägers stand, grinste bei dem Gelächter. »Hör sie dir an!«, versuchte er abfällig zu tun.

Von dort, wo wir saßen, hatte man einen ungehinderten Blick auf den Totentempel von Ramses III., einen von vielen, welche die Pharaonen vor den mit Gräbern übersäten Hügeln erbaut hatten. Dort also hatte, wie Critchfield berichtete, Shahhats Mutter zum alten Gott Amun-Re gebetet. Es juckte mich, einen Blick in das Innere des Tempels zu werfen.

»Das hat keine Eile«, versicherte mir Zeitoun. »Wir sollten bis heute Abend damit warten.«

»Aber dann ist bestimmt geschlossen.«

»Kein Problem. Die Wächter kennen mich. Also beruhige dich, trink ein Bier, und ich erzähle dir derweil von Shahhat.«

Zeitoun lernte Shahhat kennen, als er Anfang der siebziger Jahre zum ersten Mal in das Dorf kam. »Shahhat und ich, wir waren wirklich schlimm. O, wie haben wir die Nächte durchgemacht ...«

Er hing einen Moment seinen Erinnerungen nach. Bevor er sich vollkommen in der Vergangenheit verlor, holte ich ihn zurück und erinnerte ihn daran, dass ich mich eigentlich für die Umstände interessierte, die zu Shahhats Empfängnis führten. »Klar«, sagte er, »warum nicht. Sieh dir nur die Architektur an, das Größenverhältnis zwischen Tempel und Dorf, das eine so groß, so alt, so wunderschön, das andere hingegen, die Lehmhäuser – *paf*! –, wenn du sie nicht ständig in Schuss hältst oder es zu stark regnet, fallen sie in wenigen Tagen in sich zusammen.«

»Nein«, korrigierte er sich selbst, »sie fallen nicht zusammen. Wind, Regen und Sonne setzen ihnen zu. Im Vergleich zu den Häusern ist der Tempel hier alles, wofür Gott steht – für das Dauerhafte, das Ewige. Warum also nicht dorthin gehen und um Hilfe bitten, wenn du sie nötig hat? Das ist nicht wunderlicher, als sich beim Anblick einer Sternschnuppe etwas zu wünschen«, sagte er und deutete in den aufziehenden Nachthimmel.

Wir lehnten uns auf den *mastabas* zurück, genossen das Bier und sahen zu, wie das Licht des Tages langsam schwächer wurde. Nach Kairo erschein mir dieser Ort wohltuend ruhig, und ich hörte die leisesten Geräusche – Kindergequengel aus einem weiter entfernt liegenden Haus, Hundegebell von den Hügeln ringsum, geschäftige Nachbarn, die ihr Vieh nach Hause trieben und das Abendessen zubereiteten. Mit Hereinbrechen der Nacht breitete sich eine tiefe Stille über das Haus, und mit der Dunkelheit kamen andere Klänge. Eine Brise strich durch die Palmen am Rande des Feldes und den ausladenden Eukalyptusbaum, der hoch hinauf über das Hausdach und über den Vorhof hinaus ragte. Muhammad, einer der Nachbarn, saß vor seinem Haus und plauderte leise mit einem seiner Brüder. In den Bergen schrie gellend laut ein Tier, und ich fuhr hoch. Die großen Kalksteinbrocken leuchteten in der Nacht, als hätten die Pharaonen und Königinnen in ihren Hügelgräbern noch immer die Macht, Leben und Licht zu regieren. Das Leuchten war das reflektierte Mondlicht. Auch Zeitoun sah es und befand, dass der richtige Zeitpunkt für den Besuch des Tempels gekommen war. Er holte seinen Stock, »falls wir auf eine Schlange oder sonst was treffen«, und wir brachen auf.

Vor den Häusern der Nachbarn bleckten schwarze Hunde die Zähne und knurrten. »Schscht«, fauchte ich zurück, Zeitoun wedelte mit seinem Stock. Wir nahmen den kürzesten Weg querfeldein, an der Kante eines Bewässerungskanals entlang, und kletterten über den Erdwall, der einst die alten Außenmauern des Tempels umschlossen hatte. Von oben konnte ich den ganzen Tempelkomplex sehen. Der Haupttempel, wie eine Festung, mit Mauern, die sich nach innen neigen und zunehmend höher werden, wie um den Sinn ihrer Massigkeit und Festigkeit hervorzuheben. Rechts von uns trug der schlanke Stamm einer einzigen Palme übermäßig viele Palmwedel. Rings um uns herum nichts als gerettete architektonische Baukunstwerke vergangener Zeiten: steinerne Oberbalken und Wasserbecken, Badebecken und Brunnenhäuschen. Entlang der Festungsmauer lassen sich an vielen Stellen noch Überreste der Medina, der Stadt von Djeme, finden, welche die Kopten über Ramses' geheiligte Stätte erbauen ließen, nachdem die alten Riten abgeschafft worden waren.

Zeitoun hob seinen Stock, ich sollte auf die Felder schauen, die hinter uns leicht im Tal versunken waren, auf den letzten Überrest eines einst riesigen künstlichen Sees, durch einen Kanal mit dem Nil verbunden, über den der Pharao in der Regenzeit zu seinem Tempel segelte. Wie zu Zeiten Ramses' III. standen auch jetzt Wächter am

Tempeleingang. Zeitoun wartete nicht, bis sie von allein auf uns aufmerksam oder vom Gebell der streunenden Hunde in der Nähe aufgeweckt wurden, sondern ging geradewegs in ihre Hütte.

Nach viel Händeschütteln und Schulterklopfen gab es erst einmal Tee und etwas zum Rauchen. Anschließend dann verkündete Zeitoun, dass wir uns kurz den Tempel ansehen würden.

»Aber *mudir*, Boss«, sagte einer der Wächter, der Zeitoun weniger gut kannte, »der Tempel ist geschlossen. Es ist verboten.«

»Macht nichts«, antwortete Zeitoun, »der Professor und ich stören niemanden«, und bot eine weitere Runde Zigaretten an, um sie zu beschwichtigen.

Medinet Habu wurde zu Lebzeiten Ramses III. als Machtbasis erbaut und war als zentrale Kultstätte zur königlichen Verehrung nach seinem Tod gedacht. Wie seine Vorgänger wollte auch Ramses III. nicht in der Nähe des Tempels begraben werden. Das wäre für Grabräuber zu offensichtlich gewesen. Denn wie das Volk glaubte auch er, dass nur ein unversehrter Leichnam und unbeschädigte Grabbeigaben ein glückliches Leben nach dem Tode gewährleisten. Und so ließ sich Ramses III., mehr als 1500 Jahre nach dem Höhepunkt des Pyramidenzeitalters, in aller Heimlichkeit neben den anderen toten Pharaonen im Tal der Könige beisetzen. Der Tempel diente als Ersatz für ein Grab, damit die Menschen einen Ort hatten, wo sie Ramses, der nun vergöttlicht wurde, anbeten konnten.

Dies alles kostete natürlich Geld, und wie seine Vorgänger, so sorgte auch Ramses mit Schenkungen für den Bau des Tempelkomplexes. Über seine Schenkungen führte er haarklein Buch, um am Jüngsten Tag, wenn er Osiris von Angesicht zu Angesicht gegenüberstand, darauf verweisen zu können. An seinem Todestag hatte die Papyrusrolle, auf der alle Schenkungen an Tempel im ganzen Land vermerkt waren, eine Länge von gut vierzig Metern. Geradezu schwindelerregend sind die im Einzelnen aufgeführten Zahlen ebenso wie der Gedanke an den dafür notwendigen bürokratischen Aufwand. Ramses verschenkte rund 169 Städte, 113 433 Sklaven, fast eine halbe Million Stück Vieh, eine Million Ländereien, über 19 Millionen Blumenbuketts, 2756 Götterbilder; des Weiteren Tonnen an Gold und Silber, Hunderttausende Tiere, Millionen Krüge und Töpfe mit Wein, Honig, Öl und Räucherwerk. Die Hälfte der Gesamteinnahmen Ägyptens – samt den Kolonien im Mittleren Osten – gingen in Bau, Unterhalt und Sicherung von Tempelanlagen wie Medinet Habu.

Ich habe auf der ganzen Welt nichts gesehen, was mit den im Mondschein so wundervollen und gespenstischen Tempelanlagen von Medinet Habu zu vergleichen wäre. Unter dem lichten Himmel wirkte die Tempelanlage so kompakt und beständig, wie etwas von Menschenhand Erschaffenes nur sein kann, die Kalksteinmauern silbrig getüncht. Wir verließen das Pförtnerhaus, ein zweistöckiges, syrisch inspiriertes Gebäude, das Ramses als Denkmal zur Erinnerung an einen Sieg in Syrien errichten ließ, einen Scheinsieg offenbar, denn zur Zeit seiner Herrschaft war Syrien nicht mehr umkämpft. Über den Vorhof führte der Weg zwischen zwei kleineren Tempeln hindurch auf das Hauptgebäude zu. Da das monumentale Tor geschlossen war, gingen wir im Uhrzeigersinn um die Außenanlage herum und kamen zunächst zu den Ruinen des Palastes. Sand und Gestrüpp waren mit Trümmergestein bedeckt. Wie Wüste mit Flussdelta, Pharao mit Fellache, geht hier Zerstörung mit Überdauern einher.

Wir spazierten über das zerstörte Palastgelände. Der Grundriss der Räume wurde rekonstruiert, und Zeitoun vermittelte mir einen Eindruck vom einstigen Aussehen des Palastes. Er erschien mir eher klein. Durch das Fenster der königlichen Loge spähten wir in den inneren Tempel. Von hier aus hatte Ramses die Zeremonien mehr verfolgt als daran teilgenommen. Danach studierten wir die Inschriften und Bilder auf der äußeren Umwallung, den Opferkalender, der in Hieroglyphen erläutert, an welchem Tag des Jahres welches Opfer stattzufinden hatte, die übertriebenen Darstellungen der militärischen Erfolge des Ramses (Vermutungen über einen syrischen Feldzug könnten hier irrig sein, denn Ramses errang tatsächlich glorreiche Siege gegen die Libyer und »Seevölker«), großartige Bilder des Pharaos auf der Wildziegen-, Esel- und Stierjagd. Zeitoun hatte das alles schon zigmal gesehen, doch als Architekt war er immer wieder von neuem beeindruckt und begeistert. »Sieh nur, wie sie die Steine behauen haben!« Er strich mit der Hand über die Fuge zwischen zwei der großen Steinblöcke. »Woher wussten sie, wie man Steine so akkurat zuschneidet? Sieh dir an, wie exakt sie zusammenpassen! Und sieh nur, wie das Mondlicht von der Seite her einfällt und den Bildern Leben einflößt.«

Wir gingen in Richtung Südostecke der Anlage. Bis jetzt hatten die cremefarbenen Mauern des Haupttempels genügend Mondlicht zurückgeworfen, um das Gelände ringsum zu erhellen, doch jetzt war der Mond versunken, und so war es in der hinteren Ecke stockdunkel. Zeitoun schwang seinen Stock vor sich hin und her, und ich trottete vorsichtig hinterdrein, stellte mir Schlangen und Skorpione vor und auch wilde Tiere, die unseren Vorfahren die Nächte zur Hölle machten.

»Der Heilige Teich muss hier irgendwo ganz in der Nähe sein«, warnte er. »Pass also auf. Du willst ja nicht reinfallen.«

Als sich meine Augen an die Dunkelheit gewöhnt hatten, sah ich gleich mehrere Gebilde, die sich vor mir aus dem schwarzen Boden erhoben; eines sah aus wie der Eingang zu einem Luftschutzbunker. Zeitoun meinte, das sei der Nilometer. Innen führte eine Stiege hinunter zum Wasser. Die Luft war feucht. Ich warf einen Stein hinein, um zu erkunden, wie tief es war, und hörte etwas – oder etliches – davonhasten. »Nur ein paar Schlangen«, meinte Zeitoun lässig, »vielleicht auch Skorpione oder Fledermäuse oder…« Im Halbdunkel sah ich sein breites Grinsen.

Der Heilige Teich lag nahe der Außenwand, welche die Tempelanlage vom Dorf Kom Lolah trennt, wo Shahhat und seine Mutter wohnten. Wir standen da und lauschten den Klängen des Lebens, hörten jemanden beten, etwas rascheln (wollte sich da jemand vor uns davonstehlen?), jemanden rufen (sprach da ein Wächter jemanden an?). Ein paar Meter unter uns blubberte das schwarze Wasser wie eine stinkende Suppe vor sich hin. Zerstreut wanderten meine Gedanken zurück in die Vergangenheit. Ich stellte mir vor, wie hier vor Jahrtausenden mitternächtliche Rituale zu Ehren der Götter stattfanden, wie hier vor ein paar Jahrzehnten Shahhats Mutter die Götter um einen gesunden Jungen anflehte, und kehrte dann langsam wieder zurück zu Zeitoun und zu mir, wie wir jetzt in diesem Moment am Rand des Wassers standen.

Ich brauchte mir nichts vorzumachen: Ich hatte eine Riesenangst. »Wir sollten abhauen«, flüsterte ich Zeitoun in die Dunkelheit hinein zu.

Ich wartete einen Moment.

»Zeitoun?«, flüsterte ich etwas lauter. »Komm, lass uns gehen.«

Keine Antwort. Er war bereits gegangen.

Dr. Boutros, der örtliche Arzt, kam am folgenden Abend zum Essen zu uns. Ein stattlicher, kultivierter Mann, der gut Englisch und Französisch sprach, über die neuesten Filme oder Ausstellungen in London und New York mitreden konnte, obwohl er sie selbst nie gesehen hatte, und zu allem und jedem eine eigene Meinung hatte, zu Preis und Qualität des hiesigen Biers der Marke Stella bis hin zum amerikanischen Kulturimperialismus. Als Arzt wusste er bestimmt besser über das Geschehen im Dorf Bescheid als sonst jemand.

Nach dem Abendessen fragte ich ihn nach Shahhats Mutter und ob er Frauen kannte, die sich am Tempel Fruchtbarkeitsriten unterzogen hatten.

»Das ist nicht von Belang«, antwortete er schroff, beinahe patzig. »Ob sie das tun oder nicht, ist überhaupt nicht von Belang.«

»Vielleicht nicht für Sie, Sie leben ja hier …«

Er war sichtlich verärgert. »Warum reitet bloß jeder, der hierher kommt, auf den ›Spuren der Pharaonen‹ herum?«

Darüber hatte ich längst meine eigene Theorie. »Ich interessiere mich dafür, weil ich das Gefühl habe, den Bezug zu meiner eigenen geschichtlichen Vergangenheit verloren zu haben. Hier in Ägypten erlebe ich Menschen, die eine direkte Linie zu ihrer Vorgeschichte ziehen können. Und – ganz wichtig – die noch immer beweiskräftige Zeugnisse vor Augen haben, die sie darin bestärken. Meinen Sie nicht, dass das spannend ist?«

»Ich sehe nur, was passiert, wenn das, was die Leute hier tun, fehlschlägt. Dann kommen sie und flehen um Hilfe. ›Bitte, bitte Doktor, gib mir deine Medizin.‹ Das ist doch alles Unsinn.«

Critchfield beschreibt Kom Lolah als ein traditionelles ägyptisches Dorf, das sich durch die Jahrhunderte wenig verändert hatte, nun aber, durch elektrischen Strom und den Assuan-Staudamm, sich sehr bald verändern würde. Und das tat es, allerdings durch einen anderen Faktor: den Tourismus. Einmal sah ich eine junge Holländerin, die im Café des Dorfes rücklings auf einer Holzbank lag, auf ihr ein junger Mann aus dem Dorf. Ein anderes Mal, vor demselben Café, amüsierte sich eine Amerikanerin mittleren Alters mit einem jungen Mann aus dem Dorf, der ihre Brüste massierte.

Wegen seiner Lage nahe der alten Grabstätte der Pharaonen und der Könige war Kom Lolah berühmt und bekannt und daher alles andere als ein typisch ägyptisches Dorf. Seit Jahren kamen Reisende hierher auf der Suche nach Erleuchtung oder Reichtum, und neuerdings auch nach Sex. Kein typisches Dorf also. Die Dorfbewohner waren den Kontakt zu Fremden gewohnt. Und seit Critchfields Buch 1978, das seither zur anthropologischen Standardliteratur zählt, avancierten Shahhat und andere Charaktere, die im Buch vorkommen, zu einer Art Lokalprominenz; wenn Fremde kamen und nach ihnen fragten, verwunderte sie das längst nicht mehr.

Eigentlich wollte ich mich mit Shahhat über Fruchtbarkeitsriten unterhalten, erinnerte mich aber, dass er, so Timothy Mitchell, nur das gesagt hatte, was er dachte, das Critchfield hören wollte. Woher sollte ich also wissen, ob das, was er mir sagen würde, der Wahrheit entsprach? Ich beschloss daher, mich anderswo im Dorf zu erkundigen.

Mit ihren haselnussbraunen Augen musterte Hamida mein Gesicht. »Wie ich höre, warst du letzte Nacht am Tempel.«

Dass sie davon wusste, wunderte mich nicht; in so einem kleinen Nest spricht sich alles schnell herum. »Ich habe gehört, dass Frauen zum Heiligen Teich gehen, um schwanger zu werden. Weißt du etwas darüber?«

Natürlich wusste sie etwas, das war offensichtlich, doch jetzt am späten Vormittag hatte sie Hausarbeiten zu erledigen. »Komm ein andermal wieder«, schlug sie vor.

»Morgen? Ich bringe dann Zeitoun mit.«

Sie hatte ihn lange nicht mehr gesehen. »Gut, kommt zum Mittagessen.«

Ich wehrte ab, da ich wusste, dass sie sich Mitesser schlecht leisten konnte. Critchfields Schätzungen nach geben Familien in Oberägypten zweimal mehr pro Monat aus als Bewohner im Nildelta, denn Zigaretten, Fleisch, Tee und Zucker werden stets auch Freunden und Nachbarn angeboten. Gastfreundschaft hatte hier Tradition, und Hamida bildete keine Ausnahme. Sie bestand derart hartnäckig auf unserem Kommen, dass ich sie in ihrer Ehre gekränkt hätte, hätte ich die Einladung ausgeschlagen.

Hamida war wie alle Frauen im Dorf sehr resolut und unermüdlich fleißig, außergewöhnlich war nur, dass ihr Mann nie da war; ich wusste nicht, ob er sie verlassen hatte, gestorben war oder weggezogen, um woanders zu arbeiten. Nie hätte sie uns eingeladen, wenn ihr Mann daheim gewesen wäre – und wenn, hätte er uns eingeladen –, und zudem lief sie Gefahr, dass im Dorf über sie getratscht wurde, da sie gleich zwei Männer zu sich einlud. Vielleicht hatte sie deswegen eine Uhrzeit gewählt, zu der auch die Kinder zu Hause sein würden.

Stil und Bauart der Dorfhäuser hatte sich über die Jahrhunderte so wenig verändert, dass man schwer sagen konnte, ob die zweistöckigen Lehmziegelhäuser, deren Eingänge zum Tempel hin ausgerichtet waren, zehn, hundert oder tausend Jahre alt waren. Veränderungen ließen sich nur anhand eines Fotos feststellen, das der britische Fotograf Francis Frith am 18. März 1862 hier aufgenommen hatte. Es zeigt das »Hohe Tor« des Tempels sowie einen breiten Streifen Ackerland dort, wo heute Häuser stehen; also war selbst das älteste Haus kaum mehr als 130 Jahre alt, was allerdings nicht heißt, dass die Gegend bis dahin unbesiedelt gewesen wäre. Damals hatten die Bauern ihre Wohnhäuser noch innerhalb der Tempelanlage. Sie zogen erst im ausgehenden 19. Jahrhundert nach außen, als die Ägyptologen einzogen.

Hamidas Haus hatte drei Zimmer im Erdgeschoss, wozu auch ein großer Vorhof gehörte, und zwei Schlafzimmer im oberen Stockwerk. Der größte Raum war der, den man als Ersten betrat. An zwei Wänden entlang lagen *mastabas*. Hier kam auch das Vieh durch, wenn es abends in den Stall gebracht wurde. Zeitoun betrachte den Raum mit Architektenaugen, sah sofort, wo sie den Lehmziegelverputz mit Beton verkleidet und wo sie im Obergeschoss nachträglich Wände aus gebrannten Lehmziegeln eingezogen hatte. »Nach den starken Regenfällen«, erklärte sie gütlich, »mussten wir was tun, damit das Haus nicht vollends zusammenfiel.« Ob aber ausgerechnet Beton das Richtige war, um damit den Lehm zu verkleiden – Zeitoun hatte da seine Bedenken. »Sie wird das bald wieder tun«, sagte er ruhig zu mir und bot ihr seine Mitarbeit beim Ausbessern an. Seine Kommentare schienen Hamida eher zu schmeicheln als zu kränken, denn zum einen betrachtete sie Zeitoun als einen Fremden – er war nicht rein ägyptischer Herkunft – und zum anderen war diese Art von Anteilnahme für jemanden in seiner Stellung eher selten.

Sie war eine attraktive Frau. Was von ihrer Haut zu sehen war, hatte die Farbe von Milchschokolade, das meiste jedoch war unter mehreren Lagen Stoff versteckt, wovon die äußere schwarz war.

Viele Frauen im Dorf, die Mitte dreißig waren und mehrere Kinder hatten, sahen abgezehrt aus, Hamida dagegen war noch immer voller Schwung, was ihr etwas Zielstrebiges verlieh. Sie saß auf der Bank auf der anderen Seite des Zimmers, der einfallende Lichtstrahl der Sonne lag zwischen uns, weil die Tür offen stand, damit jeder Vorbeikommende sehen konnte, wie unschuldig unser Treffen war. Sie fing an, vom Tempel zu erzählen.

»Wenn eine Frau ein Baby haben möchte, aber nicht schwanger wird, geht sie dorthin. Sie nimmt eine Freundin mit oder eine andere Frau, und zusammen betreten sie durch das ›Hohe Tor‹ die Tempelanlage, wo sie umhergehen, sich alles ansehen.

Das muss am letzten Tag ihrer Periode geschehen, und sie darf sich vorher nicht gewaschen oder mit ihrem Mann geschlafen haben. Nach dem Rundgang gehen sie unverzüglich zum Teich, wo die Frau, die als Beistand dabei ist, einen Stein in das Wasser wirft. Anschließend muss die Frau, die ein Baby möchte, sich im Teich waschen, und zwar Gesicht und Körper.«

Ich erinnerte mich an den blubbernden Klang der Blasen, die in dem stinkenden Wasser aufstiegen. »Du meinst, sie muss in den Teich hineinsteigen? Und das alles bei Nacht?«

»Nur bei Tag«, antwortete sie und widersprach damit Critchfields Beschreibung des Besuchs von Shahhats Mutter.

»Und funktioniert es?«

»Aber ja, definitiv.«

»Hast du es mal probiert?«

Sie zeigte auf ihre Kinder. »Dank sei Gott, das brauchte ich nicht. Doch kürzlich ist eine Frau mit ihrem Mann den ganzen weiten Weg von Sohag hierher gekommen. Sie wussten davon, weil sie eine Freundin hier im Dorf haben. Jahrelang schon hatte sie versucht, schwanger zu werden, und war bei allen möglichen Ärzten gewesen, aber nichts hatte geholfen. Dann kam sie zum Tempel und tat, wie ihr geheißen wurde, und … was, meinst du, ist passiert? Sie wurde schwanger.«

»Ist Habu der einzige Tempel, an dem so etwas möglich ist?«

»Nein, es gibt noch andere, aber dieser ist der beste.« Sie lächelte mit eigenwilligem Stolz. »Vor einiger Zeit wollten es ein paar Beamte verbieten, doch dann kam irgendein hohes Tier von der Altertumsverwaltung mit seiner Frau Gemahlin her. Sie konnte keine Kinder bekommen, ging zum Teich und wurde kurz darauf schwanger. Ihr ist es zu verdanken, dass die Frauen auch heute noch zum Tempel gehen können.«

Aus der Küche erschien eine von Hamidas Töchtern. »Ich will euch etwas zeigen«, sagte Hamida. »Später, beim Tempel unten. Zuerst aber gibt es Essen.«

Das Essen wurde auf einem *tabliah*, einem niedrigen Tisch, serviert; Zeitoun und ich saßen auf einer Matte davor. Bei anderen Einladungen war es immer so gewesen, dass mich meine ägyptischen Gastgeber beim Essen allein ließen oder allenfalls in der Nähe blieben, um mich zu bedienen. Hamida aber raffte ihr schwarzes Kleid zusammen und setzte sich zu uns. Das Essen schmeckte, und es gab reichlich – gebratenes Rindfleisch, Gemüse in Tomatensoße, grobkörnigen ägyptischen Reis, weiße Bohnen und Fladenbrot. Hamida häufte unsere Teller randvoll mit Gemüse und fingerte dann durch das Fleisch, um das größte Stück für uns zu finden.

»Sieh dir das an«, sagte Zeitoun auf Englisch, so dass Hamida ihn nicht verstehen konnte, »das ist ihr Essen für die nächsten Tage. Sie wollen, dass wir alles aufessen, gleichzeitig aber sind sie froh, wenn wir das nicht tun.« Als Hamida nicht hersah, gaben wir etwas Fleisch zurück in die Schüssel.

Das Essen war nicht von einer feierlichen Zeremonie begleitet, es wurde auch nicht viel gesprochen. Als wir fertig waren, sprachen wir bloß das traditionelle *alhamdulillah* – Gott sei gedankt – standen auf und wuschen uns die Hände.

Hamidas jüngerer Sohn brachte Tee, und wir gingen in ein fensterloses Zimmer, wo es kühler war als in den anderen und die Kinder im Fernsehen ein Musical in Schwarzweiß ansahen. Der Film aus den 1960er Jahren spielte in Alexandria. Welche Gedanken löste der Film wohl aus bei Hamida, die hier in ihrem Lehmziegelhaus – und vor allem im Schatten des Pharaonentempels – lebte und ihren teils aus Nilschlamm, teils aus menschlichen Überresten bestehenden Ackerboden bestellte. Für sie war das Ägypten aus dem Film ein anderes Land, wo Frauen kurze Röcke und enge Blusen trugen. In ihren Augen gehörten Zeitoun und ich zu dieser anderen Welt, und mit einem Fingerzeig auf die Hauptdarstellerin fragte sie mich, ob ich sie kennen würde.

Der Nachmittag ging dahin, und die Hitze machte uns dösig. Zu späterer Stunde nahm Hamida uns mit, um uns zu zeigen, was wir übersehen hatten. Abermals gingen wir durch das »Hohe Tor« des Tempels, vorbei an den Wachen und der bewaffneten Polizei, vorbei an einem Auto, in dem der Fahrer ein Nickerchen hielt, und ein paar Touristen, die im Café Tee tranken, weiter über die menschenleere Terrasse des Habu Hotels und vorbei an den Häusern, wo sich nach der nachmittäglichen Ruhe allmählich wieder Leben regte.

Ich fragte Hamida, warum die Dorfbewohner noch immer zu dem alten Tempel gingen. »Ihr seid doch Muslime, und trotzdem geht ihr zum Pharaonentempel. Warum?«

»Warum nicht?«, gab sie zurück mit dem gleichen Desinteresse, das auch Dr. Boutros an den Tag gelegt hatte. »Das haben wir schon immer so gemacht. Seit Pharaos Zeiten. Und es gibt und gab schon immer nur einen Gott.«

Seitlich neben uns verschwand die hohe Ziegelmauer der äußeren Umwallung hinter einem nicht abgetragenen Erdwall. Oben auf dem Erdwall war eine neue, gut einen Meter hohe Ziegelmauer gerade erst frisch getüncht worden. Hamida zeigte auf einen kleinen Spalt in der Mauer, der Zeitoun bis dahin noch nie aufgefallen war, obwohl er schon oft hier vorbeigekommen war.

Wir erklommen den Damm und fanden uns in einem 25 bis 30 Quadratmeter großen, nach oben hin offenen Schrein wieder. Eine ältere Dame saß in einer Ecke.

»Das hier«, erklärte Hamida, »ist der Ort von Scheich Alaa ad-Din.«

Zeitoun, der nun schon seit über zwanzig Jahren auf der anderen Seite des Tempels wohnte, hatte noch nie von dem Scheich gehört, und ich erlebte ihn zum ersten Mal sprachlos. Er kratzte sich am Kinn, schüttelte den Kopf, zuckte mit den Schultern und streckte beide Hände aus, mit der Handfläche nach oben.

Wir saßen barfuß auf der rauen Kokosfasermatte.

»Hamida, das musst du mir erzählen«, bettelte Zeitoun mit kindlich verwundertem Blick, »wer ist dein Scheich Aladin?«

Hamida erzählte eine Geschichte *min zamaan*, die vor langer Zeit geschah, als das Kind Alaa ad-Din hierher kam »wie ein Vogel, der sein Nest baut« – wie sie es formulierte. Er blieb eine Zeit lang und zog dann weiter. Seither ist ihm dieser Ort geweiht. »Irgendwann«, fuhr Hamida fort und zeigte auf ein paar Holzbretter, die seitlich neben uns aufgeschichtet lagen, »hatte der Schrein ein Dach, aber es fiel hinunter. Und diese Frau hier«, sagte sie und berührte die ältere Dame am Ärmel, »kommt jeden Montag und Donnerstag aus dem Dorf an der Kreuzung unten und sieht nach ihm«, womit sie den Schrein meinte. »Sie bringt Wasser und zündet Kerzen an.«

Bei diesem Stichwort reichte mir die Frau, deren Haut von der Sonne pergamentartig gegerbt war, ein Kerze. Die vier Wände waren in der Mitte jeweils mit Nischen versehen. Ich suchte mir eine aus, um dem Scheich die Kerze als Weihgeschenk darzubringen, während die Frauen respektvoll schwiegen.

Als ich mich zurück auf die Matte hockte, bot sie mir Wasser an. »Scheich Alaa ad-Din vollbringt Wunder«, versicherte sie mir. »Wenn wir Sorgen haben oder in Schwierigkeiten sind und den Scheich fragen, was wir tun sollen, dann hilft er uns und löst unsere Probleme.«

*Alhamdulillah*, murmelten wir im Chor.

»Scheich Alaa ad-Din kommt wie ein Phantom in der Nacht.

Manchmal sehen ihn einige von uns, und dann wissen wir, dass er *baraka* für uns hat.«

Hamida und die alte Frau fuhren fort, die vielen Tugenden des Scheichs zu preisen, der vor langer Zeit als Knabe hierher kam und wieder weiter zog. Keiner weiß wohin. Nach geziemender Ehrbezeigung standen wir auf, und bevor wir gingen, warf ich noch einen Blick von der Nordseite des Schreins hinüber zum Tempel. Es war später Nachmittag. Die Sonne stand schon tief über der thebanischen Hügelkette und tauchte alles in ein honigfarbenes, orangegelbes Licht. Die Palmwedel an den majestätischen Palmen, die in Reih und Glied im Tempelvorhof standen, leuchteten smaragdgrün. Der Himmel war tiefblau. Und die Umrisse des Tempels wurden – wie zuvor vom Mondlicht – nun vom Licht der untergehenden Sonne aufgehellt, und einmal mehr schienen die alten Götter aus den Mauern emporzusteigen. Erst dann bemerkte ich den Heiligen Teich unmittelbar unter mir. Es schien mehr als Zufall zu sein, dass der Schrein über dem Teich errichtet worden war, mehr als Zufall, dass der Kind-Scheich im Umkreis von einem Kilometer ausgerechnet diesen Ort gewählt hatte, um niederzuknien und zu beten.

Ich sah hinunter zum Teich. »Hamida, woher kommt das Wasser im Teich? Bei den unregelmäßigen Regenfällen wird er ja nicht aufgefüllt. Kommt jemand her«, und dabei nickte ich in Richtung der alten Frau, »und füllt ihn auf?«

»Nein, nein. Das Wasser kommt vom Nil. Vom Nil, wie eh und je.«

Wenige Meter vom Teich entfernt stand der alte Nilometer, den Zeitoun und ich schon bei unserem Mondscheinspaziergang erblickt hatten.

Ich dachte an die Geschichten von den Festen, mit denen das Ansteigen des Nils gefeiert wurde, an die Opferung einer Jungfrau und das Pflanzen von Korn auf der *arusa*, der Braut des Flusses, damit der Fluss auf die magische Zahl 16 anschwoll, auf die 16 Ellen, die eine überreichliche Ernte garantierten. Ich dachte an Marina, die sieben Mal vom Wasser der Scheichin getrunken hatte, an die Frauen, die sich in Winifred Blackmans Camp mit Wasser eingesalbt hatten, an Umm Seti, die von Frauen berichtete, die zum so genannten Osireion gehen, zu der dem Gott Osiris zugedachten Grabstatt bei den Tempeln von Abydos und sich dort mit dem klaren Wasser wuschen. Ich dachte auch an Theophilus, den Alexandrinischen Patriarchen, der den Tempel des Heidengottes Serapis zerstören ließ, den Nilometer aber in seine Kirche geholt hatte. Die Götter, die den Nil ansteigen ließen, damit er das Land fruchtbar machte, waren wie in der Antike dieselben, zu denen die Frauen in Not um Hilfe flehten.

Hinter der niedrigen Mauer des Schreins versank die Sonne rasch am Horizont. Ich spürte Zeitouns Hand auf meiner Schulter. »Ich glaube, die Damen möchten nach Hause.«

# Die Lebenden und die Toten

Das Haus des Todes dient dem Leben.
*Hardjedef, Weiser des Alten Reiches*

Während des *eid el fitr*, des dreitägigen Fests des Fastenbrechens, mit dem das Ende des Fastenmonats Ramadan gefeiert wird, passierte Edward Lane das Bab el-Nasr, Kairos großes »Tor des Sieges«, und ging zum Friedhof. An jenem Abend trug der britische, in Kairo wohnhafte Arabist Folgendes in sein Tagebuch ein: »Heute begleitete ich meinen Nachbarn Osman auf dem Weg zum Grab des Scheichs Ibrahim auf dem Friedhof von Bab el-Nasr nördlich der Stadt. Er wollte prüfen, ob das Denkmal in gutem Zustand war, und der Erinnerung des betrauerten Reisenden die Ehrerbietung erweisen, die sich anlässlich des *eid el fitr* geziemt.«

Dieser »betrauerte Reisende«, Scheich Ibrahim, war in Europa als Johann Ludwig Burckhardt bekannt. 25 Jahre zuvor hatte sich der intelligente junge Schweizer auf eine der Welt größten Abenteuerreisen begeben. Im Auftrag der in London ansässigen African Association reiste er nach Afrika, um die Nigerquelle und die sagenumwobene Stadt Timbuktu aufzufinden. Auf den damals vorhandenen Karten war weder der Verlauf des Flusses noch die ungefähre Lage der Stadt auszumachen. Allerdings hatte jenem Jahr, 1809, James G. Jackson, ein englischer Händler in Marokko, eine mehr oder weniger fantasievolle Beschreibung Timbuktus veröffentlicht, deren Herrscher »eine immense Menge Gold« besitzen sollte.

Burckhardt war beauftragt, zunächst nach Kairo zu reisen und sich dort einer der alljährlichen Pilgerkarawanen anzuschließen, die sich auf dem Rückweg von Mekka nach Westafrika und – so hoffte man – an den Niger befanden. Der Plan war so unpräzise wie gefährlich – ein Zeichen dafür, wie verzweifelt die Association den Erfolg suchte, denn fast alle ihre vorangegangenen Afrikaexpeditionen hatten ein unrühmliches Ende gefunden. Zur letzten und berühmtesten, die 1805 aufgebrochen war, gehörten der Forscher Mungo Park sowie 44 britische Grenadiere. Park hatte bereits 1795 auf einer seiner ersten Expeditionen den Niger erreicht und war sich der Risiken eines solchen Unternehmens bewusst. Dennoch fanden 39 seiner Soldaten den Tod, bevor sie den Fluss erreichten, und Park selbst kam mitsamt dem Rest der Truppe kurze Zeit später ums Leben.

Trotz der Gefahren war Burckhardt überzeugt, das Rätsel der Nigerquelle lösen zu können. Er galt als kräftiger und zäher Bursche, und die natürlichen Hindernisse – die unwirtliche Landschaft, das Durchqueren der Sahara sowie die vielen tödlichen Krankheiten – schreckten ihn nicht. Vielmehr hätten sich die Menschen der Länder, die er durchqueren wollte, vor ihm erschrocken, und so kam er zu der Überzeugung, dass es am sichersten war, sich als Muslim auszugeben. Er studierte in England Arabisch, und bis er Syrien erreichte, glich er äußerlich einem frommen Levantiner und hatte den Namen Scheich Ibrahim Ibn Abdallah angenommen.

Auf seinem Weg von Syrien nach Ägypten war Burckhardt vom Glück begünstigt. Mindestens seit fünfhundert Jahren war er der erste Europäer, der Petra erblickte, die antike Hauptstadt des Nabatäerreichs, die »rosarote Stadt, halb so alt wie die Zeit«. Als er 1812 in Kairo eintraf, war seine Verkleidung so vollkommen, dass selbst britische Beamte ihn nicht als Europäer erkannten. Wie er vermutet hatte, sah er sich hier mit seinem größten Problem konfrontiert: eine Karawane zu finden, die ihn durch die Wüste mitnahm. Da mit einer solchen Karawane in absehbarer Zeit nicht zu rechnen war, reiste Burckhardt den Nil entlang nach Nubien. Unterwegs traf ihn der britische Parlamentsabgeordnete Thomas Leghder: »Sein äußeres Erscheinungsbild ist voll und ganz das eines Arabers ... Er erzählte uns, er habe viele Tage lang mit den Scheichs der Dörfer zusammengelebt.« Burckhardt setzte seinen Weg nach Nubien fort. Seit der griechisch-römischen Epoche erblickte er als erster Vertreter der westlichen Zivilisation das großartige Bauwerk des Pharaonenkönigs Ramses III. – den Tempel von Abu Simbel. Auf seiner Wanderung noch weiter nach Süden kam er in Begleitung arabischer Sklavenhändler bis nach Shendi im Sudan. Von dort aus fuhr er, noch immer ohne Aussicht auf eine Karawane nach Westen, über das Rote Meer und pilgerte nach Mekka. In Mekka hoffte er auf Pilger zu treffen, die den Rückweg an den Niger antraten. Seiner Aufmachung verlieh er zusätzliche Glaubwürdigkeit, indem er ein Hadschi, ein Pilger, wurde.

In Arabien liefen die Dinge für ihn nicht mehr so einfach. Er wurde von Mohammed Ali Pascha empfangen, dem damaligen Herrscher Ägyptens, der in Taif weilte. Burckhardt machte seinem Ruhm alle Ehre, indem er die gelehrten Imams mit seinen Korankenntnissen beeindruckte, zog sich aber Dysenterie zu. Ein zweiter Anfall verlief so ernst, dass er sich eingestand: »Nun, da ich unfähig bin, mich von meinem Teppich zu erheben ... habe ich alle Hoffnung, jemals nach Ägypten zurückzukehren, aufgegeben und bereite mich darauf vor, hier zu sterben.« Doch er erholte sich und kehrte im Juni 1815 nach Kairo zurück, zweieinhalb Jahre nach seiner Abreise und wenige Tage, nachdem Napoleon in der Schlacht von Waterloo besiegt worden war. In den beiden darauf folgenden Jahren plante Burckhardt weiterhin seine Reise zum Niger (nicht wissend, dass die Britische Marine 1816 mit einer Route über den Kongo dasselbe versuchte) und arbeitete an seinen Reiseberichten, die er später veröffentlichte. 1817 dann, während sich der Ägyptologe Giovanni Belzoni nach Nubien durchschlug – er stützte sich auf Burckhardts Bericht und gelangte bis zum Tempel in Abu Simbel –, erlitt Burckhardt einen Rückfall und starb an Dysenterie.

Fremde, die in Ägypten zu Tode kamen, wurden normalerweise auf Friedhöfen ihrer jeweiligen Konfession beigesetzt. Als Burckhardt aber in seinem Haus in Alt-Kairo im Sterben lag, erklärte er Henry Salt, dem britischen Repräsentanten: »Die Türken werden meinen Leichnam für sich reklamieren – das weiß ich –, vielleicht ist es besser, du lässt sie gewähren.« Und so wurde der Mann, den Salt »den perfekten Araber« nannte, unter seinem angenommenen Namen auf dem Nordfriedhof der Stadt gleich hinter dem großen »Tor des Sieges« begraben.

Während des ersten *eid el fitre*, das ich in Kairo miterlebte, besuchte ich zum ehrenden Gedenken die Grabstätte Burckhardts. Sylvie, deretwegen es mich überhaupt nach Kairo verschlagen hatte, begleitete mich.

»Die genaue Stelle seines (Burckhardts) Grabs ist unbekannt«, entnahm ich meinem damaligen Stadtführer, einem Vorläufer des *Guide Bleu*.

»So ist Kairo eben, eine Stadt voller Besonderheiten und Wunder«, sagte Sylvie aufmunternd, als wir durch das Stadttor zum Friedhof schritten. »Ich habe hier schon merkwürdigere Dinge erlebt als ein verschwundenes Grab.«

Auf dem Friedhof herrschte reges Treiben. Der schlammige Boden des ausgetretenen Hauptwegs war schon ganz aufgewühlt, und so rutschten wir zwischen den Grabhäuschen und Gräbern, wo es stiller und ruhiger zuging, beinahe aus. An mehreren Grabstätten hatten sich Familien versammelt, plauderten, bereiteten Essen zu und psalmodierten Gebete.

Wir fragten ein paar alte Männer, die an einem größeren Grabmal standen, ob sie von Burckhardt gehört hätten, in der Hoffnung, dass ihnen der Name mehr sagte als den jungen Leuten hier. Das war ein guter Gedanke. Denn die Männer stellten uns dem Wächter des großen Grabmals vor. Er konnte uns zwar nicht weiterhelfen, verwies uns aber auf ein anderes Grab. Dort wüsste der Wächter vielleicht mehr. Und so wurden wir immer weiter geschickt, von einem zum anderen, von Grab zu Grab: »Fragt Hassan!« – »Versucht es mal bei meinem Nachbarn!« – »*Maalesh*, macht euch nichts daraus, keine Ahnung!«, bis wir schließlich zur imposanten Eingangshalle eines weiteren großen Mausoleums kamen, wo drei Männer Tee tranken und nebenbei den Fernseher laufen ließen, den sie auf ein Grab gehievt hatten. Durch die Türen am anderen Ende des Raums konnten wir weitere Marmorgräber erkennen. Ein Mann in dunkelgrauer *galabiyya* und weißer Strickmütze stellte sich als Wächter vor und bat uns, sich zu ihm auf eine der Holzbänke zu setzen. *Etfaddal. Shukran. Afwan.* (Setzen Sie sich zu uns. Danke. Gern geschehen.)

Der Wächter lachte, als er hörte, warum wir gekommen waren. Fremde waren hier ein seltener Anblick und es war ihm sichtlich unangenehm, mit einer großen, blonden Frau zu sprechen, weswegen er sich an mich wandte. »Schriftliche Aufzeichnungen gibt es nicht. Wenn du wissen willst, wer in den letzten zehn Jahren in diesem Teil des Friedhofs beigesetzt wurde, kann ich es dir sagen, denn das habe ich im Kopf. Auch die der letzten achtzig Jahre, denn das hat mein Großvater meinem Vater erzählt, und der hat es mir weitererzählt. Alles hier oben drin.« Er tippte sich an die Schläfe.

»Das Grab, nach dem wir suchen, gehörte einem Mann, der aus der Schweiz kam. Aber er starb lange vor deinem Großvater. Vor 180 Jahren, um es genau zu sagen.«

Sylvie dachte, dass es nicht schaden könne, die Geschichte ein wenig aufzubauschen, und sagte mit Fingerzeig auf mich: »Dieser Mann ist aus seiner Familie, und er möchte am *eid el fitr* gern das Grab besuchen.«

»*Ya salaam*. Das ist wirklich sehr lange her«, meinte der Wächter und überlegte, wie er uns helfen könnte. »Ich hab mal was von einem *khawaga* gehört, der irgendwo am Rande des Friedhofs liegen soll, dessen Grab von einer ausländischen Regierung – ich glaube, der britischen – gepflegt wird.«

Er rief einen Jungen herbei und trug ihm auf, sich für uns zu erkundigen. Nach einer halben Stunde kam er mit ein paar Männern zurück. Einer trug einen riesigen Schlüsselbund um den Hals und meinte, dass er eventuell wüsste, wonach wir suchten. Wir folgten ihm durch ein Labyrinth kleinerer Mausoleen und einfacher Gräber zu einer Stelle, die wir allein nie gefunden hätten – und von wo aus wir allein auch nie wieder zurückgefunden hätten. Auf unserem Weg kamen wir an zahlreichen Holzbaracken vorbei, die an Gartenschuppen erinnerten. Durch die offenen Türen waren Familien zu sehen, die auf Matten hockten, Männer, die Wasserpfeife rauchten, die sie sich aus alten Gefäßen und hohlen Bambusstöcken zusammengebastelt hatten, und Frauen, die auf Primuskochern Tee oder Essen zubereiteten. Schwer zu sagen, ob es sich um neu angekommene Flüchtlinge handelte, um Feiertagsbesucher, die sich über das Wochenende oder Feiertags hier einquartiert hatten oder um die Ärmsten der Armen, die das ganze Jahr über hier hausten.

Auf dem Friedhof herrschte zwar ein heilloses Chaos, aber er war in Sektionen und Abteilungen aufgeteilt, die durch bloßes Hinsehen meist nicht sichtbar, im Gedächtnis der Wächter aber fest eingeprägt waren. Der Mann mit den vielen Schlüsseln um den Hals führte uns in die Sektion 30, am Rande des großen Friedhofes, und rief dort nach dem Wächter. Wieder fragten wir, ob er von einem ausländischen Scheich wüsste, der hier begraben liege.

Und siehe da – der Wächter, ein älterer, zahnloser, freundlicher Mann mit Namen Gomaa, »Freitag«, reagierte, als wäre es die normalste Frage der Welt, und geleitete uns zu einem an der hintersten Mauer des Friedhofs erbauten Grab. »Hier«, sagte er, »es ist aber verschlossen. Wartet kurz, ich hole den Schlüssel.«

Wären wir zufällig auf dieses Grab gestoßen, hätten wir wahrscheinlich vermutet, dass es das von Burckhardt ist, denn in Form und Stil bestand zwischen diesem Grab und den anderen Grabdenkmälern ein himmelweiter Unterschied – wie zwischen einer Kirche und einer Moschee. Ein kleiner, quadratischer Bau, der gelbe Außenanstrich von der Sonne gebleicht, mit einfachen Stuckornamenten um die zwei verhangenen Fenster und mit großen Rissen in der alten Holztür. Auf einem Friedhof voller Kuppelgräber stach dieses eine mit einem europäischen Spitzdach förmlich heraus. Bis Gomaa mit dem Schlüssel zurückkam, waren wir von drei Kindern umringt, die uns Fremde neugierig beäugten.

Von innen war die Grabstatt gut erhalten, doch das Dach hatte Ziegel verloren, und so fielen schmale Streifen Sonnenlichts durch die Holzlatten. Durch vertikal angebrachte Pfosten unter dem Fuß- und Kopfteil wurde das weiße Marmorgrab mehrere Zentimeter über dem Boden gehalten. Der Pfosten am Kopfende war im türkischen Stil oben mit einem marmornen Turban versehen. Die kunstvoll eingemeißelte Inschrift, die über alle Seiten des Grabes verlief, bestätigte, dass es sich um das von uns gesuchte Grab handelte: Al sheikh al-hajj, Ibrahim al-Mahdi Ibn Abdallah Burckhardt al Luzani.

»*Ya salaam*«, rief ich, froh, den Berühmtesten aller Nahostreisenden gefunden zu haben.

»Es gibt keinen Gott außer Gott«, antwortete Gomaa, und während wir eines der Kinder losschickten, Blumen zu kaufen, bürstete er den Staub vom Marmor.

Das war nicht die Grabstätte, die Lane 1834 gesehen hatte, denn in den 1850ern teilte der britische Forschungsreisende Richard Burton mit: »Vor ein paar Jahren wurde die Summe von (meines Wissens) £ 20 gesammelt, um über dem bescheidenen Grab des Entdeckers von Petra ein angemessenes Monument zu errichten. Das geschah nicht ohne Einwände, denn man durfte annehmen, dass die Muslime Burckhardt als einen ihrer eigenen Heiligen beanspruchen.« Möglicherweise führten die Streitereien dazu, dass das neue Grab, welches wir hier besuchten, erst 1871 fertig gestellt wurde.

Schließlich war die Grabstätte fertig geputzt und sauber. Wir gingen hinein und setzten uns gegen eine Wand,, während wir darauf warteten, dass sich der Staub legte und der Junge mit den Blumen kam. Ich fragte Gomaa, was er über den Scheich von Lausanne wusste.

»Der Scheich war ein sehr guter Mann. Ein Wächter, der vor langer Zeit gelebt hat, schlief einmal hier und träumte von weißem Licht und heiligen Gestalten.« Er musterte mein Gesicht, um zu sehen, ob er damit den richtigen Kurs einschlug. »Das machte ihm Angst – verständlich, wer hätte keine Angst beim Gedanken an *afarit* und Dschinn –, doch dann erschienen vor ihm vier Männer in weißen Gewändern und versicherten, er müsse keine Angst haben, vielmehr sei es eine Segnung, das weiße Licht zu sehen.« Und durch dieses weiße Licht, das in seinem Grab erschien, war auch Burckhardt selbst gesegnet worden. »Sie nannten ihn *al-muslimayn*, zwei Muslime, weil er so fromm war.«

Wir arrangierten die Palmblätter und die orangefarbenen Blumen, die der kurze Frühling in Kairo erblühen lässt, auf dem kalten Marmorstein, und als wir das getan hatten, standen wir schweigend da im Gedenken an den großen Mann, bis Gomaa anfing zu husten und sich übertrieben zu räuspern. Das Zeichen war deutlich, und wir gingen.

Wer im Alten Ägypten reich war und mächtig, ließ eine Grabkapelle errichten, die den Leichnam beherbergen sollte. Zudem wurden vielerlei Gegenstände sowie symbolische Begleiter ins Jenseits beigelegt, welche dem Verstorbenen im Leben nach dem Tod dienlich sein sollten. Des Weiteren hielt ein Priester die Totenfeier ab und machte dem Toten Opfergeschenke. Hardjedef, ein Weiser des Alten Königreiches, dessen Ruhm und Ansehen noch lange nach der Entweihung seiner Grabstatt weiterlebte, gab seinem Sohn folgende Anweisung mit auf den Weg: »Schmücke dein Haus in der Totenstadt und wähle eine vorzügliche Lage im Westen. Nimm dies (die Maxime) an, denn der Tod ist bitter für uns. Nimm dies (diese

Maxime) an, denn das Leben ist uns erhaben. Das Haus des Todes dient dem Leben.« Mit diesen Worten übermittelte er seinem Sohn einen Grundsatz: Die Konservierung des Körpers war Voraussetzung dafür, dass der Verstorbene nach dem Tode ein glückliches Leben führen konnte, und der Leichnam musste vor der Beisetzung mumifiziert werden.

Um das Leben nach dem Tod zu sichern, wurde bisweilen auch ein Diener des Ka, wie die Priester hießen, ernannt, der die Gräber instand hielt und sie vor der Plünderung durch Grabräuber schützte, doch eine solche Dienstleistung war nicht billig. Ein Diener des Ka lebte von Erträgen aus dem Ackerland, das ihm als Gabe überlassen wurde. »Wähle für ihn eine Landparzelle aus, die alljährlich gut gewässert wird«, schrieb Hardjedef. »Er ist dir nutzbringender als dein eigener Sohn. Ziehe ihn selbst deinem Erben vor.«

Eine endgültige Garantie gab es natürlich nie, und selbst die ausgeklügeltsten Pläne schlugen bisweilen fehl. Familien mischten sich ein, die Ackerlandgabe für den Diener des Ka wurde unterschlagen oder warf nicht genug ab, um die Kosten der Instandhaltung und Grabwache zu decken. Gewiss ist jedenfalls, das mit Anbruch des Neuen Königreiches Hardjedefs Anweisung einen, gelinde gesagt, naiven Eindruck machte. Die folgende Stelle ist den »Harfnerliedern« entnommen: »Diejenigen, welche eine Grabstatt errichtet haben, haben nun keine mehr. Sieh doch, was hat man mit den Stätten nur gemacht? Ich habe die Worte Inhoteps und Hardjedefs gehört, deren Sprüche die Menschen so oft hersagen. Was ist bloß aus ihren Grabstätten geworden? Die Mauern sind verfallen, die Stätten verschwunden, als seien sie nie gewesen.«

Doch trotz der Schwierigkeiten gedieh der Totenkult in allen Zeiten des Alten Ägypten, und bis zum Aufkommen des Christentums war er zentraler Bestandteil des alltäglichen Lebens: In Alexandria wurde der Kult einmal mehr erneuert, da Alexander der Große und seine Nachfolger, die Ptolemäischen Herrscher, an zentralen Orten – den Hauptkreuzungen – der lebendigen Stadt begraben wurden.

Koptische Christen schändeten zwar die alten Grabstätten, den Kult aber behielten sie bei. In vielen Klosterkirchen liegen noch heute die Überreste koptischer Heiliger aus dem 4. Jahrhundert, deren Körper, so wird behauptet, kein bisschen zerfallen sind.

Als die Araber die Macht übernahmen, hätte man meinen können, dass es mit dem Totenkult zu Ende ginge. Aber das war nicht der Fall.

Der Koran gibt genaue Anweisungen für das Begräbnisritual. Der Leichnam soll am Todestag, bevor die Sonne untergeht, in ein Leichentuch gewickelt und begraben werden. Obwohl es statthaft ist, die Begräbnisstelle mit einem Stein zu markieren, gebietet der Prophet: »Das beste Grab ist das, welches man mit der Hand wegreiben kann.« Ausgedrückt wird damit, dass ein Muslim sich nicht mit den sterblichen Überresten aufhalten soll. Und das mit gutem Grund, denn Gräber fielen leicht Grabräubern in die Hände, was häufig zur Abgötterei führte. Doch Mohammeds Gebot versickerte angesichts des länger praktizierten ägyptischen Glaubens, wonach ein glückliches Leben nach dem Tod gefährdet war, falls man sich der sterblichen Überreste nicht sorglich annahm.

Als Amr Ibn al-As, General der arabischen Armee, die Ägypten im Jahre 641 eroberte, das eingenommene Land beschrieb, hat er etwas Wichtiges vergessen. Nirgendwo ist die Rede von den bemerkenswerten Grabmonumenten, die sich im ganzen Land über die Lebenden erheben, angefangen bei den Pyramiden von Giseh, den gewaltigsten Monumenten der Welt, bis hin zu den Gräbern, die in die Kalksteinfelsen am Nil gemeißelt wurden, von den unterirdischen Höhlen bei Kairo, die mumifizierte Stiere bergen, bis zum Tal der Könige und den Totentempeln in Luxor. Mag sein, dass er sie nicht als bedeutsam empfand.

Frühe muslimische Begräbnisse waren eine recht unkomplizierte Angelegenheit: keine lebenslangen Vorbereitungen, kein strenger Handlungsablauf, keine komplizierten Riten und Rituale. Als Sidi

Okba, ein Zeitgenosse des Propheten, im 7. Jahrhundert in Kairo starb, wickelte man ihn in ein Leichentuch und begrub ihn eiligst in der Wüste südlich der Stadt. Im Gegensatz zur pharaonischen Tradition hob man sein Grab am östlichen Gestade des Nil aus, legte ihn auf die Seite mit dem Gesicht gen Mekka, das damit wegzeigte vom westlichen Tor der antiken Unterwelt.

Doch es existierte noch eine andere islamische Begräbnistradition, und zwar eine, die sich bis Mohammed zurückverfolgen lässt: Der Prophet wurde im Hause seiner Gemahlin unter dem Fußboden begraben. Amrs Sohn Abdallah, der Ägypten nach dem Tod seines Vaters ein Jahr lang regierte, folgte Mohammeds Beispiel und ließ sich auf ähnliche Weise in seinem eigenen Haus neben Amrs Grabmoschee bestatten. Als die Moschee erweitert wurde, wurde sie mit seiner Grabstatt verbunden und so zu einem richtigen Mausoleum.

Eine Reihe prächtiger Grabkapellen wurde für die Sultane und Prinzen der Fatimiden errichtet, die im Jahre 909 aus Tunesien nach Ägypten kamen. Pracht und Größe dieser Gräber sind aber noch gering im Vergleich zu den Mausoleen, die nach der Einrichtung des *Waqf* – einer sozialen und religiösen Institution, die von Steuern und Einmischung der Regierung ausgenommen ist – erbaut wurden. (In Kairo gibt es heute ein *Waqf*-Ministerium für religiöse, wohltätige oder soziale Dienstleistungen.) Das *Waqf*-System gibt den Gläubigen eine Plattform für freiwillige Taten und Dienste zugunsten der Allgemeinheit und den Skrupellosen jede Möglichkeit, diese Maximen auszunutzen.

Während des 13. und 14. Jahrhunderts, nachdem die Fatimiden und ihre Nachfolger, die Aijubiden (Saladin und seine Nachkommen), an Macht eingebüßt hatten, bemächtigten sich die Mamelucken der Herrschaft über Ägypten. Die Mamelucken waren ursprünglich als Sklaven aus Vorderasien und dem Kaukasus nach Ägypten gekommen, wo sie in Kairo in den Dienst von Emiren gestellt wurden, dort zur militärischen Elite erzogen, islamisiert und dann zu einer schlagkräftigen Armee zusammengezogen wurden. Da die Mamelucken keine Blutsbande oder familiäre Verpflichtungen hatten, glaubten die Emire, dass sie ihren Herren auf immer treu sein würden, und auf dieser Grundlage wurden viele befreit. Unter der Mameluckenherrschaft gab es keine automatische Erbnachfolge, und der Sultan wurde, zumindest theoretisch, von seinen Gefolgsmännern gewählt, wenngleich er praktisch oft von mächtigen Drahtziehern bestimmt wurde. Von daher war es durchaus möglich, dass ein Sklave aus Asien nach Ägypten verschifft, von einem Emir erzogen und befreit wurde, um dann in der Hierarchie aufzusteigen und schließlich selbst ein Emir oder gar Sultan von Ägypten zu werden. Anstatt als Leibgarde der Sultane für deren Sicherheit zu sorgen, gärte es unter den an die Macht strebenden Mamelucken, und mit der Kunst des Möglichen gelang es ihnen meisterhaft, die herrschaftliche Ordnung nach und nach zu zersetzen und sich selbst an die Spitze Ägyptens zu setzen. Im Verlauf der 150 Jahre währenden Herrschaft der Mamelucken bemächtigten sich ganze dreißig Sultane des Throns. Dreizehn von ihnen wurden hingerichtet oder meuchlings ermordet, zehn wurden entthront, drei dankten ab, und nur vier starben im Amt eines natürlichen Todes.

Die Herrschaft der Mamelucken hat das Bild der Totenstädte deutlich geprägt. Es gab zwar wie immer Ausnahmen, im Allgemeinen war es den Mamelucken aber nicht erlaubt, ihren Kindern Reichtümer zu vererben. Folglich lag vielen daran, ihre Besitztümer noch zu Lebzeiten loszuwerden. Und eine der üblichsten Methode war die, sich ein Grabmal mit einer angebauten Moschee, *madrassa* (Koranschule) oder einem Hospital zu errichten und dieses einem *waqf* zu überantworten, um die Instandhaltung zu gewährleisten. Auf diese Weise blieb Name des Mamelucken zumindest so lange erhalten, wie das Gebäude existierte, und seine Tat wurde ihm zudem damit vergolten, dass man ihn als großzügigen Wohltäter in Erinnerung behielt, egal wie eigennützig und kaltblütig er im Leben gewesen sein mochte.

Kairo verdankt viele seiner imposantesten Bauten und großzügigsten *waqf* der Mameluckenherrschaft. Nach Schätzungen des Historikers Max Rodenbeck waren bis 1339 rund 52 000 Hektar Ackerland und beträchtliche Ländereien aus städtischem Grundbesitz an den *waqf* übergegangen, um Schulen, Wasserbecken und Hospitäler zu finanzieren – Zahlen, die kontinuierlich wuchsen. »Im ausgehenden 18. Jahrhundert«, so berechnete Rodenbeck, »wurde ein Fünftel alles kulturfähigen Ackerlandes – rund 240 000 Hektar – vom *waqf* verwaltet, einschließlich eines kleinen Grundstücks, das im 13. Jahrhundert vererbt wurde und der täglichen Fütterung von Kairos streunenden Katzen diente.«

Die Straße al-Muizz li Din Allah im Herzen von Alt-Kairo war von pompösen Monumenten gesäumt, die Mamelucken-Sultane und -Emire zu Ehren Gottes und ihres eigenen guten Namens haben errichten lassen. Ein typisches Beispiel dafür ist der Sultan Qala'un. Qala'un, Kiptschak-Türke aus dem Unteren Wolgatal und Mamelucke bei Saladins Großneffe, wurde 1280 Sultan von Ägypten und regierte zehn Jahre lang. Nachfolger waren seine beiden Söhne und drei seiner eigenen Mamelucken. Qala'un erbaute eines der imposantesten Monumente in Kairo – einen Grabkomplex mit einer Moschee und einem Hospital. Die Inschrift auf den Fassaden ist lang und erhellend. Zunächst ergeht sich der Sultan in Selbstherrlichkeit: »Dieser stolze Bau, dieses großartige Domizil und gesegnete Hospital wurde befehligt durch unseren Herrn und Meister, den erhabenen Sultan al-Malik al-Mansur, den Weisen, Gottgefälligen, Siegreichen, Vorkämpfer des Glaubens, Eroberer, Schwert der Welt und der wahren Religion ... Herrn der Könige und Sultane, Sultan über Längen und Breiten dieser Erde ... König der zwei Kontinente und der Zwei Meere, König der Könige der Araber und Nicht-Araber, Wächter der beiden Qiblas, Diener der beiden Heiligen Stätten, Qala'un al-Salihili, den treuen Freund des Beherrschers der Gläubigen – möge Gott seinen Ruhm erhalten, seine Siege preisen, seinen Stern erleuchten und seine Macht vergrößern …« Im Anschluss daran wird vermerkt: »Der Bau nahm seinen Anfang in einem Monat des Jahres 1284 und fand sein Ende in einem Monat des Jahres 1285« – also nach nur einem Jahr, als er gerade erst vier Jahre auf dem Thron saß. Um diesen Gebäudekomplex zu vollenden, soll Qala'un sogar Steine aus den Pyramiden von Giseh und von noch älteren Palästen auf der Insel Roda geraubt und alle Arbeitskräfte eingespannt haben, die er nur bekommen konnte, darunter auch Sklaven, Gefangene und sogar Passanten, wobei er selbst mit der Peitsche in der Hand daneben gestanden haben soll wie die pharaonischen Sklaventreiber vor den Pyramiden.

Neben Qala'uns Grabkomplex auf der Sharia al-Muizz baute sein Sohn al-Nasir Muhammad seine Grabmoschee. Unterhalb davon befanden sich Grab und Moschee des Sultans Barkuk, der ein Jahrhundert nach Qala'un regierte. Eines Tages, als ich daran vorbei ging, rief mir ein alter Mann zu: »Komm herein! Komm herein!« und lief vor mir her geradewegs die Stufen hinauf zum Eingang aus schwarzem und weißem Marmor. »Willst du das Grab sehen?«, fragte er, während wir durch die großen Bronzetore schritten und an den mit leuchtend grünem Marmor verkleideten Wänden entlang gingen.

Natürlich wollte ich das.

»Gut.« Er drehte sich um, und ich blickte in ein furchiges, zahnloses, tief faltiges Gesicht. Seine eng stehenden Augen waren stumpf. »Ich zeige es dir, aber zuerst musst du mir Geld geben. Für die Eintrittskarte.«

Ich drückte dem Blinden einen Schein in die Hand, den er mit schnellenden Bewegungen und mit der Routine eines Bankangestellten durch seine Finger bewegte. Er nickte, hatte wohl durch bloßes Erfühlen erkannt, wie viel ich ihm in die Hand gedrückt hatte.

Der blinde Mann führte mich in die Ende des 14. Jahrhunderts erbaute Moschee. »Der Bau dauerte zwei Jahre … Wo sind deine Schuhe?«

»In meiner Hand.«

»Gut.« Wir standen am Rand eines großen Hofs, umgeben von vier empor strebenden Arkadenhallen, wo einst die vier Schulen des islamischen Rechts gelehrt worden waren. »Schön, nicht wahr?«, sagte der Mann, als ob er all dessen zum ersten Mal ansichtig wurde, so wie er es sich vor seinem geistigen Auge vermutlich schon oft ausgemalt hatte.

In der Moschee fanden gerade Renovierungsarbeiten statt, doch der Blinde spazierte umher, als könnte er alles, was im Weg stand, sehen, mahnte in einem fort, auf die über den Boden führende Schlauchleitung Acht zu geben oder auf die Leiter aufzupassen. In der östlichen Wandelhalle redete er auf mich ein: »Sieh an die Decke. Schön. Sieh doch … sieh nur … Sie ist gewölbt. Und die Säulen dort, aus Porphyrstein, vom Phar-a-o. Sehr alt«, und er nahm meine Hand, damit ich eine der vier Säulen befühlte.

»Und das Grab des Sultans?«

»O nein«, erklärte er, »Sultan Barkuk liegt nicht hier. Seine Familie schon, aber der Sultan selbst liegt auf dem *qarafa*, dem Friedhof. Warum? Nun, eigentlich sollte man nicht so über einen Toten reden, aber wie ich hörte, hat er viele, viele Menschen in seinem Palast, der sich gleich hier in der Nähe befand, getötet. Mit seinen eigenen Händen. Das heißt mit einem Messer natürlich.«

In vorgerücktem Alter verbrachte Barkuk seine Zeit mit Scheichs, die auf dem Friedhof außerhalb der Stadtmauer lebten. Der Friedhof war zu einer Zufluchtsstätte geworden, wo sich in einigen *khangas* (Klöstern) mystische Sufi-Sekten eingerichtet hatten. Diese Scheichs hatten ihn offensichtlich tief beeindruckt, denn obwohl Barkuks Grabmoschee auf der Sharia al-Muizz bereits erbaut war, verkündete er auf dem Totenbett, er wünsche auf dem Friedhof beigesetzt zu werden. Was der alte Blinde mir erzählt hatte, stimmte also nicht – es war vielmehr Barkuks Sohn Farag, der während seiner Sultansherrschaft Menschen tötete. Und es war auch Farag, der den Grabkomplex seines Vaters, zu dem auch Totenkammern für

Männer und Frauen, eine Schule und ein Kloster gehörten, errichten ließ. Hier sollten die Menschen das ganze Jahr hindurch leben können, so wie in den *khangas*.

Kairo platzte aus allen Nähten, bevor es sich schließlich ausdehnte. Die Palaststadt der Fatimiden aus dem 10. Jahrhundert wich im 13. Jahrhundert der Weltstadt der Mamelucken, einem großen Handelszentrum, das Handel trieb mit Indien und Europa und auch mit Venedig rege Beziehungen unterhielt. Saladin hatte seinen Palast auf der Zitadelle und überließ die alte Stadt dem Volk. Ausgedehnte Paläste wurden durch kleinere, höhere Bauten ersetzt, und die Toten liefen Gefahr, genau wie die Lebenden immer dichter zusammengedrängt zu werden. Es dauerte nicht lange, da folgten auch andere Sultane Barkuks Beispiel und errichteten ihre Grabstätten auf den Friedhöfen außerhalb der Stadt. Mit dem zusätzlichen Platz und dem billigeren Land ergab sich die Möglichkeit, größere Begräbnisstätten zu erbauen. Als Sultan Kait Bey, gestorben 1496, Überlegungen zu seiner Grabstatt anstellte, nutzte er diese Möglichkeit weidlich aus.

Die Grabstatt dieses Sultans ist ein weiteres prächtiges Gebäude, vollkommen ebenmäßig erbaut, und sie zeugt von bemerkenswerter Steinmetzkunst. Kait Bey hat viel für die Beziehungen Ägyptens zu Europa getan, unter seiner Politik entwickelte sich Kairo zu einem bedeutenden Welthandelszentrum. Seine Begräbnisstätte außerhalb der Stadtmauern sollte Reisenden und Händlern aus Syrien, der Levante, Italien und dem südlichen Europa, den Golfregionen, dem Sudan, den ostafrikanischen Küstenländern und Indien eine sichere Unterkunft sein. Neben einem *khanga* und einer Schule lagen um sein Grab ein *raba*, die Unterkunft für Reisende, ein öffentlicher Brunnen sowie allerlei Einrichtungen für ein annehmliches dörfliches Leben, vom Bäcker bis zum Schmied. Die Anlage war von einer Mauer umgeben und jenseits davon nichts als Wüste. Mit der Sultanmoschee im Zentrum ähnelte der Komplex den großen Totentempelanlagen im Alten Ägypten.

Mrs. Devonshire, deren Stadtführungen durch Kairo in den frühen Jahren des 20. Jahrhunderts geradezu legendär waren, beschrieb den Friedhof so: »... ein außerordentlich bemerkenswerter Ort... er sieht aus wie eine große Stadt mit unzähligen Häusern und vielen halb verfallenen Kuppelgebäuden und Minaretten, doch merkt man bald, dass dies eine tote Stadt ist oder besser eine Stadt der Toten.« Innerhalb dieser Stadt, neben den pompösen Monumenten Barkuks und seiner Nachfolger, wurden hier auch die weniger berühmten Kairoer begraben, ihre Gräber »umschlossen von Mauern mit großen Fenstern, wohinter sich neben der Familiengruft oft auch eine Wohnstatt für den Grabwächter, seine Frau und Kinder findet sowie ein mehr oder weniger luxuriös ausgestatteter Raum, in dem sich an bestimmten Tagen im Jahr die weiblichen Verwandten des Toten treffen, um dort die Nacht zu verbringen...«

Neben den Grabwächtern lebten hier auch Steinmetze und Maurer, Grabausheber und Koransänger. Und mit der steigenden Zahl der Begräbnisse wuchs auch die Zahl der Menschen, die zur Pflege der Gräber und zum Bau neuer Gräber gebraucht wurden. Mystiker und Sufis wurden vertrieben, dafür kamen zu Beginn des 20. Jahrhunderts Leute hinzu, die an den Kalköfen im nördlichen Friedhofsteil und an den Kalksteinbrüchen im südlichen Teil arbeiteten. Zwischen 1937 und 1947 hat sich die Bevölkerung Kairos nahezu verdoppelt. Und damit wuchs auch die Totenstadt. Diese Entwicklung war teils Folge des arabisch-israelischen Krieges von 1948 und der Suezinvasion durch britische und israelische Truppen 1956, ist teils aber auch auf die Bevölkerungsexplosion zurückzuführen. Die Zahl der Friedhofsbevölkerung verdoppelte sich zwischen 1947 und 1960 auf 100 000 – eine Zahl, die der Einwohnerschaft einer zu der Zeit mittleren Stadt in Großbritannien vergleichbar ist. Da es auf dem Friedhof nicht für alle Arbeit gab, waren viele tagsüber in der »lebendigen« Stadt tätig und kehrten abends wieder auf den Friedhof zurück. Auf diese Weise war der

Friedhof als Vorstadt in die ständig wachsende Großstadt einbezogen, ein seltsam anmutender Wohnort zwar, aber durchaus zweckmäßig. Bis 1986 war die Bevölkerung dort auf 180 000 angestiegen. Und heute? Es gibt keine verlässlichen Statistiken, doch angesichts der zunehmenden Landflucht und wachsender Bevölkerungszahlen liegen die Schätzungen zwischen einer viertel und einer halben Million. Abduh hatte keine blasse Ahnung davon.

»Wir sind viele, sehr viele«, sagte er nur. »Doch wer sollte daran interessiert sein, uns zu zählen?«

Bei dieser Vorstellung musste ich lachen. Doch später entdeckten wir tatsächlich jemanden, der sich genau dafür interessierte.

Abduh lernte ich kennen, als ich wieder einmal Gomaa besuchte, den Wächter von Burckhardts Grab. Ich wollte mehr herausfinden über die Stadt der Toten, über Gerüchte um eine lebendige Unterwelt, die unter den Toten existierte. Außerdem war ich mir sicher, dass ich umso näher an die noch lebendigen Traditionen aus der Vergangenheit herankam, je mehr ich über Begräbnisriten und Totenverehrung der alten Ägypter erfuhr.

Das erste Mal sah ich Abduh – besser gesagt, er sah mich – am öffentlichen Wasserhahn, wo er alte Plastikbenzinkanister füllte. Er war um die sechzig, von kräftiger Gestalt, hatte wache braune Augen und dichte graue Bartstoppeln. Ich fragte ihn, ob es in der Nähe ein Kaffeehaus gebe. Gab es. »Aber warum willst du in ein Kaffeehaus, wenn du weißt, dass ich gleich hier um die Ecke wohne?«, fragte er in der gastfreundschaftlichen Art, die man in Ägypten häufig antrifft – ungezwungen, unverfälscht, leicht übertrieben. Ich folgte ihm eine Allee hinunter, vorbei an den verschiedensten Grabstätten und hier und da um die Ecke. Kinder und alte Männer grüßten ihn respektvoll.

Abduh lebte auf einer Grabstätte, in einer zusammengeschusterten Holzhütte, die über ein einziges Grab gebaut war. Die spärlichen Ornamente, die das Holzdach umrandeten, waren dem Stil nach türkisch, woraus man schließen konnte, dass die Hütte wohl im 19. Jahrhundert, vielleicht sogar noch früher erbaut worden war.

Abduh und seine Familie hatten sich auf ihrer Gemarkung um das Grab herum häuslich eingerichtet, Holzbänke ins Freie gestellt, eine Markise montiert und Wäscheleinen von einem Markierungspfosten zum nächsten gezogen. Als wir eintrafen, stand Abduhs Frau Attiyyat an einer etwas höheren Bank vor einem anderen Grab und kochte Tee.

Attiyyat war eine stämmige, ernsthafte Frau. Ihr Haar hatte sie mit einem langen, schmalen Tuch umwickelt und hoch gesteckt, ihre Augenbrauen waren gezupft und standen weit auseinander, und an den Ohren baumelten goldene Ringe. Sie bat mich, Platz zu nehmen, und schenkte mir ein Glas schwarzen Tee ein.

»Nun, Roberto, wie geht es dir?«, fing Abduh an.

»Nicht Roberto. Anthony. Antoon. Antonio.«

»Roberto«, sagte er noch einmal betont. »Roberto Kairo.« Er hielt mich offenbar für einen Schauspieler, den er in irgendeinem Film gesehen hatte. Noch einmal setzte ich an, ihm begreiflich zu machen, dass ich weder Roberto hieße, noch Schauspieler sei.

Abduh war der Wächter für diesen Teil des Friedhofs. »Vorher wohnte ich in einem Nest namens Hassaniyya, aber dann fiel unser Haus zusammen, und wir zogen zu den Toten. Jetzt bin ich schon vierzig Jahre hier, und der Friedhof ist Teil meines Lebens.« Attiyyat hatte er vor 26 Jahren kennen gelernt. »Davor war ich zweimal verheiratet. Oder dreimal?«

»Wie? Das weißt du nicht mehr?«, flüsterte ich ihm zu, als Attiyyat gerade ein paar Gräber weiter weg war.

»Sprechen wir über die Liebe«, flüsterte er zurück mit einem schelmischen Funkeln in den Augen. »Die Wahrheit ist, dass es vielleicht sogar mehr als drei gab, ich weiß es wirklich nicht mehr.« Er brach in helles Lachen aus. »Was ist passiert? Die eine Frau fürchtete sich, auf dem Friedhof zu leben, also ließ ich mich nach einem Monat von ihr scheiden. Die andere wollte nicht, dass ich arbeite.

Eigentlich kein Problem – ich hatte nichts dagegen. Aber irgendwer musste ja Geld verdienen, und sie tat nichts. Und die hält es ganz gut mit mir aus«, sagte er mit einem Zwinkern in Richtung Attiyyat. »Wir haben gute und schlechte Zeiten zusammen erlebt. An einem Tag essen wir Hühnchen, am anderen Brot und Salz. Sie nimmt es, wie es kommt.«

Das erste Mal, als ich mich mit Abduh unterhielt, tat ich mich schwer. Ich war gewohnt, dass man die Toten von den Lebenden fern hält. Wie viele Leichen hatte ich in meinem Leben schon gesehen? Drei, höchstens vier. In meiner Familie blieb man einem Friedhof, auf dem Verwandte begraben lagen, traditionell fern, solange die eigenen Eltern lebten. Und da meine noch lebten, war ein Friedhof eine äußerst ungewohnte Umgebung für mich. In Abduls Behausung gab es einen Kühlschrank, Betten, Schränke und einige Fotos an der Wand, doch ich konnte einfach nicht die Tatsache aus meinem Bewusstsein bannen, dass unter meinen Füßen oder unter Attiyyats Kocher Menschen begraben lagen. Makabre Schatten – das Wort klingt auch im arabischen *maqabir* (»Gräber«) an – schwebten über meinen Gedanken.

Im Gegensatz zu mir kam Abduh aus einer Kultur, in der die Toten weniger tabuisiert werden. Er lebte auf dem Friedhof und verhielt sich dementsprechend viel pragmatischer.

»Die Toten, möge Gott sie beschützen, sie sind verblichen. Sie wollen nichts mehr von uns oder der Welt. Egal, was du ihnen bietest – den ganzen Reichtum der Welt –, das spielt für sie keine Rolle mehr, denn sie sind bei Gott. Wir achten die Toten. Sie liegen unter der Erde. Leute wie wir, die in den Gräbern wohnen, müssen an Gott glauben und rechtschaffen leben, denn schließlich wohnen wir auf geheiligtem Boden, aber wir sorgen uns nicht um die Toten.«

»Entschuldige, wenn ich frage, aber ist es nicht ein wenig gruselig, hier zu wohnen?«

»Wenn du auf dem Friedhof geboren bist, findest du es nicht gruselig, aber wenn du aus der Stadt kommst, dann ja.«

Attiyyat, die uns die zugehört hatte, während sie Tee kochte, sagte: »Wenn wir abends Gäste zu uns einladen, dann fürchten sie sich, und wir müssen sie meistens abholen.«

»Wovor fürchten sie sich denn?«

»Vor den *afarit* und den Dschinn, den Geistern der Toten«, zählte Attiyyat unbekümmert auf, als ob es sich um Zutaten für das Gericht handelte, das sie gerade zubereitete.

»Es gibt überhaupt keine *afarit*«, beteuerte Abduh lachend. »Nichts davon ist wahr. Ammenmärchen für Kinder. Aber so manch einer glaubt an die *afarit*, und mit denen treiben wir dann unsere Späße, wenn sie spät abends hier über den Friedhof gehen.«

»Was macht ihr dann?«

»Wir setzen Teufelsmasken auf und tauchen urplötzlich aus dem Dunkel auf. Damit erschrecken wir sie immer halb zu Tode.«

Attiyyat musste mitlachen.

»Ich wundere mich, dass so viele Leute spät abends und bei Nacht über den Friedhof spazieren. Wo gehen sie denn hin?«

»Ja, spät abends sind hier viele Leute. Manchmal Liebespaare, die ein ruhiges Plätzchen suchen. Die fordern wir dann auf, woanders hinzugehen, weil das hier heiliger Boden ist. Manchmal auch Diebe, aber die schnappen wir immer. Nur einmal«, und plötzlich klang er ernst, »da kam ich von der Arbeit zurück und sah jemanden in einem weißen Anzug. Ich rannte ihm hinterher und jagte ihn die ganze Allee hinunter. Die Allee endet in einer Sackgasse, und ich dachte: ›Aha, hier entkommst du mir nicht, mal sehen, wen wir da haben.‹ Aber weißt du, was passierte? Er ist einfach verschwunden. Weg … verschwunden … danach hatte ich wirklich Angst.«

»Angst? Wovor genau?«

»Darüber kann ich nicht reden. Der ganze Friedhof steckt voller Geheimnisse. Es gibt hier Engel und *zahera* (sichtbare Zeichen, Erscheinungen), aber ich kann dir nichts darüber erzählen, weil sie unserem Gott gehören.«

Während Abduh so redete, fiel mir etwas auf: Obwohl er sagte, dass die Toten jenseits von uns lebten, glaubte er doch, dass sie auf dieser Welt sehr lebendig sind, eine Art Brücke zwischen Diesseits und Jenseits. Das hatte er mit seinen Vorfahren gemeinsam.

»Liegt deine Familie auch hier begraben?«, fragte ich.

»Das Grab meiner Mutter und das meines Vaters ist hier, ja. Wir befinden uns manchmal direkt darauf.«

Daran hatte ich einen Moment lang zu schlucken. »Was meinst du damit?«

»Mein Bruder Bulbul wohnt in einem Haus direkt über ihrem Grab. Von Zeit zu Zeit bringen wir Sachen hin. Während des *eid el fitr* lesen wir an ihrer Grabstatt aus dem Koran.«

»Bringen viele Menschen Sachen für die Toten?«

»Manche schreiben Briefe, um sie um Hilfe zu bitten. Viele machen das an Gräbern von Scheichs und Heiligen.«

Der Brauch, Briefe an die Toten zu schreiben, existierte bereits im Alten Ägypten. Er lässt sich bis ins Alte Königreich zurückverfolgen. Ein typisches Beispiel für diese Tradition ist der folgende Auszug aus einer Grabinschrift, die aus der Ersten Zwischenzeit (2181 v. Chr.–2040 v. Chr.) stammt und von einem Mann an seine tote Gemahlin geschrieben wurde: »Wie geht es dir? Hat der Westen dich in seine Obhut genommen (gemäß) deinem Wunsch? Nun, da ich dein Geliebter auf Erden bin, kämpfe zu meinen Gunsten und lege in meinem Namen Fürsprache ein.«

Ich fragte Abduh, wie er an seinen Job gekommen war.

»Die Regierung ernennt die *muallimin*, die Friedhofsleiter, und die ernennen uns, die Wächter und Grabbauer. Dann sind da noch Leichengräber, Steinmetze, Koransänger und all die anderen, die für den reibungslosen Ablauf auf dem Friedhof sorgen.«

Die Liste kam einer Volkszählung gleich, die man auf dem antiken ägyptischen Friedhof leicht hätte durchführen können, mitsamt denjenigen, die Abduh nicht erwähnte – den Geächteten, den Ausgestoßenen und all denen, die hier ihre Zeit mit Nichtstun verbrachten und auf die mildtätige Güte und Almosengaben der Trauernden hofften.

»Mein Boss ist Botschafter und somit immer außer Landes. Aber die Regierung bezahlt mich nicht. Ich werde von Familien bezahlt, wenn sie ihre Gräber besuchen kommen und aus dem Koran lesen. Wir haben unsere ruhigen und unsere geschäftigen Zeiten. Während des *eid* hatten wir alle Hände voll zu tun, alles musste sauber und ordentlich sein, als unsere Kunden kamen. Wir öffneten ihnen die Gräber, und beim Gehen bezahlten sie uns für unsere Arbeit. Danach haben wir gut gegessen. Wir haben Reis, *kofta*, Hühnchen und viele leckere Gerichte gekocht und statt zwei Kilo Fleisch drei oder vier gekauft.«

»Und was ist mit den Leuten, die in den Gräbern leben? Wie kommen die dort hin?«

»Es gibt einen Mann, der als Mittelsmann arbeitet. Er findet für dich ein leeres Grab. Doch wenn du auf dem Friedhof ganz in Ruhe leben möchtest, so wie wir, dann musst du die Besitzer ausfindig machen. Unser Haus zum Beispiel gehört einer Familie, die seit 25 Jahren nicht mehr hier gewesen ist. Doch sie wissen, dass ich hier bin, und der alte Mann hier unter uns ruht. Sein Sohn arbeitet im Osten, er betrachtet uns als Friedhofswächter. Er verlangt keine Miete.« Er sinnierte einen Moment lang. »Niemand verlangt hier Miete, weil wir alle arm sind. Dafür halten wir die Stätte sauber.«

Von der Moschee rief der Muezzin zum Mittagsgebet, und da ich Abduh und Attiyyat nicht in die Verlegenheit bringen wollte, mir etwas zu essen anzubieten, sagte ich, dass es Zeit für mich sei zu gehen. Abduh protestierte und zeigte auf ein Grab, an dem seine Frau gerade kochte. »Du musst bleiben. Bei uns bekommst du echt ägyptisches Essen.« Er zählte die Speisenfolge auf, so wie zuvor die Leckerbissen beim *eid*-Fest, nur dass ihm jetzt das Wasser im Mund zusammenlief.

»Ein anderes Mal, *inschallah*, aber jetzt muss ich gehen. Ich werde erwartet.«

Als ich mich erhob, fiel mein Blick auf ein Foto an der Wand, auf dem Abduh an der Seite einer berühmten ägyptischen Schauspielerin zu sehen war.

»Das ist mein zweiter Job.«

»Als was?«

»Als *kombras*, Komparse beim Film. Das mache ich schon jahrelang, seit meinem fünfzehnten oder sechzehnten Lebensjahr.« Das erklärte auch, warum er mich zuerst für einen Schauspieler hielt. »Den Job verdanke ich einem Mann aus den Filmstudios, dessen Mutter hier begraben liegt. Er saß hier bei mir wie du jetzt und meinte, dass ich mich gut für einen Film eignen würde. Also ging ich am folgenden Tag in die Studios, und seither war ich schon in etwa fünfzig Filmen zu sehen, in zehn oder fünfzehn Bühnenstücken und Seifenopern im Fernsehen.« Er ging zum Schrank und zog ein Plastikalbum voller Bilder heraus, auf denen er Arm in Arm mit den berühmtesten Schauspielern Ägyptens zu sehen war. »Bin ich nicht berühmt?«

»Du bist ein Star, Abduh.«

»So, nun bist du im Bilde«, sagte er und warf sich in Pose, spannte seinen kräftigen Bizeps an und legte eine Hand auf dem Kopf – und so stand er da, als ich ging.

»Komm bald wieder, Roberto Kairo. Und versprich, dass du nicht allzu lange damit wartest.«

Auf meinem Weg hinaus aus dem Friedhof kam ich an einem Leichenzug vorbei, einem Pulk Menschen, die einen Toten auf einer Bahre begleiteten. Mit dem Tragen der Bahre wechselten sie sich ab. Jeder trug ihn ein Stück auf seinem letzten Weg. Aus Cafés und Häusern eilten Menschen herbei, trugen die Bahre ein paar Meter, um dann umzukehren und ihre Alltagsbeschäftigung wieder aufzunehmen. Die eiligen Schritte der Trauernden ließen ihre Gewänder rascheln, was das leise Murmeln der Gebete dämpfte. Das war so ziemlich das einzige Geräusch, das der Trauerzug verursachte. Auch die Schritte über den morastigen und sandigen Boden hörte man nicht, ganz im Gegensatz zu der Traube schwarz gekleideter Frauen, die dem Leichenzug in einigem Abstand folgten und einen entsetzlichen Lärm veranstalteten. Zum Großteil waren das professionelle – sprich bezahlte – Frauen, die als Trauernde heulten und wehklagten, mit den Händen fuchtelten und ihr Haar mit Staub bewarfen.

In den 1830er Jahren schrieb Edward Lane, dass »das Wehklagen der Frauen bei Begräbnissen vom Propheten verboten wurde; ebenso die Verherrlichung der Tugenden des Verstorbenen … Es verwundert immer wieder, wie sämtliche Klassen der modernen muslimischen Gesellschaft Tag für Tag die Gebote des Propheten verletzen …«

Im letzten Kapitel der *The Fellahin of Upper Egypt* zählt Winifred Blackman mehrere Analogien zwischen alten und neuen Begräbnisriten auf, unter anderem die Verwendung von heiligem Wasser zur Waschung des Leichnams, das Mitführen von Palmzweigen beim Leichenzug sowie die Art und Weise des Grabbaus. Ein paar Begräbnisriten schienen ihr von besonderer Bedeutung zu sein wie etwa der *tala*, der wöchentliche Friedhofsbesuch von Familie und Freunden, die Speisen mitbrachten. »Mehr als einmal«, so schreibt sie, »habe ich erlebt, wie die Witwe sich am Grab ihres verstorbenen Mannes niederhockt und sich an ihn wendet … Diese Frau hat mir erzählt, sie sei froh, an diesem Tag ihren Mann am Grab zu treffen, was zeigt, wie groß der innere Glaube ist, dass die Toten am Tag des *et-Tala* an ihre Gräber zurückkehren.« Auch das Verhalten der weiblichen Trauernden findet Erwähnung: »Das unkontrollierte Wehgeschrei, das die Frauen bei einem Todesfall zur Schau tragen, wird auf einem Bildwerk in einer Grabkapelle aus dem Alten Königreich bei Sakkara vortrefflich dargestellt: Auf die Nachricht vom plötzlichen Tod ihres Mannes erleidet die Witwe einen Ohnmachtsanfall … Die verschiedenen Trauerhaltungen, welche die umstehenden Frauen auf dem Bild annehmen, sind damals wie heute kennzeichnend für trauernde Frauen in Ägypten.

Interessant ist auch, dass eine der Begleiterinnen die Halskette der Witwe in der Hand hält, welche sie dieser beim Übermitteln der Nachricht abgenommen hatte..., ein weiterer Beweis dafür, dass ägyptische Frauen auf dem Lande damals wie heute ihre Trauer vor und beim Begräbnis mit denselben Gesten begleiten wie schon ihre Vorfahren – sie durchwühlen ihr Haar, zerren an ihren Kleidern, entblößen ihre Brüste und besprenkeln Haupt, Brüste und Arme mit Schlamm. Das alles«, hebt Lane hervor, »steht im Widerspruch zu der vom Propheten gebotenen Stille, ähnelt aber sehr dem berühmten Bildnis trauernder Frauen, das ich im Tal der Könige gesehen hatte.«

Auch Umm Seti verfolgt das Wehgeschrei der Frauen bis in die Antike zurück. »Sobald in einem ägyptischen Dorf oder in einem von einfachen Leuten bewohnten Stadtviertel jemand gestorben ist«, schreibt sie, »heben die Frauen des betroffenen Haushalts ein Wehgeschrei an. Einige eilen aus dem Haus, barhäuptig und barfüßig, und rennen schreiend und wehklagend durch die Straßen, wobei sie Staub oder Schlamm aufklauben, mit dem sie sich Kopf und Gesicht bestreichen.« Das ähnelte dem, was ich gesehen hatte. Zum Beweis, dass dieser Brauch sehr alt ist, zitiert Umm Seti einen Pyramidentext aus der Zeit des Alten Königreiches:

> Dies vor allem ist es, das du in den Häusern gehört hast,
> das du bei den Trauergängern in den Straßen gesehen hast,
> an jenem Tag, als der hier begrabene Pepi (König) aus dem Leben gerufen wurde.

Der griechische Historiker Herodot, der im 5. Jahrhundert v. Chr. lebte, schrieb: »Starb ein angesehener Mann, bestrichen alle Frauen aus seinem Haushalt Kopf und Gesicht mit einer dicken Schlammschicht, zogen dann, während sie den Leichnam im Haus zurückließen, mit sämtlichen weiblichen Verwandten des Toten in der Stadt umher, das Gewand nur mit einer Schärpe zusammengebunden, und schlugen sich auf die nackten Brüste.« Ein Teil dieses öffentlichen Wehgeschreis wurde vollführt von »professionellen Trauerfrauen, die sich ihren Lebensunterhalt mit der Begleitung von Leichenbegängnissen verdienten« – wie es bei Umm Seti heißt.

Die Anthropologin Elizabeth Wickett, die in den 1980er Jahren lange Zeit in Ägypten lebte und sich mit der Trauerklage befasste, stellte fest, dass viele Praktiken, die man heute in Kairo nicht mehr sieht, andernorts in Ägypten, besonders dort, wo die Menschen fremden Einflüssen weniger unterliegen, noch durchaus gebräuchlich sind. Sogar in Luxor, das seit Jahrhunderten regelmäßig von Touristen besucht wird, pflegen die Frauen die alten Trauertraditionen. Allerdings haben sich mit der Zeit auch Veränderungen ergeben. Zum Beispiel gehen die Frauen heute immer seltener zum Friedhof, um einem Begräbnis beizuwohnen, was daran liegt, dass ein Gesetz professionelle Trauernde verbietet, und vielleicht auch daran, dass Islamisten neuerdings zunehmend Druck ausüben. Stattdessen findet die Trauerklage der Frauen häufig in einem eigens dafür aufgebauten Trauerzelt statt oder in einem separaten Raum im Hause des Verstorbenen.

Die Frauen gewährten Wickett Zugang zu den Trauerzelten und Häusern der Verstorbenen. Sie verbrachte Jahre damit, das Klagegeschrei der Frauen aufzuzeichnen, zu kommentieren und zu vergleichen sowie Gebärden und Sprache, mit denen es zum Ausdruck gebracht wurde, zu analysieren. In ihrer zweibändigen Doktorarbeit unterscheidet Wickett zwischen den *sirah,* den »hohen, schrillen Schreien, die beim erschütternden Anblick eines Todes durch das ganze Dorf schallen«, und den *idid,* den Klagegesängen, die während der dreitägigen Begräbniszeremonie und bei den Gedenkfeiern zu Ehren des Toten am siebenten, fünfzehnten und vierzigsten Tag sowie am ersten Jahrestag nach dem Tod psalmodiert werden. Die früheren Wehgesänge bildeten das Herzstück einer mündlich überlieferten Tradition, die im Zentrum von Wicketts Forschungen steht. Als sie einmal eine Frau fragte, wo sie ihren

Wehgesang gelernt hätte, erhielt sie die etwas rätselhafte Antwort: »Eine Überfülle an Trauer lehrt dich das Weinen.«

Wickett war von ihren Ergebnissen überzeugt genug, um Parallelen zu ziehen zwischen den Wehgesängen, die sich auf Pyramiden oder in anderen antiken Textquellen finden, und denen, die sie in Luxor gehört hatte. »Es ist verblüffend«, so schreibt sie, »dass in Oberägypten, wo die Diskussion um religiöse Dogmen und Praktiken immer gegenwärtig ist, die neueren Wehgesänge sich in gar keiner Weise auf den islamischen oder christlichen Glauben beziehen. So gut wie nie wird der Namen Gottes angerufen …, und es gibt keine Anspielung auf Himmel oder Hölle.« Wenn nicht Islam oder Christentum, was dann? Was diese Wehgesängen enthalten, so stellt Wickett fest, sind tausenderlei Ähnlichkeiten mit der altägyptischen Gedanken- und Vorstellungswelt. Ihrer Meinung nach sind diese Wehgesänge »Destillate, die sich im Verlauf der Zeiten aus antiken Fragmenten ägyptischen Gedankenguts herausgefiltert haben.«

Aber etwas anderes war noch viel erstaunlicher. In ihren Schlussbetrachtungen legt Wickett nahe, dass das traditionelle Trauerverhalten nach den Jahrtausenden, die es die Wirren des Wandels von der altägyptischen Religion zum Christentum und dann zum Islam überdauert hat, erst heute einen fundamentalen Wandel erfährt. Das hat zur Folge, dass die »im Verlauf der Zeiten herausgefilterten Destillate« im Begriff stehen, sich zu verändern. Die Ursachen dafür sind nicht schwer zu finden.

Vor allem ein Bild beherrscht die antiken wie auch die neuen Klagegesänge: die Nilflut; sie schwemmt alten Unrat und Ballast davon und verspricht Fruchtbarkeit und Erneuerung. Doch die Nilflut lässt schon Jahrzehnte auf sich warten. Wie lange also wollen die Ägypter noch Bilder verwenden, die kaum mehr bedeutsam sind? In ganz Ägypten herrscht zudem eine zunehmend restriktive soziale Ordnung, angetrieben vom religiösen Konservatismus und unterstützt von der Regierung. Fundamentalisten verweisen auf den Ausspruch, der in dem Hadith dem Propheten Mohammed zugeschrieben wird: »Die Wehklagende und all jene um sie herum – zur Hölle.« Die Regierung hatte ihre eigenen Gründe für die Restriktionen. Während der Filmaufnahmen zu *Fortunes of War*, der Fernsehfassung der Balkan-Trilogie von Olivia Manning, die in Ägypten in den 1980er Jahren stattfanden, wurde auch eine Begräbnisszene in Luxor gedreht. Der Produzent bezahlte ein paar einheimische Frauen für die »Vorführung« ihres Wehgeschreis, das Bestreichen ihrer Haare mit Staub und alles, was sie sonst noch taten, wenn jemand begraben wird. »Wunderbare Aufnahmen waren das«, erzählte er mir. »Sie kamen am Nil entlang in ihren schwarzen Gewändern, eine Reihe von ihnen psalmodierte die Klagen. Sie sahen fantastisch aus.« Der ägyptische Filmzensor war nicht dieser Meinung. Ihm ging es um das Image seines Landes, und diese Art der Darstellung war aus seiner Sicht entwürdigend. Die Szene wurde herausgeschnitten und die Filmrolle den Behörden übergeben, bevor der gekürzte Film die Lizenz für den Export ins Ausland erhielt.

Der Zensor betete die gleiche Einstellung nach, die mich schon so oft verärgert hatte, wenn ich sie schwarz auf weiß zu lesen oder in den großen Städten zu hören bekam. Ägypten als »die Wiege der Zivilisation« zu porträtieren, wie es der Tourismusminister des Landes formuliert – wunderbar –, doch war es gleichermaßen notwendig hervorzuheben, dass derlei primitive Verhaltensweisen der Vergangenheit angehörten. Gräber und Tempel – gut und schön –, aber sie gehörten in eine andere Zeit und hätten nichts zu tun mit dem Hier und Jetzt. Das moderne Ägypten, so die gängige Ansicht, sei ein zukunftsorientierter Ort mit Mobiltelefonen, Satellitenschüsseln, neuen landwirtschaftlichen Maschinen, modernen Abfallbeseitigungssystemen, mit Anzügen und Krawatten, Jeans und T-Shirts. Und das ist es auch, zum Teil zumindest. Im anderen, größeren Teil, dort wo die meisten Menschen noch immer ohne Telefone leben, in *galabiyyas* gekleidet und stolz auf ihre Tradition sind, ist es noch immer sein eigenes, altes Selbst.

Ich kehrte noch oft in die Stadt der Toten zurück – alle paar Monate einmal –, und meistens traf ich Abduh, noch ehe ich sein Haus erreicht hatte. Die wenigen Male, die ich ihm nicht begegnete, zeigte mir ein Kind, das dachte, ich hätte mich verlaufen, den Weg hinunter zu seiner Wohnstatt. Das letzte Mal, als ich den Friedhof besuchte, um mich zu vergewissern, dass Abduh und seine Familie ein Erdbeben überlebt hatten, fiel mir ein neues Schild am Friedhofseingang auf. Da ich aber kein Arabisch lesen konnte, hatte ich keine Ahnung, was darauf stand. Darüber hinaus war an jedes Grab und jedes Haus eine neue Nummer gepinselt.

Abduh begrüßte mich herzlich wie immer, doch irgendetwas war anders. »Das war die Regierung«, erklärte er trübsinnig, als ich auf die neuen Nummern zeigte. »Sie zählen uns. Ich fürchte, dass sie uns jetzt nach dem Erdbeben hier weg haben wollen.«

Abduh überlegte, was er zu mir, einem Fremden, sagte. »Dabei sind wir schon zwei Mal von hier fortgezogen, in eine Wohnung, und beide Male nach zwei, drei Monaten zurückgekommen.«

»Weshalb?«

»Es gab dort kein Wasser und keinen Strom.«

»Also willst du nicht von hier weg?«

»Würde ich ja gern. Ich will ja in der Welt leben. Ich will, dass meine Kinder irgendwo aufwachsen, wo es sauber und ordentlich zugeht, dass sie einen guten Job haben und mit ihren eigenen Kinder einmal woanders leben. Nur die Toten sollten bei den Toten leben.«

Doch dagegen hatte ich etwas einzuwenden. »Aber hier in Ägypten gab es doch schon immer Menschen, die mit den Toten lebten.«

Abduh wusste nichts von Überresten alter Traditionen und reagierte daher mit einem Achselzucken. »Die haben schon immer überall gelebt.«

»Aber du arbeitest doch hier?«

»Glaub mir, wenn ich irgendwo sonst ein schönes Plätzchen finden könnte, würdest du mich hier nicht sehen. Nachts wimmelt es von Insekten, Käfern, Skorpionen – wir sind es leid ...«

Ich weiß nicht, warum er sich unterbrach, aber warum auch immer, plötzlich änderte er den Tonfall und nahm alles, was er gesagt hatte, zurück. »Wir sind glücklich hier. Wir haben Wasser und Strom. Wir leben billig, mit unseren Kindern ist alles in Ordnung, das Gemüse ist billig, alles ist billig. Sieh dir das Brot an«, sagte er und nahm eine Scheibe, die Attiyya auf dem »Küchen«-Grab hatte liegen lassen, »ganz weiß und schön, frisch und heiß aus dem Ofen. *Mashaallah*. Was Gott gibt. So süß und gut und rein, dass ich nur davon leben könnte – und es wird auf dem Friedhof gebacken. Die Öfen funktionieren, die Schulen, die Cafés, die Märkte – alles. Und die Gräber auch.« Beide wussten wir nichts hinzuzufügen.

Den Plan zur Umsiedlung wurde von einem französisch-italienischen Team ersonnen. Er sah vor, die Menschen in neuen Wohnungen am äußeren Stadtrand unterzubringen, als so genannte »Squatter« – die Art von Stadtentwicklung, die Abduh bereits wohl bekannt war, meilenweit entfernt von seinem Arbeitsplatz, selten Wasser- und Stromanschluss –, und den Friedhof hinter den beiden noch erhaltenen Fatimiden-Toren Bab el-Nasr und Bab el-Futuh zu räumen. Die Gräber sollten geöffnet, die Gebeine exhumiert und dann weitab in der Wüste jenseits der Stadtgrenze eine neue Ruhestätte finden. In der Vergangenheit hatte es einen ähnlichen Fall gegeben, an den sich der Plan anlehnte. Zu Beginn der 1920er Jahre wurde der Friedhof unmittelbar vor den alten Stadtmauern geräumt, um einer neuen Straße Platz zu machen. Mit Bezug darauf schrieb Mrs. Devonshire in »Rambles of Cairo«: »Unmittelbar vor der alten Mauer hatte man seit eh und je Gräber errichtet, seit so langer Zeit, dass alle Spuren der Namen von Toten und Familien, die hier begraben wurden, verloren gegangen sind; die Leute hatten sich hier in einfachen Holzhütten eingerichtet, allerlei Müll hatte sich angesammelt. Nun ist die Mauer sichtbar, so eindrucksvoll, dass kein Festungswerk in Ost und West damit vergleichbar wäre.« Ganz vergleichbar waren die beiden Situationen allerdings nicht. Heute waren die Namen der Begrabenen bekannt – einige waren weltberühmt –, und es sollte auch keine Straße entstehen, sondern ein neues Hotel und ein Touristenbasar.

»Und wirst du fortgehen?«

»Ja. Aber weißt du was? Wir sind, wer wir sind, wohin wir auch gehen.« Damit hatte er so gut wie zugegeben, dass er die Traditionen, mit denen er lebte, begriff.

# Happy Birthday, Abu el-Haggag!

Die Beobachtung des Herodot, dass die Ägypter nicht ohne einen König leben können, könnte eine Parallele darin finden, dass ein Leben ohne Göttertempel für sie ebenso undenkbar ist.

*Sir Gardner Wilkinson*

»Frohe Weihnachten, Professor«, rief Ibrahim quer über die Straße.

»Noch nicht ganz, Ibrahim.«

»Doch. Weihnachten für die Muslime, das *moulid*-Saidna Hussein!« Das hatte ich bereits mitbekommen, wie jeder in unserem Haus. Die zusätzlichen Mengen Schafe, die vor den Metzgerläden hingen und deren Blut auf den Gehsteig tropfte, hätte ich ja noch ignorieren können, aber vor den *zabaleen*, den Müllsammlern, die im ganzen Haus an die Türen klopften, Frohe Weihnachten wünschten und sich so lange herumdrückten, bis sie ein Almosen erhielten, gab es kein Entkommen. Ibrahim, der etwas abgeklärter, nüchterner war, nach einem höheren Preis im Leben trachtete, schlug vor, dass ich Husseins Grab besuchen solle als Zeichen meiner Ehrerbietung und – so der nette Zusatz – »Weil es dir den *baraka* für dein Buch bringen wird. Und dein Buch ist wichtig, *docteur*, denn damit werden die Menschen in deinem Land alles über uns erfahren.«

»Nicht alles, Ibrahim.«

Ich gab ihm ein Bakschisch, wie er es erwartete, und obwohl ich sein Angebot, mich zur Hussein-Moschee zu fahren, ausschlug (bei jeder Fahrt erhöhte er den Preis, und mit dem Saisonaufpreis, den er noch zusätzlich berechnete, hätte er sich am Ende einen neuen Vordersitz oder einen Satz neuer Reifen kaufen können), wollte ich mir das Volksfest nicht entgehen lassen.

Ibrahim hatte gar nicht so Unrecht, wenn er das Spektakel als Weihnachtsfest bezeichnete, denn es wurde sowohl ein Geburtstag als auch ein religiöses Fest gefeiert. Und der, dessen Geburtstag man feierte, befand sich in den Augen mancher Muslime dort oben bei Jesus. Hussein war der Enkel des Propheten Mohammed. Nach Mohammeds Tod im Jahre 632 wurde Abu Bakr, der Vater seiner Lieblingsfrau Aischa, zum Nachfolger des Propheten gewählt und zum ersten islamischen Kalifen (»Nachfolger des Gesandten Allahs«) ausgerufen. Seine Nachfolge war aber umstritten, und die drei Kalifen, die auf ihn folgten, wurden allesamt meuchlings ermordet: Omar, der den Befehl zur islamischen Eroberung Ägyptens ausgab, wurde beim Gebet, Uthman beim Lesen des Korans erdolcht und Ali, Mohammeds Schwiegersohn, auf dem Weg in die Moschee ermordet. Hussein, Alis Sohn, wurde der Legende nach im Kampf mit rivalisierenden Führungsanwärtern im Jahre 680 getötet. Mit dem Schlag, der seinen Kopf vom Körper trennte, spaltete sich auch der Islam in zwei bis heute existierende Lager, die Sunniten und die Schiiten (die religiösen Nachfolger des Kalifen Ali). Der Legende nach hat man Husseins Schädel auf dem Schlachtfeld bei Kerbela im Irak gefunden und später in Damaskus aufbewahrt. Manchen Berichten zufolge soll der Schädel im 10. Jahrhundert in einem grünen Seidenbeutel nach Ägypten überführt worden sein, andere behaupten, dass er noch zwei Jahrhunderte lang in Syrien verblieb, bevor er eine würdige Heimstatt fand. Ob es sich tatsächlich um den Kopf des Märtyrers handelte, lässt sich unmöglich mit Sicherheit sagen, doch das hinderte die Kairoer nicht daran, Hussein zum Schutzpatron ihrer Stadt und zur zentralen Figur eines großen Volkskultes zu machen.

Am Spätnachmittag nahm ich ein Taxi in die Altstadt. Wir überquerten den Nil, wo massenweise Ausflugsboote unterwegs waren, umgingen so die Blechlawinen in der Innenstadt und gelangten über die Brücke an den Märkten bei Ataba ins Zentrum. Dort tauchten wir ein in das Verkehrschaos, und ich hatte Zeit, die Minarette der Altstadt zu zählen, die zahlenmäßig mittlerweile von einer Unzahl Neontafeln überrundet werden. Währenddessen machte der Fahrer seinem Unmut über den stockenden Verkehr Luft, indem er mir mit dem *moulid*-Hussein in den Ohren lag, der auf ein ordentliches Trinkgeld hoffen ließ.

Auf der Straße al-Muizz li Din Allah ging es zu Fuß nicht schneller voran als mit dem Auto. Millionen Menschen stießen und rempelten aneinander, schoben sich dicht an dicht in Richtung Hussein-Moschee. Schon oft war ich diese Straße entlang gegangen, doch dieses Mal war sie nicht wieder zu erkennen. Die Läden waren übervoll und mit Lichterkugeln groß wie Dinosaurier-Eier strahlend hell beleuchtet. Die Fassaden der Moscheen waren hinter Zeltbuden versteckt, die Säulengänge behangen mit den Bannern der Sufi-Bruderschaften, deren Mitglieder in Vorhöfen und Gebetsnischen ihre Zelte aufgeschlagen hatten. Ich stolperte über Spannschnüre und die Beine von Leuten, die auf dem Boden zusammenhockten, sich eine Teepause gönnten und ein Schwätzchen hielten. Man hätte meinen können, es handele sich um Flüchtlinge, die der Krieg oder eine Naturkatastrophe aus ihrer Heimat in die Stadt getrieben hatte.

Wir kamen durch eine Allee, einen Korridor von Gerüchen und Düften nach Süßkartoffeln, Maiskolben, Kichererbsen, Erdnüssen, gelben Bohnen, *ful kushari*, Spaghetti, Süßigkeiten, Dörrpflaumen und Parfüm neben allerlei Krimskrams wie Kassetten, goldenen *moulid*-Spitzhüten und kleinen Zimbeln aus Messing. Die Allee führte auf einen großen Platz vor der Hussein-Moschee mit noch mehr Zelten, noch mehr Leuten und noch mehr Essen. Bei dem dichten Gewühl bekam man kaum Luft, zumal eine Gruppe leidenschaftlicher Hussein-Anhänger an den huldvollen Ort drängte und von allen Seiten schob und drückte. Ich hatte nicht die Absicht, ihnen zu folgen. Nicht heute, *ya Hussein*. Nur zu gut erinnerte ich mich daran, wie Khalid und ich uns seinerzeit zur Moschee von Sayyida Zeinab, Husseins Schwester, durchgekämpft hatten.

Vom Platz aus konnte ich reihenweise Menschen sehen, die sich hin und her bewegten, sich vor und zurück wiegten, und auch auf dem oberen Balkon des Hussein-Hotels schwangen die Menschen im Takt mit. In den Gesang ihres Vorsängers fielen sie immer und immer wieder mit *Allahu* ein. An der Ostseite der Moschee drängten sich Frauen zusammen, die auf eine milde Gabe hofften. Neben ihnen hatte ein Barbier einen kleinen Stand aufgebaut, über dem auf einer anschaulichen Zeichnung ein Junge mit einem roten Ring um den Penis und einem Lächeln im Gesicht zu sehen war. Die Realität sah anders aus. Der Vorhang wurde aufgerissen und ein schreiendes Kind über die Holzschranke gereicht, das von seinem Vater in Empfang genommen, innig geküsst und hoch über die Menge gehoben wurde – ein weiterer Junge, der im Namen des Propheten beschnitten worden war. Die Frauen in der Nähe schrieen auf vor Freude. »Mögest du ihn segnen, ya Hussein.«

Die Menge bewegte sich weiter, als ob ein solcher Anblick alltäglich wäre, vorbei an Kaffeehäusern, die sich in die Straßen ausbreiteten. Wir kamen in das Herz der Altstadt, Gamaliyya, eines der am dichtesten besiedelten Flecken der Erde, ähnlich den hoffnungslos übervölkerten Vierteln rund um den Karnak-Tempel im alten Luxor. Die Straße wurde enger, geschlängelter, glatt und glitschig von Schlamm, verschüttetem Tee und Tierblut. Aus den offenen Zelten, die Männer auf einer Seite, Frauen und Kinder auf der anderen, strömte der Rauch von Wasserpfeifen und der Dampf zischender Töpfe. Eine braune Kuh, die darauf wartete, geschlachtet zu werden, versperrte mir den Weg, musterte mich seelenruhig, den Kopf eingezwängt zwischen zwei Lautsprechern, aus denen es in frenetischem Stakkato dröhnte: *Allahu! Allahu!*

Durch eine Türöffnung blickte ich in einen einigermaßen ruhigen

Hinterhof – die Gelegenheit für eine kleine Teepause. Ich schob mich durch die Tür, zog meine Kleider zurecht, trat ein und setzte mich.

Ein junger Mann in weißem Hemd und schwarzer Hose kam herbei, und ich bestellte Tee und eine Wasserpfeife.

»Tee kein Problem. Aber vielleicht die Wasserpfeife.«

Schon wollte ich ihm erwidern, dass sich hier wohl das einzige Kaffeehaus in ganz Ägypten befinde, wo es keine *shisha* gebe, als es mir dämmerte – irgendwie sahen mich die anderen merkwürdig an, und auch die Art und Weise, wie die Frauen das Essen zubereiteten, kam mir merkwürdig vor: Hier war gar kein Kaffeehaus.

»Nein«, sagte Selim. »Das ist kein Kaffeehaus. Das ist mein Zuhause.«

»Entschuldige«, rief ich und sprang auf.

»Aber nein, Sie sind herzlich willkommen. Bitte, setzen Sie sich wieder, ich bringe Ihnen Tee.«

Ich zögerte und stellte mir gerade vor, wie wohl ein Ägypter empfangen würde, der sich Heiligabend in London in ein Haus verirrt, als mich auch die anderen sechs Männer im Hof, Verwandte von Selim und alle in Anzügen, willkommen hießen. Sie reichten mir die Hand und wünschten mir alles Gute. »Heute ist Hussein-Fest«, sagte der Älteste unter ihnen, ein runzeliger alter Mann im »Zoot Suit«, einem Anzug bestehend aus langer taillierter Jacke mit breiten wattierten Schultern und Röhrenhosen, der sich sorgte, ich könne denken, es gehe in der Stadt immer so zu, »und in Sayyidnas Namen heißen wir Sie willkommen, woher auch immer Sie kommen.«

Selim brachte Tee. »Heute Abend feiern wir, und Sie müssen uns Gesellschaft leisten. Wir essen, tanzen, singen und sind fröhlich.«

Nach dem Tee wollte Selim mir sein Haus zeigen. Ich war überrascht. Alles hatte ich erwartet, nur das nicht – ein vornehmes Gebäude mit festem Mauerwerk und fein gemeißelten Kunstornamenten, hohen Türen und breiten Korridoren, breiter als so manche Allee, die ich heute Abend gesehen hatte.

»Um ein Haus wie dieses zu bewohnen, müssen Sie ein Pascha sein, oder?«

»Es ist ein Museum«, erklärte Selim.

Erbaut hatte das Haus im 18. Jahrhundert ein reicher Geschäftsmann aus dem Faijum. 1820 hatte es Mohammed Ali Pascha gekauft. Hier wurde 1829 Mohammed Alis Enkel Ismail geboren, der Ägypten später durch seine verbissene Modernisierungspolitik in den Staatsbankrott trieb. Selim zeigte mir den Empfangsaal, eine große Halle in traditionellem Stil, mit kunstvoll gemalten goldenen Verzierungen und äußerst fein geschnitzten Holzwänden. »Meine Familie ist hier Wärter und Hausverwalter, insofern kann ich von mir behaupten, dass ich, wie Ismail Pascha, in einem Palast aufgewachsen bin.«

Zurück im Hof wollten die Männer wissen, woher ich kam und was ich in Ägypten tat. »Sind Sie Tourist? Und wo haben Sie Arabisch gelernt?«

Ich erklärte, dass ich auf der Suche nach Spuren Altägyptens war, den Schatten der Pharaonen und ihren Nachkommen.

»Ah«, sagte Selims Onkel, ein großer, beleibter, gut rasierter Mann, »dann waren Sie schon im Museum für Altertümer?«

»Ja, war ich. Aber ich suche nach lebendigen Spuren, nach alten Bräuchen und noch existierenden Elementen eines Glaubens, der vor langer Zeit seinen Anfang nahm.«

Keiner sagte ein Wort, und ich fragte mich, ob ich damit nicht die Grenzen der Gastfreundschaft überschritten hatte. »Wir sind Muslime«, sagte Selim. »Wir sind stolz auf unser Erbe, die Pyramiden und Tutanchamun … Das alles ist Teil von uns. Aber heute haben wir nicht mehr dieselben Götter oder denselben Glauben wie zur Zeit der Pharaonen. Die Pharaonen hatten viele Götter, aber wir sagen: ›Es gibt keinen Gott außer Gott, und Mohammed ist sein Prophet.‹«

»Selim«, sagte ich leise, »ich hoffe, ich kränke Sie nicht, aber ich habe hier mit meinen eigenen Augen Dinge gesehen, die es auch schon zu Zeiten der Pharaonen gegeben hat.«

»Sie meinen so etwas wie die *fellahin* auf dem Land? Die Lehmhäuser?«

»Nein, auch in der Stadt.«

»Was denn?«, fragte er mit leicht trotzigem Unterton.

Ich erzählte ihm von den Gräbern, wie sie heutzutage benutzt werden und wie sie in der Antike benutzt worden sind, und zeigte Ähnlichkeiten im Verhalten der Menschen auf, welche die Gräber besuchen im dringenden Verlangen, der Toten zu gedenken. Doch er war nicht überzeugt. »Und es gibt auch Leute«, fuhr ich fort, ganz feinfühlig, »die sagen, dass *moulids* nichts mit dem Islam zu tun haben. Dass es *moulids* schon vor dem Islam gegeben hat, vor dem Propheten Mohammed, schon als christliche Heilige gefeiert wurden und sogar noch früher bei den alten Göttern.«

»*Haram*. Das ist Sünde. Wer hat Ihnen das erzählt? Wie kann das sein? Mit den *moulids* feiern wir die Geburtstage unserer Scheichs, unserer heiligen Männer, wie also sollten sie von den Pharaonen stammen?«

Ich erinnerte ihn an die Spaltung der beiden rivalisierenden Richtungen im Islam: »Hussein war Schiite, kein Sunnite wie die Ägypter.«

»Hussein«, posaunte er, »war Muslim.«

Aber, erwiderte ich, es sei doch bezeichnend, dass das Datum des *moulid*-Ahmad al-Bedawi in der Stadt Tanta, des größten *moulid* überhaupt, nicht vom muslimischen Kalender festgelegt werde, sondern, wie beim *moulid*-Hussein, vom koptischen, der dem alten pharaonischen Kalender folge.

Selim begann zu lachen. »Nein, nein, ya An-toony. Das haben Ihnen hirnlose Dummköpfe erzählt. Die wissen nicht, was ich weiß. Als Nächstes erzählen Sie mir noch, dass Sayyidna al-Hussein, möge Friede mit ihm sein, in Wirklichkeit Kopte war. Nein, bestimmt nicht.«

Unsere Meinungsverschiedenheiten schienen die Atmosphäre zu trüben, und obwohl die alten Männer weiterhin freundlich mit mir sprachen und Selim einen Tee nach dem anderen anbot, beschloss ich zu gehen, bevor das Essen serviert wurde.

Ich fragte mich, ob Selim Recht haben könnte, dass die *moulids,* die Feste zu Ehren der Geburtstage heiliger Männer und Frauen, nicht doch reine muslimische Feste waren. Schließlich waren sie mir aus der ganzen arabischen Welt bekannt, aus Marokko und Tunesien, aus Jordanien, Syrien und dem Jemen. Wenn es sich in erster Linie um muslimische Feste handelte, wie wurden sie dann von den muslimischen Autoritäten angesehen? Um das herauszufinden, verabredete ich mich mit einem Scheich an der el-Ashar-Universität, Ägyptens ältester und bedeutendster theologischer Autorität.

Die Universität el-Ashar wurde um eine Moschee angelegt. Der Bau der Moschee wurde im Jahre 971 fertiggestellt, zwei Jahre, nachdem die aus Tunesien kommenden Fatimiden Ägypten erobert hatten. 988 öffnete die Universität ihre Pforten. Moschee und Universität liegen im Herzen der Palaststadt, die für den Sultan samt Hofstaat und Armee erbaut wurde. El-Ashar lag an der Südseite des Hofes, die Hussein-Moschee an der Nordseite. Der Verwaltungskomplex von el-Ashar, ein Bau aus dem frühen 20. Jahrhundert, liegt zwischen beiden Gebäuden, und zwar so dicht an der Straße, dass der Pförtner Mühe hatte, mich bei dem Verkehrslärm zu verstehen.

»Ich habe einen Termin mit Scheich Muhammad Mustafa Gemeiah«, schrie ich.

Scheich Muhammad beschäftigte sich mit Anfragen von Ausländern, so viel wusste ich, doch als ich das erste Mal zu ihm wollte, war er in Urlaub, und das, obwohl man mir bei meiner telefonischen Terminanfrage versichert hatte, er sei da. Sein Assistent flehte mich förmlich an, noch einmal zu kommen. »Das werden Sie doch?«, fragte er immer und immer wieder. »Auch ganz bestimmt?« Ja, ganz bestimmt, versicherte ich ihm und gab ihm mein Wort beim Propheten, bei al-Sayyid al-Hussein und al-Sayyida-Zeinab.

Wenige Tage später fuhr Ibrahim mich nach el-Ashar. Er strahlte vor Freude von einem Ohr zum anderen bei dem Gedanken, dass ich, sein Freund, sein Lieblingsausländer, auf dem Weg war zu einem Scheich in el-Ashar. »Ich warte hier auf dich«, verkündete er. In seinen Augen funkelte es, was bedeutete, dass das Warten seinen Preis hatte. »Brauchst du nicht. Ich finde allein zurück. Ich mache einen Spaziergang, einen Pilgergang zu el-Hussein.« Doch erst als ich mich strikt weigerte hineinzugehen, bevor er nicht abgefahren war, machte er sich davon.

Scheich Muhammad Mustafa Gemeiah saß in seinem geräumigen Büro im ersten Stock mit dem Rücken zu einem großen Fenster und beugte sich über einen schweren, mit einer Glasplatte bedeckten Schreibtisch. Auf dem Schreibtisch: Wörterbücher, Ordner, eine leere Kaffeetasse, das Telefon und ein großes Notizbuch, das er zuklappte, als ich auf ihn zuging. Vor dem Schreibtisch: Stühle mit Chromgestell und braune Plastikstühle, die noch in der Plastikverpackung steckten. Alles in allem hatte der Raum etwas vom Charme einer britischen Amtstube.

Kaum hatte der Scheich mich zu einem der Stühle geleitet, war mir klar, warum man alle Ausländer an ihn verwies. Sein Englisch war ausgezeichnet, seine Umgangsformen charmant, in seinem Lächeln eine Spur von Demut, und in seiner klerikalen schwarzen Robe und mit der rotweißen Kopfbedeckung machte er eine gute Figur. Aber Ausländer wandten sich nicht zuletzt auch deswegen an ihn, weil man bei ihm zum Islam konvertieren konnte – ein kurzes Gespräch, die Unterzeichnung einer Erklärung, das Aufsagen der Glaubensformel, und schon hätte ich auf die Knie fallen können und in der tausend Jahre alten Gebetshalle von el-Ashar meinem Heil entgegengeführt werden können. So beeilte ich mich, ihm zu erklären, dass ich gekommen war, um mich über Heilige und *moulids* für mein Buch zu erkundigen.

»Da haben wir etwas gemeinsam«, antwortete er und setzte ein breites, wissendes, mich etwas verwirrendes Lächeln auf, »denn ich schreibe genau wie Sie Bücher. Ich habe schon viele geschrieben. Eines über alle Propheten, eines über den Propheten Mohammed, Friede sei mit ihm.«

Ich erzählte Scheich Muhammad von dem, was ich im Zusammenhang mit muslimischen Heiligen, den Scheichs und den *moulids* erlebt und gehört hatte. Er bot mir Tee an, lehnte sich in seinem Stuhl zurück, legte die Fingerspitzen beider Hände aneinander und kostete diesen geschickt in Szene gesetzten Moment aus, bevor er im richtigen Moment in Aktion trat.

»Es existieren große Unterschiede zwischen der Tradition und dem Wesenskern … dem Gesetz der Religion. Im Islam gibt es keine Heilige.«

Ich dachte an all die Wunder und Heilmittel, von denen ich gehört hatte, all die Ehrerbietungen, die flehentlichen Bittgebete, die Steine, die berührt, die Kleider, die geküsst und die Gebete, die rezitiert wurden. Alles umsonst?

»Selbst der Prophet Mohammed«, sagte er und sah zur Decke hoch, »Friede sei mit ihm, ist kein Heiliger. Er ist Prophet und Gesandter, und ich kann nicht viel mehr sagen, als dass er ein Mensch ist. So steht es im Koran.« Er sah mir geradewegs in die Augen, ohne zu blinzeln, und rezitierte eine Sure. »›Fern ist es von Seiner Heiligkeit, dass Er einen Sohn haben sollte. Sein ist, was in den Himmeln und was auf Erden ist; und Allah genügt als Beschützer.‹ Und da liegen die Christen mit Jesus falsch. Die Propheten sind bloß Menschen.« Er setzte wieder sein Lächeln auf: »Abraham, Isaak, Jesus und selbst Sie – alle sind Muslime.«

»Nein, ich nicht«, entschuldigte ich mich.

»Nehmen Sie sich etwas Zeit. Denken Sie darüber nach. Wer ist Mohammed? Was sagt er? Was will er, dass wir tun? Wir sollen Allah anbeten und niemanden sonst. In Indien beten die Menschen Kühe an, in Afrika Schlangen. Was soll das? Gott will uns helfen. Er hat seine Boten gesandt, doch anstatt Ihm zu huldigen, beten wir Kühe und Bäume an.«

Scheich Muhammad kam in Fahrt. Ich stellte mir ihn auf der Kanzel vor, laut schreiend beim Freitagsgebet, allen voran dem himmlischen Licht entgegen. Er merkte, dass ich unbeeindruckt blieb, und nahm mich ins Visier. »Was wollen Sie hier, mein Bruder Anthony? Warum suchen Sie nach Dingen, die schon vor langer Zeit zu Ende gegangen sein müssten? Was stimmt nicht mit Ihrem Leben, dass Sie hierher zu mir kommen? Wir haben das All erobert. Amerika und England schicken Raumschiffe ins All. Wir wissen so viel, und doch wissen wir so wenig über uns selbst. Galilei wurde beinahe hingerichtet, weil er behauptete, die Welt sei rund, aber das war nichts Neues. Allah sagte vor 1417 Jahren, lange vor Galilei, dass die Welt rund sei. Was wissen wir schon? Kommen Sie. Kommen Sie und lesen Sie mit mir.« Er hob einen Koran hoch. »Sie sind Muslim, mein Bruder Anthony. Lassen Sie uns gemeinsam lesen.«

Scheich Muhammad schickte sich an, mit mir das Glaubensbekenntnis zu lesen – es gibt keinen Gott außer Gott, und Mohammed ist sein Prophet. Ich wollte nur noch fort. Er spürte, dass ich reserviert blieb, und legte die Finger auf das große Notizbuch, das Verzeichnis der Konvertiten, das geöffnet dagelegen hatte, als ich eintrat, wohl wissend, dass er zu weit gegangen war, dass er mich verloren hatte. Sogleich nahm er sich zurück.

»Es gibt keine Heiligen im Islam«, wiederholte er. »Wenn meine Aufgabe beendet ist, lege ich meine Kopfbedeckung und meine Robe ab und bin ein ehrbarer Mann. Wie du. Aber nicht genau wie Sie, denn Sie haben einen Platz im Paradies, einen gesicherten, wenn Sie akzeptieren, dass Sie Muslim sind. Für mich ist es viel schwerer, das Paradies zu erreichen.«

Ich ignorierte seine Mission und hielt mich an meine. »Warum gehen so viele Menschen in diesem Land zu den *moulids* und den Gräbern der Scheichs, wenn es verboten ist?«

»Der Grund dafür, mein Bruder Anthony« – und ich bewunderte die Energie, die er an den Tag legte – »ist Unwissenheit. Sie aber sind nicht unwissend. Begegnet Ihnen jemand, der sich böse aufführt, sagen Sie nicht, das ist der Islam. Benimmt er sich gut, dann sagen Sie, er ist ein guter Mensch, der Muslim ist. Den Islam muss man nach dem Koran beurteilen. Manche Menschen glauben, dass sie das Böse beherrschen können, doch das hat nichts mit dem Islam zu tun. Allah der Allmächtige wird ihr Gebet und ihr Fasten nicht annehmen, und sie werden nicht das Paradies sehen. Unwissende sind das. Aber um Ihre Frage nach den *moulids* zu beantworten: Stirbt ein guter Mensch, ist das ein Grund, sein Leben zu feiern, sein Werk, und eine Art, dies zu tun, besteht darin, sein Grab zu besuchen. Das, was heute bei den *moulids* abläuft, ist eine üble Art zu feiern. Wenn ich Mohammeds Geburtstag feiere, ist das *haram*? Nein. Das kann ich nicht sagen. Doch ich muss seiner gedenken, wie er lebte, was er tat, was er sagte, und ich denke daran, indem ich es praktiziere. Nicht indem ich auf Trommeln herumschlage und wild tanze. Wie wir feiern – das ist das Problem.«

»Und wer entscheidet, welche Feier in Ordnung ist und welche nicht?«

»Wir hier in el-Ashar.«

»Auf den *moulids* habe ich Leute beim *zikr* gesehen, die offensichtlich in Trance geraten waren. Ist das gestattet?«

»Der *zikr* ist gestattet. Er ist eine Form des Gebets, eine Bitte um Vergebung. *Zikr* heißt wörtlich »gedenken«, gedenke Gottes. Doch die Unwissenden tun dies auf üble Art und Weise, sie schwingen ihre Körper nach links und rechts.«

»Ja, genau.«

»Das tun nur Unwissende, die nichts von ihrer Religion verstehen.« Dann sprach er mich wieder direkt an. »Ich begreife, warum Sie auf der Suche sind, mein Bruder Anthony. Wir alle müssen Lehren aus der Vergangenheit ziehen und aus der Zukunft. Denn es heißt in der ersten dem Propheten Mohammed offenbarten Koransure, der 96.: ›Hast du nicht den gesehen, der da wehrt (Unserem) Diener, wenn er betet? Wohlan, wenn er (der Diener) auf dem rechten Weg ist oder zur Gerechtigkeit auffordert! Wohlan, wenn er un-

1. Winifred Blackman und Hideyb Abdel-Shafy, bei dessen Familie sie im Faijum lebte (Kapitel 5).

2. Winifred Blackman beim Tee mit Mansour Bey und Colonel Sherif. Hideyb steht hinter ihr.

3. Dimischkin, 1924. Männer, die vor Zuschauern einen *zikr* vorführen (Tanz der Derwische, bei der sie den Oberkörper vorwärts und rückwärts bewegen und kurze Koranverse rezitieren, bis sie in Trance fallen)

4. Die »Diener« des Scheichs Haridi, von dem man ursprünglich glaubte, dass er eine Schlange sei. Im Hintergrund das Grab des Scheichs. Einige der »Diener« sind Verwandte des Scheichs (Kapitel 6)

5. Januar 1921. Auf einem koptischen Friedhof in Ezbet al-Muharraq während des *eid al-Ghutas*: Ein muslimischer Dichter dreht eine Scheibe und rezitiert dabei.

6. Faijum, Dezember 1925. Eine Frau rollt und wälzt sich vor dem Stein des Scheichs Habs al-Wehish (Kapitel 5).

7. Faijum, Januar 1926. In Winifred Blackmans Garten springt eine Frau über Zaubergegenstände.

8. »Bei einem antiken Tempel in Mittelägypten gibt es ein Wasserbecken … das dem Glauben nach magische Kräfte besitzen soll … (Die Frauen) klettern über die Steine … drei Mal und umrunden es mehr oder weniger im Kreis. Sie hoffen danach auf ein Kind.« (Kapitel 3).

9. 1925. Fruchtbarkeitsritus, zu dem ein Weizenkuchen, eine Kerze und ein Tongefäß gehört.

10. Deir al-Muharraq. Frauen beim Wehgeschrei an einer Grabstätte. Heutzutage werden Klagelieder bei Begräbnissen als »Verbliebene Destillate antiker Fragmente ägyptischen Denkens« bezeichnet.

11. Faijum, 1926. Menschen erhoffen sich *baraka* im Schatten eines Baumes, der von einem Heiligen bewohnt sein soll. Auch heute noch hoffen viele Ägypter genau wie ihre Vorfahren auf einen Schatten spendenden Baum im Paradies.

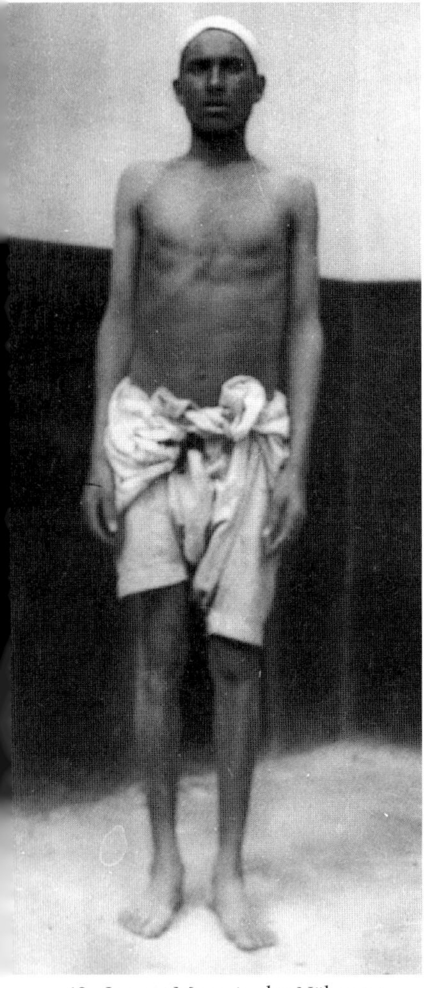

12. Junger Mann in der Nähe von Badeh, Faijum. Laut Blackman gleicht er »in Aussehen und Gestalt den Ägyptern der Antike«.

13. In der Nähe von Kom Aushin, Faijum, 1926. Die Dienerin der Scheichin Khadra.

gläubig ist und den Rücken kehrt! Weiß er nicht, dass Allah (ihn) sieht?‹«

Seit einer Stunde redete Scheich Muhammad nun schon auf mich ein und war seinem Ziel, mich zum Islam zu bekehren, keinen Schritt näher gekommen. Er war sich dessen wohl bewusst, seine Energie erlahmte, und er ermattete ein wenig. »Wir hier in Ägypten müssen uns ebenfalls auf die Suche begeben. Unser Leben ist nicht leicht, von unserer Religion haben wir uns viel zu weit entfernt.« Er hielt einen Moment inne, starrte ins Leere, stand dann auf und ging hinüber zu den Bücherschränken.

»Ich will Ihnen etwas schenken. Eines meiner Bücher.« Er reichte mir einen schweren grünen Band mit vergoldeten, schön geschriebenen Lettern in reich verzierter Aufmachung: *Geschichten der Propheten von Imam Ibn Kathis. Übersetzt von Scheich Muhammad Mustafa Gemeiah, Büro des Großen Imam, Scheich el-Ashar.*

Zum tröstlichen Schluss blätterte ich durch die Seiten und beteuerte, dass ich es recht interessant fände.

»Ich habe es in Englisch geschrieben für die vielen Muslime, die kein Arabisch lesen können, damit sie vom Leben der Propheten erfahren.« Um ihn ein wenig aufzuheitern, sagte ich, dass der Islam in Großbritannien die am schnellsten wachsende Religionsgemeinschaft sei. Und schon fragte er: »Wenn es dort so viele Muslime gibt, dann wollen sie vielleicht mein Buch lesen?«

»Bestimmt.«

»Aber wie kann ich mein Buch in deinem Land verkaufen? Das lässt sich von hier aus per Telefon und Fax nur schwer arrangieren … Sie sind doch Schriftsteller – Sie kennen bestimmt Leute, die mein Buch in England herausbringen könnten. Wenn Sie zurück nach England gehen, müssen Sie mein Agent werden.«

Ich hob die Hand, um ihn zu bremsen. »Das ist nicht mein Gebiet. Ich kenne niemanden, der sich darum kümmern könnte.«

»Aber Sie können es herausfinden.« Ich lächelte. Das war missverständlich, zugegeben, doch ich wollte nur noch weg. Ich hatte genug von Scheich Muhammad: Eben noch potentieller Konvertit zum Islam, war ich plötzlich zu seinem persönlichen Agenten avanciert und hatte die Lizenzrechte so gut wie in der Tasche.

Auf der Schwelle blieb ich stehen und drehte mich noch einmal um, ganz bewusst. »Scheich Muhammad, wenn *moulids* und Heilige nicht islamisch sind, was sind sie dann?«

Er zuckte mit den Schultern. Ihm genügte, dass sie nicht Teil seiner Religion waren. Aber ich wollte mehr wissen.

Als Enkelsohn des Propheten gehörte Hussein schon früh zum Kreise des Propheten und kämpfte in späteren Jahren um den Führungsanspruch im Islam. Die Tatsache, dass er im Kampf für den Glauben sein Leben ließ, verstärkte bei den Ägyptern das Gefühl des Martyriums, ein Gefühl, das sich während der vorangegangenen zwei Jahrtausende unter wechselnden Fremdherrschaften herausbildet hatte. Und die Tatsache, dass sie glaubten, in Kairo ruhe der Schädel des gefallenen Hussein, vergrößerte seine Anziehungskraft. Durchaus begreiflich war auch die Anziehungskraft, die vom Schrein des jungen Scheichs Alaa ad-Din an der Mauer des Medinet-Habu-Tempels ausging. (Im Gegensatz zu Hamida, die mir den Schrein gezeigt hatte und die glaubte, dass der Scheich weitergezogen war, erzählte mir ein alter Mann, der dort in der Nähe lebte, dass der Scheich unter dem Schrein begraben liege.) Doch in ganz Ägypten gab es buchstäblich Zehntausende Scheichs oder Heilige und mehr *moulids* als Tage im Jahr. Wie war das geschehen? Wie waren Heilige geschaffen worden?

Ein Grund, warum die Botschaft des Propheten in Ägypten breiten Anklang fand, lag darin, dass den Gläubigen, Männern wie Frauen, gesagt wurde, sie könnten direkt zu Gott beten, ohne einen Vermittler, ohne einen Priester. In einem Land, wo Laien selten in den Tempelstätten geduldet wurden, war das ein ungeheuerlicher, ein revolutionärer Zug. In einem Land, in dem koptische Riten im Verborgenen vollzogen wurden, so wie man es von den heidnischen Riten kannte, wo der Altar sich für alle bis auf die Priester unsichtbar hinter einem Schutzschirm verbarg, musste der Gedanke der direkten Kommunikation mit Gott zwangsläufig populär werden.

Neben der direkten Kommunikation durch das Gebet orientierten sich die Muslime am Koran und an den Geschichten vom Leben des Propheten. Allerdings existierte innerhalb der islamischen Tradition auch eine Hierarchie, nach der manche Menschen Gott näher standen als andere. Mohammed, der Gesandte Gottes, und Moses, der mit Gott sprach, sind zwei naheliegende Beispiele dafür. Am unteren Ende dieser Skala befanden sich die *walis* und Scheiche, führende Persönlichkeiten in der traditionellen islamischen Gesellschaft, bei denen sich das Problem stellte, dass weder Richtlinien zu ihrer Ernennung oder Wahl vorgegeben waren, noch gab es eine geistliche Autorität, die sie in ihren Rang erhob, etwa so, wie der Papst bestimmte Personen heilig spricht. Und – weit bedeutsamer noch – es gab auch keine Autorität, die ermächtigt war zu bestimmen, wer kein *wali* oder Scheich war.

Selbst Scheich Muhammad hielt sich mit solcherlei Beurteilungen zurück und verlegte sich stattdessen darauf, die Feiern zu verdammen.

Nicolaas Biegman schreibt in seinem Werk *Egypt: Moulids, Saints, Sufis*: »Die Hauptkriterien für den Heiligenstand machen sich fest an Wundern (*karamat*), die zu Lebzeiten des Heiligen oder danach geschehen sind, sowie an seinem Erscheinen in Träumen und Visionen.« Der Beweis für die Heiligkeit, so Biegman weiter, lag in der Erfüllung von Wünschen, was hieß, dass die Heiligen Gottes Vermittler waren. Ein Mangel an Wundern spiegelte einen Mangel an göttlicher Gnade. Doch Ägypten war ein Land voller Wunder und dementsprechend auch voller Heiliger.

In Winifred Blackmans Notizbuch aus den 1920er Jahren, das ich in Liverpool eingesehen hatte, finden sich zahlreiche Geschichten über Scheiche und ihre Wunder, die ihr Einheimische erzählt hatten. Gleich zu Beginn steht die »Bemerkung über Scheichgräber: Jeder Scheich, zumindest jeder von Rang und Namen, hat mehrere Gräber, die mit seiner Person verbunden werden. (*In einer Randnotiz vermerkt sie*: Ein angesehener Scheich kann, wie ich hörte, unzählige Gräber besitzen. So habe ich ein Grab eines Scheichs besucht, zu dessen Ehren man in ganz Ägypten vierzig Gräber errichtet hatte.) Das heißt nicht, dass der Leichnam des Scheichs tatsächlich auch in irgendeinem dieser Gräber begraben liegt oder unter einem der Steine, wenngleich es sich manchmal so verhält. Für gewöhnlich erscheint der Scheich dem ein oder anderen im Traum und heißt ihn, an dieser oder jener Stelle ein Grab für ihn zu bauen. Bisweilen werden die Bewohner eines Dorfes, in dem sich das Grab eines verehrten Scheichs befindet, der schlechten Lebensführung bezichtigt. Der tote Scheich erscheint dann jemandem in einem entfernt gelegenen Dorf, heißt ihn, ein Grab an dieser oder jener Stelle zu errichten, und führt ihn damit an eben jenen Ort.«

Eine Geschichte aus Blackmans Notizbüchern, die besonders typisch ist, erzählt vom Scheich eines Ortes namens Hawara: »Der Scheich liegt unter dem Boden einer kleinen Moschee begraben, die an einer schmalen Straße (besser gesagt einem Weg) in der Dorfmitte steht. Ich besuchte die Moschee, und man zeigte mir die Stelle, wo der Scheich begraben ist, nahe einer Säule, die sich kaum von den tragenden Säulen des Gebäudes unterscheidet. Ursprünglich wollte man die Grabstätte des Scheichs auffällig kennzeichnen, ihm ein eigenes Gebäude errichten und seinen Leichnam dorthin verbringen, doch der Heilige tat gleich mehreren seiner Anhänger kund, dass er lieber an seinem angestammten Ort im Inneren der Moschee bleiben wolle. Außerhalb der heiligen Stätte befindet sich der Brunnen des Scheichs. Das Wasser daraus soll heilende Kräfte haben, weshalb Menschen, die krank sind, von einem *afrit* oder dem Geist eines toten Scheichs besessen sind, an diesen Brunnen kommen und in die Tiefe hinabsteigen. Das soll eine fast sofortige Heilung herbeiführen.«

Im Blackman-Archiv in London stieß ich auch auf einen Zeitungsausschnitt aus den 1920er Jahren mit der Schlagzeile *Die fremde »Heilige«. Frau dringt in die Geheimnisse Ägyptens ein. Einsames Strohhütten-Dasein in entlegenen Dörfern*: »Die letzten vier Jahre verbrachte eine Engländerin allein, nur in Gesellschaft zweier einheimischer Diener, in Strohhütten und bemühte sich, mit Geduld und »menschlicher Tuchfühlung«, den Schleier der Geheimnisse und des Zaubers, der das Alte Ägypten verhüllt, zu lüften.« ›Geheimnisse und Zauber‹ – eine Formulierung, die mir gefiel und die untrüglich den Zeitgeist traf: nur wenige Jahre, nachdem Howard Carter das Grab Tutanchamuns in Luxor gefunden hatte, und zu einer Zeit, da die internationale Presse mit Geschichten vom »Fluch der Pharaonen« noch immer einträgliche Geschäfte machte. Doch soll das nicht Blackmans Erkenntnisse herabsetzen. Dass sie in entlegenen Dörfern gelebt hat, hat mich tief beeindruckt.

Auch ihr Verhältnis zu den Dorfbewohnern wird in dem Artikel angesprochen: »Sie (die Dorfbewohner) sehen sie als eine heilige, mit übernatürlichen Kräften ausgestattete Frau an – eine Scheichin.« Mir waren auch andere wagemutige Frauen bekannt, die im Mittleren Osten gelebt hatten: Lady Hester Stanhope, Tochter des britischen Premierministers, die von den Beduinen in der syrischen Wüste als königliche Majestät angesehen wurde; Jane Digby, die frühere Lady Ellenborough, die mit dem nomadischen Scheich Medjuel el-Mezreb verheiratet war; und nicht zu vergessen die geheimnisvolle Isabelle Eberhardt, die zu Beginn des 20. Jahrhunderts als Mann verkleidet durch Algerien reiste, auf der Suche nach lokalen Sitten und Bräuchen, nach mystischer Erleuchtung und Abenteuer. Neugierig zu erfahren, ob die Gräber, die Winifred Blackman erwähnte, noch immer aufgesucht werden und ob man sich in dem Dorf, in dem sie gelebt hatte, noch ihrer erinnerte, beschloss ich, nach Faijum zu reisen.

Alan, ein Schotte, den ich über Marina aus Rom kennen gelernt hatte, begleitete mich nach Faijum, und ich war froh über seine Gesellschaft. Denn seit Islamisten ihre Gewaltkampagnen gegen die Regierung richten, da diese sich weigert, mit ihnen zu verhandeln, werden auch Ausländer als Zielscheibe benutzt. Mit jedem Versuch seitens der ägyptischen Behörden, die Situation unter Kontrolle zu bekommen, wurde es für Ausländer schwerer, ohne bewaffneten Geleitschutz durch das Land zu reisen.

Alan und ich hatten uns in einem Kaffeehaus am Tahrir-Platz verabredet. Alan war zwischen all den Ägyptern unschwer auszumachen. Seine langes braunes Haar hatte seit Wochen keine Bürste mehr gesehen, und er sah aus, als hätte er die Nacht in seiner Kleidung verbracht. Im Kaffeehaus saßen ausnahmslos Ägypter, und alle trugen sie fein säuberlich gebügelte Hemden.

Mit dem Minibus fuhren wir vom Busbahnhof auf der anderen Seite des Platzes die Pyramidenstraße hinauf und stiegen dann um in den blauen Überlandbus nach Faijum. Nach über einer Stunde durch öde Wüstenlandschaft bot Faijum einen überwältigenden Anblick – Felder und Bäume dunkelgrün, strahlender Sonnenschein, erträgliche Hitze. Und als wir das Problem, einen Fahrer zu finden, schließlich gemeistert und mit ihm (er hieß Gomaa) den Preis für eine Rundfahrt durch das Dorf ausgehandelt hatten, fühlten wir uns so leicht und unbeschwert wie wohl jeder Stadtmensch, der einen Ausflug aufs Land macht.

Winifred Blackman erwähnt in ihren Aufzeichnungen einen Heiligen namens Scheich Muhammad Abu Atla (auch als Muhammad, der Vater der Toten, bekannt), dessen Grab einen dreiviertelstündigen Eselsritt vom Dorf Seleh entfernt liegt. Unweit davon, in der Wüste, steht ein bemerkenswerter Stein, der mit dem Scheich in Verbindung gebracht wird. »Die Leute legen sich dicht vor den Stein«, schreibt Winifred Blackman, »sie stecken den kleinen Finger jeder Hand in ein tiefes, ausgewittertes Loch im Stein und wälzen und rollen sich dann in alle Richtungen, so weit sie können. Als ich den Stein besuchte, riefen einige laut ›*ya abui, ya abui!*‹ (o Vater, Vater!), schrien und stöhnten. Ausgelöst wurde das durch den *afarit*, von dem die Menschen besessen waren. Viele litten unter diversen körperlichen oder seelischen Schmerzen, einige offenbar an Keuchhusten … Auf der anderen Seite der Bahnlinie liegen die Bäume des Scheichs – ein *lebbakh* und mehrere Palmen. Daneben befindet sich an einer kleinen, versteckten Stelle ein *sabil*, eine Art Brunnen, mit einem *zir*, welcher Wasser aus dem nahe fließenden Bach auffängt. Nachdem sie sich auf dem Boden gewälzt haben, gehen die Menschen dorthin und trinken ein paar Schluck von diesem Wasser. Hinter dem Baum steht das Grab des Scheichs, aus Stein gemauert, aber ohne das übliche gewölbte Dach.«

»Und du glaubst, dass wir noch Leute finden, die sich vor dem Stein rollen?«, fragte Alan mit seinem rollenden, starken schottischen Akzent. Sein Unterton verriet, was er wirklich dachte – wir könnten froh sein, wenn wir dieses Grab überhaupt fänden, geschweige denn sich vor einem Stein wälzende Menschen. Aber ich nickte.

Gomaa, unser Fahrer, hatte noch nie von dem Scheich gehört, doch gleich der Erste, den wir im Dorf fragten, ein Obstverkäufer, wusste, wen wir meinten. Er musterte uns misstrauischen Blicks, und Gomaa erklärte ihm: »Sie sind den langen Weg von Kairo hierher gekommen, um dem Scheich Ehre zu erweisen.«

»Da wird sich der Scheich freuen«, antwortete er und erklärte uns den Weg.

Das Grab des Scheichs, ein kleines einstöckiges Gebäude, war von Bäumen umringt, genau wie Winifred Blackman es beschrieben hatte. Ich stieg aus und lief die letzten paar Meter zum Grab, vor lauter Begeisterung, dass ich tatsächlich vor einem Gebäude stand, von dem ich in einem siebzig Jahre alten Notizbuch gelesen hatte. Um das Grab lag Sand. Es stand zwischen der eingleisigen Bahnschiene und einem Getreidefeld. Offensichtlich wurde es instand gehalten, und die Risse im Mauerwerk waren erst vor kurzem ausgebessert worden.

Alan versuchte, die Metalltür des Grabmals zu öffnen, aber sie war fest verschlossen. Er trommelte dagegen. »Aufmachen, Scheich Muhammad Abu Atla«, rief er und, wie gerufen, tauchte aus dem Sand hinter dem Grab ein alter Mann auf und hieß uns wie üblich herzlich willkommen.

Er hatte im Schatten der Bäume geschlafen und zog nun die weiten Hosen, Unterhemd und Überwurf zurecht. Während er noch mit seinem Turban beschäftigt war, schaute ich mir den *sabil* an, »eine Art Brunnen« laut Winifred Blackman. Der Wasserkrug war zerbrochen und der Brunnen mit Sand gefüllt.

»Weißt du auch, wie der Scheich zu seinem Beinamen gekommen ist?«, fragte der alte Mann. »Weil er neunundneunzig Menschen getötet hat, alle mit seinem Stock.« Er sah, dass ich den Kopf schüttelte. »Bei Gott, das ist wahr.«

»Scheich Muhammad Abu Atla wollte wissen, ob er nach seinem Tod in den Himmel oder in die Hölle kommen würde, und befragte einen anderen Scheich. Dieser scheute sich, Scheich Muhammad Abu Atla zu offenbaren, dass er in die Hölle kommen würde, und bat ihn stattdessen, hinaus ins Feld zu gehen und seinen Stock einzupflanzen, den, mit dem er neunundneunzig Menschen getötet hatte: ›Wenn du siehst, was mit dem Stock geschieht, weißt du, was mit dir geschieht.‹ Unterwegs stieß Scheich Muhammad Abu Atla auf ein Liebespaar, das am Boden lag. Als er näher kam, bemerkte er, dass das Mädchen sich heftig wehrte. Jedes Mal, wenn der Mann einzudringen versuchte, bedeckte sie sich mit den Händen. Schließlich schnitt der Mann ihr Hände und Beine ab. Scheich Muhammad Abu Atla sah dies und war außer sich. Er nahm seinen Stock und tötete den Mann – den einhundertsten, den er getötet hatte – und ging dann weiter, seinen Stock zu pflanzen, wie ihm geheißen worden war. Am nächsten Morgen kehrte er zurück, entdeckte, dass der Stock Blätter ausgetrieben hatte, und wusste, dass er in den Himmel kommen würde. Warum? Weil der Letzte im Namen Allahs getötet wurde.«

Der alte Mann nickte, als ob er uns alles erzählt hätte, was wir wissen wollten. Ich fragte ihn nach dem rollenden Stein.

»Der steht da drüben hinter der Bahnlinie.« Er ging voran, überquerte die eingleisigen Bahnschienen und führte uns einen steilen, steinig-sandigen Hang hinunter. Was wir zu sehen bekamen, war ein Vorsprung an einem großen, von Wind und Sand ganz glatt geschliffenen Stein. Hier befanden sich die Löcher, die Winifred Blackman erwähnt hatte, in welche die Menschen ihre Finger hineinsteckten, während sie sich auf dem Boden wälzten. »An manchen Tagen kommen viele Leute, zwanzig oder dreißig, um sich zu wälzen, und Scheich Muhammad Abu Atla hört ihre Sorgen und Nöte und hilft ihnen. Von überall her kommen sie, aber nur am Donnerstag. Morgen, zwischen acht und elf. Heute kommt niemand.«

»Kamen schon immer Menschen hierher, um sich zu rollen?«, wollte ich wissen.

Der alte Mann nickte. »Seit Scheich Muhammad Abu Atla in seinem Grab liegt, kommen die Menschen zu ihm. Sie brauchen ihn, und er ist da, um zu helfen.«

»Der *moulid* des Scheichs ist in fünf Tagen«, sagte der alte Mann beim Abschied und zog sich wieder auf seinen Schattenplatz zum Schlafen zurück, als wollte er solange dort verweilen.

Gomaa fuhr uns durch saftiges Weideland, wo Alan und ich noch andere Gräber entdeckten, manche frisch gekalkt, manche mit einer Fahne geschmückt – ein Brauch, den auch die alten Ägypter pflegten –, andere hingegen verfielen allmählich; vielleicht war dort die Wunderkraft ausgeblieben. Die Gräber erinnerten mich an Wegschreine für christliche Heilige oder Madonnen, an die Gebetsnischen für die indischen Götter Ganesh und Shiva oder an die Geisterhäuser der Thai.

Wir entdeckten auch andere Gräber, die Winifred Blackman erwähnt hatte. Die siebzig Jahre, die uns trennten, waren in Anbetracht der langen Dauer der ägyptischen Geschichte bloß ein Augenblick. Es war unmöglich, das Alter der Gräber auszumachen – einige waren eindeutig neu erbaut, als Blackman sie besuchte –, doch der Gedanke, dass sie überdauert hatten, dass sie instand gehalten wurden, dass ihre Geschichte an vorüberziehende Fremde weiter erzählt wurde, dass ihre helfenden und heilenden Kräfte noch immer gefragt waren, faszinierte mich ungemein.

In einem Artikel des Magazins *Wide World* vom Januar 1924 berichtet Winifred Blackman von ihrem Leben auf dem ägyptischen Land. Im Vorwort zu *The Fellahin of Upper Egypt* heißt es: »Die Namen der Leute und Dörfer verschweige ich in fast allen Fällen ganz bewusst, da ich nicht glaube, dass es wünschenswert oder fair wäre, sie in einem populärwissenschaftlichen Buch wie diesem öffentlich zu machen.« In dem Magazin-Artikel aber erwähnt sie das Dorf Lahun, wo sie im oberen Stock eines Hauses wohnte, das dem Mann gehörte, den sie als ihren Assistenten beschäftigte.

»Sein Name war Hideyb Abdel Safiy«, erzählte ich Alan, während wir eingehüllt von einer Staubwolke hinten auf der Pritsche des Pick-up saßen. »Und da wir hier in Ägypten sind, wo nichts so schnell verloren geht, bin ich sicher, dass wir seine Familie finden.«

Alan hörte die leise Ironie in meinen Worten und lächelte. »Jetzt bin ich mal derjenige, der dich für verrückt erklärt.«

Lahun ist ein kleines Dorf am Bahr Youssef, dem Josephskanal, der die Niederungen des Faijum bewässert. Am Dorfeingang kamen wir über die Schleusenbrücke, die den Zustrom in das Faijum-Becken reguliert. Unweit des Dorfs liegt die Pyramide von Lahun, die Pharao Sesostris II. in den 1880er Jahren v. Chr. erbauen ließ. Hier, in den erhaltenen Baudenkmälern und bei dem alten Bewässerungssystem, das noch immer in Gebrauch ist, ist die körperliche Präsenz der alten Ägypter förmlich zu spüren.

Freitag ist Ruhetag. In den Dörfern Ägyptens geht es dann vergleichsweise geruhsam zu. Bis zum Mittag arbeiten die Menschen auf den Feldern, versorgen die Tiere oder arbeiten im Haus. Die Freitagsgebete am Nachmittag sind die wichtigsten, meistbesuchten und die längsten der ganzen Woche, und dabei werden auch Predigten gehalten. Anschließend versammeln sich die Familien zum gemeinsamen Mahl, dann hält man Ruhe, und die Männer kommen in den Kaffeehäusern zusammen.

An einem solchen Freitagnachmittag fuhr Gomaa uns nach Lahun. Der Ort bot ein lebhaftes Bild. Die Straßen waren voller Menschen, die an einem Freitagnachmittag wie üblich nicht viel zu tun hatten, und das »entlegene Dorf«, in dem Blackman ihr »Strohhütten-Dasein« geführt hatte, war zu einer Stadt mit zehntausenden Einwohnern angewachsen. Viele der zweistöckigen Lehmziegelhäuser, wie sie Blackman vermutlich gekannt hatte, waren durch höhere Backsteinhäuser ersetzt worden. Und überall Autos, Laster, Traktoren, Fernsehantennen und Satellitenschüsseln. Veränderung und Fortschritt, wohin man sah – T-Shirts mit amerikanischen Sportmarkenzeichen, Baseballmützen und Cola. Noch bevor wir einen Fuß auf den Boden gesetzt hatten, wurden wir lärmend bedrängt. Über Michael Jackson, Prinzessin Diana oder all die anderen Persönlichkeiten zu reden, die heutzutage zum globalen Gemeingut gehören, wäre leicht gewesen. Doch in dem Moment, als wir nach dem Grab des Scheichs Abu'l Atif fragten, über das Winifred Blackman geschrieben hatte, verstummte die Menge plötzlich, besann sich eine Weile und wies dann in entgegengesetzte Richtungen.

Wie sich herausstellte, lag das Grab nur ein paar Schritte entfernt, doch bei der ganzen Drängelei dauerte es ewig, bis wir es erreichten – ein gewöhnliches einstöckiges Backsteingebäude ohne viel Verzierungen, an drei Seiten von Häusern umgeben, obwohl es ursprünglich wohl allein gestanden hatte. Zudem war es verschlossen.

Je länger wir am Grab verweilten, desto mehr Männer und Jungen kamen herbei, um zu sehen, was es mit der ganzen Windmacherei auf sich hatte; um die fünfzig umringten uns, nicht alle schienen freundlich gestimmt. »Warum wollen die unseren Scheich sehen?«, fragte einer der Männer. »Haben sie Papiere dabei?« – »Ausländern ist es verboten, einfach herzukommen.«

Alan, der schneller die Geduld verlor als ich, wurde langsam unruhig. »Ist es etwa verboten, dem Scheich einen Besuch abzustatten und ihn um *baraka* zu bitten? Wie könnt ihr nur jemanden so behandeln, der von weit herkommt, um das Grab des Scheichs zu besuchen?«

Ein älterer Mann, der nahe am Grab stand, forderte uns auf, ihm zu folgen. Die Menge teilte sich, und wir liefen die Straße hinunter. Wohin ging er mit uns? Zur Polizei? Zum Mann mit dem Schlüssel? Zu seinem Haus? »Ich habe es nicht eilig, das herauszufinden«, flüsterte Alan, »aber mir ist es egal, wohin, Hauptsache weg von dieser Meute.«

Etwas abseits der Hauptstraße führte er uns in ein altes Lehmziegelhaus, geleitete uns durch den ersten Raum, der voller Vieh war, in ein großes, dunkles Hinterzimmer, in dem rings an den Wänden Bänke standen, die Platz für mindestens zwanzig Leute boten. Innerhalb weniger Minuten war der Raum gefüllt, doch von der Aggression draußen spürten wir hier nichts mehr. Die Männer waren ruhig und friedlich und vor allem neugierig. Es handelte sich wohl um eine Art Ratsversammlung.

Die meisten Männer waren schon älter; den Jüngeren war der Zutritt verwehrt. Offensichtlich war die Bevölkerung hier nicht an Fremde gewohnt, und unser Auftauchen hatte Misstrauen erregt. Ich stellte mir Winifred Blackman unter ihnen vor und wünschte, sie hätte mehr darüber mitgeteilt, wie sie hier empfangen und aufgenommen wurde.

Alan erklärte noch einmal, dass wir Scheich Abu'l-Latif an seinem Grab unsere Ehre erweisen wollten.

»Aber woher wisst ihr von unserem Scheich?«, wollte ein beleibter alter Mann in einer grauen, verknitterten *galabiyya* wissen.

»Sein Name ist weit und breit bekannt«, übertrieb Alan, doch das genügte ihnen nicht, und so fuhr er fort: »Da ist noch etwas. Vor langer Zeit lebte hier bei euch eine Engländerin. Und dieser Mann dort«, er zeigte auf mich, »will das Haus finden, in dem sie gelebt hat, und die Familie kennen lernen, die sich um sie gekümmert hat.«

»Warum interessiert er sich dafür?«

»Er gehört zu ihrer Familie«, sagte Alan, noch ehe ich Luft holen konnte, um von meiner Arbeit zu erzählen.

Die Spannung löste sich langsam.

»Seht her«, sagte ich und hob einen Zeitungsausschnitt hoch. »Hier ist ein Foto von dem Mann aus eurem Ort, in dessen Haus sie gewohnt hat.«

Draußen war helllichter Nachmittag, dennoch war es im Zimmer dämmerig; die Männer baten um mehr Licht, und wenig später erschien ein Junge mit einer großen Öllampe, die mit einem Glasdeckel versehen war. Die Zeitungsseite ging reihum. Auf dem Foto sah man einen Mann vor einem Haus, urägyptisches Gesicht, leicht dicklich, flache Kinnbacken, lange Nase, kurze, dunkle Locken. »Das Foto wurde vor langer Zeit gemacht«, erklärte ich. »Vor über siebzig Jahren. Der Mann heißt Hideyb …«

»Ich heiße Hideyb«, sagte einer der jüngeren Männer neben mir.

»Hideyb Abdel Shafiy. Kennst du ihn?«

Er schüttelte den Kopf.

»Oder weißt du von einer Engländerin, die hier gelebt hat?«

Wieder schüttelte er den Kopf.

»Es gibt noch andere Hideybs«, mischte sich ein anderer ein.

»Bringt sie her«, riefen sie einstimmig. Innerhalb weniger Minuten erschienen weitere Männer, die das Foto betrachteten. Doch es sagte ihnen nichts.

Als wir alle erdenklichen Hideybs und Abdel Shafiys gesehen und den Tee getrunken hatten, fragte Alan noch einmal, ob wir nun das Grab des Scheichs besuchen dürften. Natürlich wollten sie uns begleiten. Noch immer lungerten die Jungen auf der Straße herum – warum auch nicht, wenn einmal etwas los war und die Gemeindeältesten mit zwei Fremden hinter verschlossenen Türen saßen –, doch jetzt waren es Hunderte, die sich mit uns durch das Gedränge in Richtung Grab schoben, schubsten und rempelten. Und als auch noch ein Traktor versuchte, sich einen Weg durch die Menge zu bahnen, wurde es noch schlimmer. Erst als ein Polizist erschien, Funkgerät in der Hand, ließ das Gerangel nach.

»Wohin wollt ihr?«

Abermals brachten wir unsere unglaubwürdige Geschichte vor.

»Nein«, sagte er bestimmt, »das geht nicht. Ihr könnt das Grab nicht besuchen. Ausländern ist der Aufenthalt hier nicht gestattet.« Alan wies ihn darauf hin, dass es kein Gesetz gebe, das den Besuch verbietet. Doch das interessierte den Beamten herzlich wenig. »Seht ihr die Menge da?«, fragte er. »Seht ihr, was hier los ist? Also. Dann geht.«

In den 1920er Jahren hatte Winifred Blackman in Lahun glückliche Wintermonate verlebt, uns hingegen jagte man aus der Stadt. Die Jungen rannten hinter unserem Pick-up her, sprangen auf die Ladeklappe, beleidigten uns in einer Tour und verfolgten uns bis zur Schleusenbrücke.

»Siehst du«, meinte Alan, als er seine Sprache und seinen Humor wieder gefunden hatte, »ich sagte dir ja, dass du verrückt bist, aber du wolltest nicht auf mich hören.«

Der Brite Bimbashi McPherson, der »ein halbes Leben lang« Ägypten erforschte, widmete dem Phänomen des *moulid* eines seiner wenigen Werke. *Moulids of Egypt* erschien 1941 in Kairo und ist bis heute eine nützliche Quelle.

»*Moulids*«, so schreibt er nüchtern und sachlich, »sind volkstümliche religiöse Feste, die zu Ehren eines Heiligen gefeiert werden – in Ägypten normalerweise für einen islamischen Heiligen, entsprechend den Festen und Umzügen, wie sie in Europa (und seinen Kolonien) zu Ehren christlicher Heiliger begangen werden, und obwohl *moulids* bis zum 7. Jahrhundert der Hedschra, also dem 13. Jahrhundert n. Chr., kaum zu einer nationalen Einrichtung wurden und sie auch zwei Jahrhunderte später offiziell nicht im Mindesten als eine solche anerkannt waren, stellen sie in vielen Fälle doch eine Fortsetzung der Feste dar, wie sie schon hunderte, wenn nicht gar tausende Jahre vor der Zeit des Propheten gefeiert wurden.« Nach McPherson sind *moulids* das moderne Äquivalent zu den Götterfeiern im Alten Ägypten. Er führt mehrere Beispiele an, die direkte Parallelen zu den *moulids* von heute aufweisen – wie etwa das alljährlich in der Nähe von Kairo stattfindende *moulid,* eines der berühmtesten, bei dem ein nackter junger Mann mit einer Schnur um den Penis in der Prozession mitgeführt wird, gefolgt von einem anderen, der unablässig an der Schnur zieht, um den Penis erigiert zu halten. Auch der alte Fruchtbarkeitsgott Min erscheint auf vielen Tempelmauern mit einem erigierten Glied in einer Prozession schreitend. Ebenso ist eine Darstellung von Herodot beim Fest des Dionysos bekannt: »Dort zogen Frauen mit kleinen Puppen, etwa einen halben Meter groß, durch die Straßen; die Puppen waren mit Genitalien ausgestattet, fast so groß wie die Figur selbst, die an Schnüren auf und ab gezogen wurden.«

Jedes Dorf in Ägypten hat seinen Scheich oder Heiligen, und einige haben sogar weit mehr als nur einen, Assuan zum Beispiel siebenundsiebzig. Wie viele Heilige es allein in Kairo gibt, hat noch niemand gezählt, wobei es bestimmt Hunderte sind, wahrscheinlich Tausende und möglicherweise noch mehr. Einige wurden in prächtigen Grabmoscheen begraben, die zu Kultzentren wurden – wie etwa die Hussein-Moschee, die Sayyida-Zeinab-Moschee und die Imam-esh-Shafii-Moschee. Andere wurden unter ägyptischer Erde begraben, die wiederum aus dem Staub früherer Heiliger besteht, deren Gräber mit einer einfachen Steinplatte markiert und mit einer kleinen Kuppel versehen sind. Wie auch immer sie begraben sind, zwischen den Scheichs und den Göttern der Antike schienen mir beachtliche Parallelen zu existieren.

In den alten Tempeln hielt man die Götter in einem in sich geschlossenen Bauwerk innerhalb des Tempels, dem Allerheiligsten, vor den Augen der Öffentlichkeit verborgen. Theoretisch konnte nur der Pharao den Gottesdienst abhalten. »Nur er«, schrieb der amerikanische Ägyptologe William Murnane, »durfte vor die Götter treten, wie ein Sohn vor seine Eltern, und als Vertreter der Menschheit handeln.« Doch trotz seiner göttlichen Natur konnte der Pharao nicht überall gleichzeitig sein, und so nahmen Priester im Namen des Pharaos Verbindung mit den Göttern auf. Laien hatten keinen Zugang zum Tempelinneren und vertrauten darauf, dass der Priester Fürsprache einlegte, wenn ihm die Götter aus dem Allerheiligsten erschienen. Die Priester waren in den Vorhöfen der Tempel für die Menschen jederzeit erreichbar, die Götter allerdings erschienen nur einmal im Jahr an ihrem jeweiligen Feiertag.

Wie Bimbashi McPherson herausstellt, lassen zahlreiche Wandbilder an Tempelmauern Ähnlichkeiten zu bekannten christlichen Festen in Europa und Amerika sowie zu hinduistischen Feiern in Indien erkennen. Nach dem Gottesdienst im Tempel bestieg der Gott ein Boot und wurde im Rahmen einer Prozession von seiner allerheiligsten Wohnstatt zu anderen Tempeln und Schreinen getragen – ein Brauch, der sich anlehnt an das weit bekannte Sonnenboot, auf dem der Sonnengott Re mit seinen Begleitern täglich den Himmel befuhr (und obendrein eine Beförderungsmethode, die einem Gott der Flussanwohner geziemte) –, so wie noch heute Madonnenfiguren oder Heilige bei christlichen Wasserprozessionen auf Flößen über Gewässer gefahren werden. Die Leute strömten in Scharen, Bittsteller, Lahme und Kranke, geplagte Seelen, Trauernde und Bekümmerte, manche auch zum Wohlgefallen Gottes, aber alle kamen in tiefster Verehrung, versammelten sich in der Menge, beteten, frohlockten und brachten Weiheopfer dar.

Der Festtagskalender war dicht gedrängt. In Theben beispielsweise beging man unter den Pharaonen des Neuen Königreichs rund sechzig Jahresfeste zu Ehren lokaler, landesweiter oder »großer« Götter, jahreszeitlich bedingte Feiern wie das Neujahrsfest oder das Erntefest sowie bedeutsame militärische Paraden. Die meisten hatten ihre jeweiligen Besonderheiten, und viele überdauerten die griechisch-römische Zeit. Herodot beschrieb das landesweite alljährliche Fest der frohgemuten Katzengöttin Bastet in »ihrer« Stadt Bubastis im Nildelta als das »wichtigste und meistbesuchte Fest von allen«. »Männer und Frauen kommen scharenweise in Booten herbei«, teilt er mit, »Frauen klappern unentwegt mit Kastagnetten, Männer spielen Flöte, alle anderen, Frauen wie Männer, singen und klatschen … Sobald sie Bubastis erreichen, begehen sie das Fest mit ausgesuchten Weihegaben, und es wird mehr Wein getrunken als im ganzen Jahr. Augenzeugen sprechen von gut 700 000 Männern und Frauen, Kinder nicht eingerechnet, die sich alljährlich dort zusammenfinden.«

Einen noch anschaulicheren Eindruck vermitteln Wandbilder in den Tempeln von Edfu und Dendara, zwei der am besten erhaltenen Tempel aus der griechisch-römischen Zeit. Sie zeigen das jährliche Fest der »Schönen Begegnung«, auf dem Hathor, die kuhköpfige Liebesgöttin, auch als Göttin der Freude bekannt, den falkenköpfigen Gott Horus besucht. Jedes Jahr stellten die Priester in Dendara die Statue der Göttin in ihre Barke, die wiederum in ein richtiges Nilboot gestellt wurde, und fuhren damit flussaufwärts zum Horus-Tempel in Edfu. Die Wandbilder zeigen, wie das Boot des Horus das der Göttin im Schlepptau hat und es das letzte Stück durch den Kanal zwischen Tempel und Fluss zieht. Die beiden Gottheiten wurden dann gemeinsam in das Allerheiligste des Edfu-Tempels getragen, wo man sie zur ungestörten Liebesvereinigung allein ließ. Anschließend kehrten sie wieder zu ihren Barken zurück, und Horus eskortierte Hathor bis zur Grenze seines Territoriums. An den Gestaden tanzten die Männer, und die Frauen schlugen Rasseln, als sie vorbeifuhren.

Eines der wichtigsten Feste im Jahreskreis fand an den großen Tempeln von Karnak und Luxor statt, die Amun geweiht waren, dem Stadtgott von Theben und späteren Gott des Reiches. Vor allem zu der Zeit, als Luxor das Machtzentrum Ägyptens war, als Pharaonen dort lebten und bestattet wurden, wurde das Fest zu Ehren Amuns besonders aufwändig begangen. Davor, zur Zeit der frühgeschichtlichen Dynastien, war Amun eine unbedeutende Gottheit, die nur lokal verehrt wurde. Nicht einmal in den Pyramidentexten im 24. Jahrhundert v. Chr. fand der Gott Erwähnung. Früheste Darstellungen zeigen ihn als Gans oder Widder, aber mit zunehmender Macht wurde auch sein Bildnis klarer und definierter. Amun wurde fortan nicht mehr als Gans versinnbildlicht (wenngleich die vielen Namen, unter denen er später bekannt wurde, seine Vergangenheit als »gackerndes Huhn« verraten), sondern nur noch mit dem Widder in Verbindung gebracht, eine Identifikation, die bis zum Ende der heidnischen Zeit überliefert ist.

Während der elften Dynastie war Montu, der Kriegsgott, die bedeutendste Gottheit in Theben. Die vier Dynastien, die der thebanischen Führung vorausgehen, werden von Ägyptologen als Erste Zwischenzeit zusammengefasst, eine Zeit des Chaos und der Dezentralisation, die auf das Alte Königreich folgte. 2060 v. Chr. gelang es dem thebanischen Prinzen Mentuhotep – sein Name bedeutet ›Montu ist bereit‹– , das Land zu einen. Theben wurde neue Hauptstadt. Im darauf folgenden Jahrhundert, unter Pharao Amenemhet I. (›Amun ist an der Spitze‹), wurde Amun zum Hauptgott von Theben. Und obwohl er infolge einer Periode der Fremdherrschaft zeitweilig in den Hintergrund geriet, wuchs sein Einfluss über Tausende von Jahren stetig an, bis er später als höchster ägyptischer Reichsgott verehrt wurde.

Während der Periode des Neuen Königreichs (1570–1070 v. Chr.) wurde der Tempelkomplex bei Karnak zu einer eigenen Stadt, deren Reichtum im Laufe der Jahre durch die Großzügigkeit der Pharaonen weiter anstieg. Unermessliche Schätze flossen ihr zu. Eine

Inschrift in Karnak besagt, dass Tuthmosis III., einer der großen Kriegskönige, der 1504–1450 v. Chr. regierte und sein Reich über den ganzen Mittleren Osten ausbreitete, dem Gott Amun Felder und Ländereien schenkte, Vieh, Gold, Silber und Lapislazuli, des weiteren 878 Kriegsgefangene aus Afrika und Asien sowie drei eroberte Städte, die eine jährliche Abgabe an den Gott zu leisten hatten. Andere Pharaonen des Neuen Königreichs waren ebenso großzügig und ebenso eifrig darauf bedacht, dass ihre Großzügigkeit auf den Tempelmauern für die Nachwelt festgehalten wurde. Eine Inschrift in Karnak erwähnt, dass Sethos I. »alles Silber und Gold, Lapislazuli, Malachite und kostbare Steine, die er aus dem Land Syrien herbeigeschafft hatte« zum Geschenk machte.

Nichts ist so erfolgreich wie der Erfolg. Je reicher und mächtiger Amun wurde, desto mehr erhielt er zum Geschenk. Keinem anderen ägyptischen Gott hat Ramses III. reichlicher geopfert als Amun. Es wird berichtet, dass von den Weihegaben, die der König den Göttern spendete, drei Viertel Amun zufielen – 86 486 Sklaven, eine halbe Million Stückvieh, fast 900 000 Landparzellen, 2756 göttliche Figurinen in Gold und Silber. Diese und viele andere Geschenke trugen zur Ausdehnung der Stadt bei, weshalb Theben auch die »hunderttorige Stadt« genannt wird, »in der haufenweise kostbare Goldbarren funkeln«, wie Homer bemerkte.

Die Verwaltung der Tempelstadt oblag einer zentralen Behörde, welche die Instandhaltung des Gotteshauses und der Schatzkammern regelte sowie das Landwirtschafts- und Personalwesen leitete. Es gab Schreiber und Handwerker, Steinmetze, Maurer und Maler, Pförtner und Putzleute sowie auch eine eigene Polizeieinheit des Gottes. Alle diese Menschen dienten der großen Priesterschaft, die ihrerseits wiederum, wie alles andere auch, der pyramidenförmigen Rangordnung entsprechend streng hierarchisch gegliedert war. An der Spitze der Pyramide des Priesterstandes stand, wie auch sonst überall, der Pharao. Ihm untergeordnet waren während des Neuen Königreichs der erste, zweite und dritte Prophet, der göttliche Vater und die niedrigsten Priesterränge. Mit zunehmender Macht Thebens erhielten die Hohepriester des Amun auch die Autorität über andere Tempel. Der erste Prophet des Amun beaufsichtigte die Priesterschaft im ganzen Land; Amuns zweiter Prophet soll als Hohepriester von Heliopolis, dem antiken Kultzentrum, gewaltet haben. Bis 1080 v. Chr. fühlte sich die Priesterschaft stark genug, völlig ohne den Pharao auszukommen, annektierte den südlichen Landesteil und gründete eine Dynastie, die 135 Jahre lang über Oberägypten regierte und zwei Drittel der gesamten Tempelländereien, 90 Prozent aller Schiffe und 80 Prozent aller Betriebe besaß. Und nun stelle man sich die Menschenmassen vor, die in Theben eintrafen, um das große Fest des Opet zu feiern – Priester und Haushalte von Karnak, von Luxor, von der Nekropole auf der anderen Seite des Flusses sowie von den Städten und Tempelanlagen aus dem ganzen Land.

Zahlreiche Inschriften, die auf den Mauern des Tempels von Luxor erhalten sind, geben Aufschluss über Begebnisse beim großen Fest des Amun. Wieder einmal packte ich meine sieben Sachen, Notizbuch und Stift und machte mich auf nach Süden.

»Wohin diesmal, *ya basha?*«, fragte Ibrahim, als ich ihn aus seinem Nickerchen hinter dem Lenkrad riss. Seit meinem Besuch bei dem Scheich in el-Ashar und dem *moulid*-Hussein begegnete mir Ibrahim so, wie er einem entfernten Mitglied der Familie seiner Frau gegenübertreten würde, mit einer gewissen Zuneigung. »Zum Flughafen.« – »Wieder Luxor?« Er fragte, wie viel das Flugticket kostete, und bot an, mich hinzufahren. »Wir fahren zusammen hin. Das ist billiger und besser.« Ich stellte mir die Fahrt vor, die Straßensperren, die Sicherheitsprobleme und Ibrahims Fahrstil. Vorsichtshalber sah ich noch einmal nach meinem Ticket. Es steckte noch in meiner Tasche.

»Ibrahim«, sagte ich, »ich würde lieber zum Mond fliegen als nach Luxor fahren.«

»Ja, ich auch«, entgegnete er nur und hatte seine vergebliche Liebesmüh wohl eingesehen.

Zum Flughafen waren wir eine Stunde lang unterwegs, und wenn er – »der Reiseführer ohne Aufpreis« – gerade einmal nicht auf diese oder jene Sehenswürdigkeit hinwies, wie etwa eine neue Moschee oder den Präsidentensitz, löcherte er mich in einem fort mit Fragen.

»Was sagt denn deine Frau, wenn du sie so lange mit den Kindern allein lässt?«, fragte ich zurück.

»Sie wird dir dankbar sein, dass sie mich für ein paar Tage los ist, und dann dem Propheten danken, dass er ihre Bitten erhört hat«, flachste er und brach in sein typisches kehliges Lachen aus.

»Wenn ich in Luxor bin, bringe ich am Grab des Scheichs Abu el-Haggag ein Opfer dar für dein dauerhaftes Eheglück.«

»Du kennst Abu el-Haggag?«, fragte er überrascht.

»Wer kennt diesen großen Scheich nicht? Ich bin auf dem Weg zu seinem *moulid*.«

»Gott segne dich und den Scheich, ya Anthony«, sagte er, und ich glaube, er meinte es auch so, denn als wir um den Fahrpreis feilschten, mussten wir nicht einmal groß streiten.

»Gott segne dich, ya Sidi Abu el-Haggag.«

Die Morgensonne tauchte die Corniche, die Uferstraße, in ein weiches Licht, und hinter der *Mecca* funkelte die Kielspur der alten Fähre mit ihrem eisernen Rumpf, die zur ihrer kurzen Pilgerfahrt über den Nil setzte. Ganze Sippschaften aus dem Dorf scharten sich unter Bäumen zusammen. Wahre Massen bevölkerten die Uferstraße: beflissene Straßenhändler und Höker, Schuhputzer und Bohnenverkäufer, Kutschfahrer, die mit ihren lauten Rufen »Hallo, calèche!« und dem harten Akzent alles übertönten, Kuchenverkäufer, Zeitungsjungen, Männer mit Tabletts voller Brot und Teigkringel. Es wurde mehr feilgeboten als sonst, und somit – eine einleuchtende Folgerung – musste es auch mehr Käufer geben.

Ich hielt an, betrachtete das bunte Treiben an der Uferstraße, die ausnahmsweise einmal von Ägyptern und nicht wie sonst von Ausländern bevölkert war , als mich plötzlich ein junger Mann ansprach und sich als Mahmoud vorstellte. Er folgte meinem Blick zum antiken Tempel und zur Abu-el-Haggag-Moschee, die hoch über den Kolonnaden sitzt wie ein Storch in einem gefährlich unsicheren Nest, und bot dem Scheich einen Segensspruch dar. »Sind Sie zum *moulid* hergekommen?«, fragte er.

»Ja, ich bin zum *moulid* hier, *alhamdulillah.*«

Mahmoud sagte weitere Segenssprüche auf, dieweil ich ihn musterte und nach Anzeichen für religiösen Fanatismus suchte, denn mein Erlebnis mit Khalid am *moulid*-Sayyida-Zeinab in Kairo war mir noch lebhaft in Erinnerung. Keine »Rosine«, jene dunkle blaurote Schwiele, die absichtlich auffällig auf immer mehr Stirnen zur Schau getragen wird, um aller Welt zu zeigen, dass man die meiste Zeit niedergeworfen vor Gott verbringt. Kein Bart. Keine Spur von Aggression. Offenbar keine Gefahr für mich.

Mahmoud war in Luxor geboren und aufgewachsen, hatte erst vor kurzem seine Ausbildung zum *mohandis* (Ingenieur) an einer Kairoer Universität abgeschlossen und war extra zum *moulid* nach Luxor gekommen. »Egal, wo ich gerade bin – ich könnte auch auf der anderen Seite der Welt sein –, für Sidi Abu el-Haggag würde ich jederzeit zurückkehren. Warum? Weil er ein guter Mensch war. Weil er unsere Stadt gerettet hat, wie man sagt. Zudem ist den Leuten, die in Not waren und Scheich Sidi Abu el-Haggag um Hilfe gebeten haben, viel Gutes widerfahren. Aber wir sollten nicht hier herumstehen und reden. Wir sollten lieber dem Scheich Guten Tag sagen. Kommen Sie mit, lassen Sie uns gehen!«

Doch gerade in diesem Augenblick ertönte die Stimme des Muezzin, der die Gläubigen zum Gebet rief, und so wie die Worte *la illaha illa'allah* (»Es gibt keinen Gott außer Gott«) in den alten Säulengängen vor uns widerhallten, entschuldigte sich Mahmoud höflich. Er musste gehen. »Aber vielleicht treffen wir uns morgen wieder hier. Ich möchte Ihnen gern die Prozession zeigen.«

Jussuf Abu el-Haggag, der große Scheich, hätte sich vermutlich empört, hätte man ihn mit den Ungläubigen verglichen, die in Ägypten in der Zeit vor den Propheten Mohammed und Eissa (Jesus) lebten. Jussuf Abu el-Haggag wurde in Bagdad geboren. Als Nachkomme des Kalifen Ali und demzufolge direkter Nachfahre des Propheten reiste der Scheich zuerst nach Mekka und dann nach Ägypten. Der Legende nach kam bei der Fahrt über das Rote Meer ein Sturm auf, und die Pilgerflotte versank. Doch der Scheich, der sich wohl an Moses oder Jona erinnert fühlte, betete zu Gott, und sein Boot wurde als Einziges gerettet. Zunächst studierte er in Kairo bei verschiedenen Sufi-Orden und ging dann nach Luxor.

Damals war Luxor ein kleines Dorf inmitten großer Ruinenstätten an den Ufern des Nil. Regiert wurde es, so die Legende, von einer einflussreichen Frau namens Sitt Towzah. Die *sitt* war von der Ankunft des Fremden nicht sonderlich begeistert, doch, gepriesen sei Allah, der Scheich umwanderte das ganze Dorf und umfasste es mit einem einzigen Faden. Damit hatte er den Ort unter seine Kontrolle gestellt, und es gab nichts, was die *sitt* hätte dagegen tun können.

Abu el-Haggag lebte viele Jahre in Luxor, wo er eine *tariqa* (wörtlich ›Weg‹ oder ›Pfad‹) gründete, einen Versammlungsort zu Gebet und Unterricht. Auch nach seinem Tod im Jahre 1243 wurde ihm auf Grund seines hohen Ansehens so reich geopfert, dass sein Grab mit einem wahren Schatzteppich bedeckt wurde. Luxor wurde zu einer Pilgerstätte für Muslime, die dem Scheich huldigten. Um sein Grab baute man eine Moschee, die auf den Ruinen des alten Tempelbereichs von Luxor errichtet wurde, welcher unter Jahrhunderte alten Nilschlammablagerungen, Wüstensand und menschlichen Überresten begraben liegt.

Viele arabische Reisende haben von ihrem Besuch der Abu el-Haggag-Moschee zwar berichtet, das *moulid* zu Ehren des Scheichs aber nirgendwo erwähnt. Nach der Entzifferung der Hieroglyphen wurden viele Bücher über Luxor geschrieben, doch kaum etwas über den Scheich. Auch in Gardner Wilkinsons Werk *Modern Egypt and Thebes*, das 1843 als erster maßgebender Reiseführer durch Ägypten erschien, findet der Scheich keinerlei Erwähnung. Wohl aber bemerkt Wilkinson an anderer Stelle: »Die Beobachtung des Herodot, dass die Ägypter nicht ohne einen König leben können, könnte eine Parallele darin finden, dass ein Leben ohne Göttertempel für sie ebenso undenkbar wäre. Und trotz der islamischen Glaubensvorschriften, wonach keiner anderen Gottheit die Ehre, die Gott allein gebührt, zuteil werden soll, hat keine Religion der Antike oder der heutigen Zeit einen größeren Festkalender der Götter und Gottkönige hervorgebracht.«

Lucie Duff Gordon wohnte den Feierlichkeiten 1864 bei: »Scheich Jussuf führte mich in das Grab seines Ahnen, Scheich Abul Haggag, des großen Lokalheiligen, und die ganze Gesellschaft sprach ein Fattah für meine Gesundheit. Das geschah in der Nacht vom Freitag, während des *moulid* des Scheichs.« Im darauf folgenden Jahr, als es mit ihrer Gesundheit bergab ging, stellte man sie dem besonderen Schutz des Heiligen anheim. »Ich musste mich in die grüne seidene Grabdecke wickeln lassen, die abgenommen wurde, um sie in der Prozession mitzutragen, einerseits zum Wohle meiner Gesundheit, andererseits als eine Art Aufnahmeritus in die Familie.« 1866 kehrte sie zum Ausklang des *moulid* von Kairo nach Luxor zurück. An jenem Abend wurde auf dem Gelände um das Grab fröhlich und ausgelassen gefeiert, doch »am Tag nach meiner Ankunft war der große und letzte Festtag. Die Prozession war zwar alles andere als klein, aber gar nicht so fröhlich und ausgelassen – die Nachwehen der vergangenen Nacht.« Am letzten Abend des *moulid* allerdings, am *layla kebira*, sah die Welt schon wieder anders aus.

Der letzte *moulid*-Abend war der eigentliche Höhepunkt des Festes, bis dahin hatten sich die Feiern und religiösen Heilighaltungen über eine Woche hingezogen. Dieser Abend fiel zudem in die Mitte des islamischen Monats Sha'ban und ist für Muslime insofern von großer Bedeutung, als sie glauben, dass sich an diesem Abend ihr Schicksal für das kommende Jahr entscheidet. Während Muslime in aller Welt den Abend eher verhalten begehen, wird in Luxor geradezu ekstatisch gefeiert.

Dieses Mal näherte ich mich der Abu-el-Haggag-Moschee von der Flussseite her. Und wie sie so da hing, oberhalb des Vorhofes des Luxor-Tempels, sah sie noch gefährlicher aus, als ich sie in Erinnerung hatte. Das ganze weiß gekalkte Gebäude war mit bunten Lichterketten behangen, die wie ein Signalfeuer über den verdunkelten heidnischen Schreinen prangten.

Durch die gelb gefärbte Nacht hämmerten Bässe, Beschwörungsformeln und Gebete. Die Corniche war gedrängt voll, der Gehsteig rutschig glatt von fortgeworfenen Bohnenhülsen und Sonnenblumenkernen. Kinder mit glänzenden Zauberhüten stürmten auf mich ein – »Ein Ausländer! Ein Ausländer!« –, bis ihre Eltern sie zurückriefen.

Luxors Uferstreifen hatte man vorzeigbar herausgeputzt, doch gleich hinter der Hauptstraße fand ich mich im altvertrauten Ägypten wieder, abblätternde Farbe und verfallende Häuser, Stufen, von denen mehrmals am Tag der Sand und Staub gekehrt werden muss, durchhängende Stromkabel, offene Türen in die Werkstätten der Schuster und Schreiner. Die meisten Läden hatten geöffnet, und mehrere Kaffeehäuser hatten wegen des plötzlichen Zustroms von Gästen aus dem ganzen Land ihre Bewirtungszonen auf die Straßen ausgedehnt. Ganz im Gegensatz zu Lucie Duff Gordons Zeiten kamen die Menschen in Scharen und gaben ihr Geld vor allem für *moulid*-Spielzeug, Essen, Trinken und Zuckerpuppen aus. Die Puppen waren aus rosarotem Zuckerguss. Es gab sie in zweierlei Gestalt. Eine stellte einen Reiter mit erhobenem Schwert dar. Für dieses Modell haben wohl gleich drei Figuren Pate gestanden: Antar aus der Abu-Zayd-al-Hilali-Geschichte; Mir Girgis, der koptische Heilige Georg mit seinem schlagenden Schwert, oder der Gott Horus, der den Tod seines Vaters Osiris rächt. Die andere Puppenfigur hatte die Gestalt einer Frau mit konisch geformtem Unterbau, schmaler Taille, vollen Brüsten, die Hände an den Hüften. Sie trug einen Rock aus Krepp und Kopfputz aus gefaltetem Papier, der sie wie eine Mondscheibe oder ein Heiligenschein umgab. Ich nahm eine der Frauenfiguren.

»25 Pfund«, sagte der Händler. Ein unverschämter Preis.

»Wer ist das?«

»Die *arusa*, die Braut von Abu el-Haggag.«

»Aber wer war sie?«

»25 Pfund.«

Ich bot ein Viertel des Preises, und wir feilschten hin und her, bis wir uns am Ende einvernehmlich und in gemessener Würde trennten.

Im dichten Gedränge hatte ich alle Mühe, dass die *arusa* nicht beschädigt wurde. »Schau mal, *ummi*«, sagte ein Kind zu seiner Mutter, »der Fremde hat eine *arusa*.« Ihr Bruder kicherte, und die alten Männer sahen weg.

Auch Umm Seti hatte seinerzeit ähnliche Schwierigkeiten, eine Antwort auf die Frage zu erhalten, wen die *arusa* verkörperte. »Niemand scheint den Ursprung dieser Figuren zu kennen«, schrieb sie, »die ausschließlich an *moulids* feilgeboten werden. Da der Koran die Darstellung von Menschen und Tieren verbietet, ist anzunehmen, dass sie aus vorislamischer Zeit stammen, wobei ihre Formen auf einen altägyptischen Ursprung schließen lassen.« Grob geformte Figuren von Göttern, so hob sie hervor, insbesondere des Osiris, wurden schon in der Antike auf religiösen Festen verkauft.

An einer Kreuzung an der Soul-Straße hatte auf einem freien Platz einen von Holzbänken begrenzten Ring aufgebaut. In der Mitte schwangen zwei Männer in langen, bauschigen *galabiyyas*, wie man sie im Süden trägt, anderthalb Meter lange Stöcke über ihren Köpfen, umkreisten einander in einem ritualisierten, beinahe choreografierten Tanz, obwohl die Art, wie sie die Stöcke gegeneinander schlugen, ganz und gar nichts Spielerisches hatte.

Ich setzte mich außen auf eine Bank, gegenüber von zwei Rohrblattpfeifern und einem Trommler, welche die beiden Turnierkämpfer musikalisch begleiteten. Neben mir saß ein gepflegter, angestrengt zusehender junger Mann in den Zwanzigern, der sich auch gleich vorstellte. »Christ?«, fragte er, ohne meine Antwort abzuwarten. »Ich bin Kopte«, fuhr er fort, und damit ich gar nicht erst auf die Idee kam, das anzuzweifeln, schob er zum Beweis seinen Ärmel zurück, um mir das Kreuz zu zeigen, das er sich auf die Unterseite seines Handgelenks hatte tätowieren lassen.

»Das ist ein Kampfspiel und heißt Tahtib«, erklärte er.

»Verletzen sie sich nicht dabei?« fragte ich, während die Stöcke aneinander schlugen.

»Manchmal. Aber die Guten nie.«

Nun standen zwei andere Männer auf, lächelten einander zu und betraten die staubige Arena, um die Stöcke zu übernehmen und die Vorgänger beim Tanz abzulösen, wie Staffelläufer. Eine Zeitlang umkreisten sie einander, schwangen die Stöcke, um das richtige Gefühl für Gewicht, Balance und Rhythmus zu bekommen, wechselten dann und wann die Richtung, begleitet von den langsamen, klagenden Tönen der Musik. Minuten vergingen, dann wurden ihre Bewegungen schneller und mit ihnen die Musik, aus dem Geplänkel entwickelte sich langsam ein Kampf, die Schläge wurden drohender, und das Lächeln schwand. »Yallah!« schrie ein Mann von einer Bank. »Preist den Propheten!«, kam es aus der anderen Richtung.

Immer schneller bewegten sie sich, und immer schneller schwangen sie die Stöcke, Schlag und Abwehr immer weniger betont, bis das nächste Männerpaar aufstand und die Musik ihr Tempo drosselte wie ein Athlet, der eine Pause macht zum Atemholen.

Girgis, mein durchtrainierter Banknachbar, war promovierter Archäologe. Er war stolz darauf, Englisch zu sprechen, und das zu Recht, denn er sprach es sehr gut. Ich fragte ihn, warum er als Christ das *moulid* eines muslimischen Scheichs feierte.

»Wir haben natürlich unsere eigenen *moulids*«, sagte er und rasselte eine ganze Latte koptischer Lokalheiliger herunter. »Abu Sayfein in Gamoulah ist für uns der Größte.«

Über Abu Sayfein, den Vater Zweier Schwerter, auch als St. Makarios bekannt, hatte ich schon gelesen. Georges Legrain, ein französischer Ägyptologe, der in den 1930er Jahren an Ausgrabungen in Karnak beteiligt war, beschrieb das *moulid*, das alljährlich im August stattfindet, als ein »großes Pilgerereignis ähnlich dem von Abu el-Haggag in Luxor: Wegen des hohen Ansehens, das dieser Heilige genießt, kommen Menschen aus allen Ecken Ägyptens.« Wie Legrain notierte, zog das *moulid* sowohl Muslime als auch Kopten an, hauptsächlich wegen der wundersamen Heilungen, die der Heilige vollbracht hat – drei bis vier pro Jahr. Insbesondere Besessene und Irre vermochte der Glaubensheld zu heilen. Man hatte Legrain erzählt, dass die Wunder geschähen, da die bösen Geister, von denen diese Menschen besessen waren, aus den geplagten Seelen führen, sobald der Heilige erschien. »Was mich besonders erstaunt, ist die Tatsache, dass dieser Glaube älter ist als der Heilige … Hieroglyphen auf einer Bildsäule in der Pariser Nationalbibliothek belegen, dass der Gott Khonsu schon dreitausend Jahre früher Bentresch, die Tochter des Prinzen von Bakhtan, von einem bösen Geist namens Shamaou befreite, von dem sie viele Jahre lang besessen war.«

Ich erzählte Girgis, was ich davon wusste. »Dann verstehen Sie also, warum Muslime und Christen zu den *moulids* der anderen gehen. Auch die Juden. Ja, wirklich. Die Heiligen sind für alle Ägypter da, Kopten und Muslime.« Ich nickte und erkannte schnell, dass nahezu sämtliche dieser fortlebenden Reste alten Brauchtums mit allen Religionen Berührungspunkte haben.

Er zeigte auf meine *arusa*. »Ich sehe, Sie mögen Süßigkeiten.«

»Ich wollte eigentlich nur herausfinden, wer sie war und weshalb sie auf dem *moulid* von Abu el-Haggag in Form von Zuckerpuppen verkauft werden.«

»Die werden auf vielen *moulids* verkauft, aber warum, das weiß ich auch nicht.«

Eine weitere Runde der Stockkämpfe näherte sich ihrem Höhepunkt. Der ältere der beiden Kämpfer zeigte, wie geschmeidig und wendig er noch war. Es machte ihm sichtlich Spaß, seinen jüngeren Gegner herumzujagen.

»Und warum der Stocktanz?« Umm Seti erwähnte Inschriften, die von Ritualkämpfen während des Osiris-Festes in Abydos berichten, und auch Herodot nahm Bezug auf einen Scheinkampf, der beim Fest in Papremis mit Keulen ausgetragen wurde. »Glauben Sie, dass dies hier das Gleiche ist?«

»Der Kampf stammt nicht aus alten Zeiten. Er wurde von den Mamelucken eingeführt, um sich bei den *moulids* in Szene zu setzen. Welche Verbindung könnte bestehen zwischen diesem muslimischen Fest und der Zeit der Pharaonen? Die Muslime sind erst nach dem Tode Mohammeds aus Arabien gekommen. Die Kopten aber gab es hier schon immer. Selbst unser Name, der vom griechischen Wort für Ägypten kommt, zeigt, wie eng verbunden wir mit dem Land sind. In den koptischen Kirchen werden Sie daher viele Dinge aus der Zeit der Pharaonen entdecken, bei den Muslimen nicht.« Seinen Worten entnahm ich, dass er in seiner religiösen Tradition zutiefst verhaftet war.

Von der Souk-Straße aus machte ich mich auf den Weg, dem Scheich einen Besuch abzustatten. Zuvor hatte ich meine *arusa* gut eingewickelt und eingesteckt, um die Gefühle des großen Mannes nicht zu verletzen. Über den Feierlichkeiten stand der volle Mond, in den Zelten vor der Moschee wiegten sich noch immer die Anhänger zahlreicher Sufi-Orden singend im Tanz, und Kinder spielten in den umliegenden Gärten. Das Gedränge wurde noch unerträglicher, als ein hohes Tier der Stadt – der Gouverneur oder einer seiner Stellvertreter – sich in seinem abgedunkelten Peugeot, umgeben von einer menschlichen Schutzsperre aus Leibwächtern und Polizeieskorte, einen Weg durch die Menge zu einem der Festzelte bahnte.

Das vorbeifahrende Auto presste uns zu einer einzigen festen Masse zusammen wie Sand in einem Eimer, die sich zum Grab des Scheichs vorwärtswälzte. Ich wurde in der Menge vorangeschoben, die Stufen hinauf, vorbei an Bettlern und Bittstellern, bis zu einem ersten Halt vor einer Tür, die sich nicht öffnen ließ. »Tür der Seele« nannte man sie, die geheime Tür, durch die Abu el-Haggag und seine himmlischen Heiligen gingen. Sie erinnerte mich an die falschen Türen antiker Grabstätten, wo Opfergaben niedergelegt wurden und die Seele eines Toten hindurchging.

»Gott segne dich, ya Sidi Abu el-Haggag.«

In der Kammer neben dem Grab des Heiligen hatte sich eine Gruppe Andächtiger versammelt – eine Sufi-Bruderschaft, wie ich aus ihrem rituellen Gesang schloss. Vom Korridor aus beobachtete ich sie, wie sie von den wiegenden Bewegungen der eng geschlossenen Männerreihen und dem Gleichklang der wenigen weiblichen Singstimmen in Trance versetzt worden waren, den Scheich anriefen, seine Tugenden priesen, seiner Taten gedachten, ihn Gott befahlen, die Stimme des Vorsängers hoch und verzerrt, der Antwortgesang ein tiefes, erdiges Einheitsbrummen. *Allahu.* Bilder aus westlichen Fernsehnachrichten und die dazugehörigen Berichte über muslimischen Fanatismus stiegen vor meinen Augen auf. Auf eine Art war es fanatisch, extrem, bis zum Äußersten getrieben. Gleichzeitig berührte es mich wie nur wenige Dinge in meinem Leben. Hier der große Scheich Sayyid Jussef Abu el-Haggag in all seinem Glanz; unter uns und seiner Moschee ein Tempelbereich, der aus Respekt vor dem Heiligen nicht freigelegt wird; zwischen dem Ende der heidnischen Ära und dem Aufkommen des Islam hatten die Christen den Tempel als Kirche benutzt. Wie es ist, wenn die Religionen verschmelzen, erlebte ich nun selbst mit. Seit dem Beginn der Geschichtsschreibung wurde dort im Namen Allahs und seines Propheten Mohammed, im Namen des Vaters und seines Sohnes Jesus, im Namen der großen Gottheiten Amun, Mut und Khonsu, der Dreieinigkeit Thebens, gebetet, Brot wurde gebrochen, Blumen und Bilder wurden dargebracht, Tiere geschlachtet und Kranke zur Heilung gebracht. Wie ich die Sufis betrachtete und die vielen Menschen, die hierher pilgerten, um für den Scheich zu beten und seinen Segen zu empfangen, war ich mir sicher, dass Muhammad aus el-Ashar Unrecht hatte: Das hier war Islam, Christentum, Judentum und alle heidnischen Kulte in eins – entsprechend erwidert durch diese Menschen hier. Und eines ließ mich diese Erfahrung auch begreifen: Durch all die Jahrtausende hielten die Ägypter, egal welcher Konfession, an dem Glauben fest, dass sie die Seelen verstorbener Heiliger jederzeit anrufen können, um ihr irdisches Dasein zu verbessern.

Ich traf Mahmoud noch vor den Mittagsgebeten und schlug ihm vor, zusammen zum Luxor-Tempel zu gehen.

»Ich bin doch kein Tourist. Das hier ist meine Heimatstadt«, meinte er amüsiert.

Vor einhundert Jahren hatte man auf dem Tempelgelände Schlamm und Schutt abgetragen und all die Bauten, die den Glanz der Pharaonen trübten, gleich mit – alle, bis auf die Abu-el-Haggag-Moschee. Auf dem Weg zum inneren Sanktuar des Tempels kamen wir unter der Moschee durch, die über der Tempelmauer hängt, über dem Dach, deren Tür sich hinaus in dünne Lüfte öffnet. Wäre ich Fotograf, hätte ich bestimmt schon mehrere Filme mit diesem Motiv verschossen, denn in ganz Ägypten habe ich nichts gesehen, was die übereinander geschachtelte Bauweise, das Absorbieren der Traditionen durch verschiedene Kulturen, so perfekt zum Ausdruck bringt: Herodot von Bibeltexten überschrieben, dieses und jenes vom Koran – wie Lucie Duff Gordon es formuliert, deren Haus ebenfalls einmal hier gestanden hat.

An den Wänden des Säulengangs, den der mächtige Pharao Amenophis III. im 14. Jahrhundert v. Chr. zu Ehren des Amun erbauen ließ, fand ich, wonach ich suchte.

»Was tun die da?«, fragte Mahmoud.

»Sind Sie noch nie hier gewesen?«

»Doch natürlich, aber mir hat noch nie jemand erklärt, was das ist.«

»Das ist die Beschreibung des großen Opet-Festes.« Davon hörte er offenbar zum ersten Mal. »Das Opet-Fest war eine der wichtigsten Festlichkeiten der Pharaonen, wobei der Gott Amun, seine Frau Mut mit dem Kind Monshu – die drei Götter Thebens – aus Karnak zum Luxor-Tempel kamen.«

Während der Herrschaft Tutanchamuns, wenige Jahrzehnte nach Amenhoteps Tod, wurden die Wände des Säulengangs mit gemeißelten Reliefs ausgeschmückt. Sie zeigen einen Knabenkönig im Tempel von Karnak, der vor den heiligen Barken der Götter betet. Die Boote wurden dann auf Stangen gehoben und mit Gesang und Klatschen zum Tempeltor getragen. Zu jener Zeit war Karnak durch einen Kanal mit dem Nil verbunden, und die heiligen Barken wurden mit Unterstützung der Volksmenge, die vom Ufer aus an Tauen zog, auf Flussboote gehoben und von Segelbooten nach Luxor geschleppt. Vom Ufer in Luxor, nicht weit von dem Punkt, an dem ich gerade stand, wurden die Götter von Priestern in den Tempel gebracht, begleitet von tanzenden Mädchen. Es war ein Fest der Erneuerung, ein Fest der Fruchtbarkeit, das in der Zeit mitten zwischen zwei Nilfluten gefeiert wurde. Der Amun im Tempel von Luxor wies in Vergleich zu dem in Karnak beträchtliche Unterschiede auf. Der Amun in Luxor, so der Ägyptologe William Murnane, »war eine dynamische Entität, die ursprünglich möglicherweise die unerschöpfliche Fruchtbarkeit der Erde darstellte.« Das Fest hatte seinen Namen von der innersten Tempelkammer, dem Opet, oder den privaten Gemächern, wo man die Götter allein ließ, um zu feiern, und wo dem Glauben nach der Pharao und seine Frau ein Hochzeitsritual vollführten, bei dem die Zeugungskraft des Pharaos erneuert wurde. Abu el-Haggags Grab hatte man über dem Schrein errichtet, an dem die Götter Amun, Mut und Khonsu auf ihrem Weg zum Opet-Sanktuar im Tempel innehielten. Aber das hatte zum Zeitpunkt des Baus wohl kaum jemand ahnen können.

Beim Anblick der Reliefs stand Mahmoud vor Staunen der Mund offen.

»Was erstaunt Sie denn so?«, fragte ich.

»Ich habe darüber nachgedacht, woran mich das erinnert.«

Da fiel mir ein, dass ich am Abend zuvor ein kleines Modell eines Bootes gesehen hatte, das von der Decke im Grab des Scheichs hing, und dass Umm Seti ähnliche Boote erwähnte, die als Grabbeigabe in den Gräbern bestimmter Heiliger hingen, um diese über den Nil ins nächste Leben zu bringen. Ein Kapitel im Buch der Toten, in Altägypten ein wichtiger Wegweiser zu einem glücklichen Leben nach dem Tod, so hob sie hervor, trug sogar die Überschrift »Auf einem Boot durch die Unterwelt«.

»Nein«, sagte Mahmoud, »es ist doch nicht das, was ich meinte.«

»Was denn?«, hakte ich etwas mürrisch nach, enttäuscht, dass die so greifbar scheinende Verbindung plötzlich abriss.

Wie sehr mir daran gelegen war, hier eine Verbindung zu finden, einen lückenlosen Zusammenhang, wie stark ich die Kraft einer solchen Kontinuität bei den Sufiritualen am Abend zuvor erlebt hatte – das konnte er nicht wissen. Er wusste nichts von meiner Suche, meinem dringenden Bedürfnis, Beziehungen zwischen Vergangenheit und Gegenwart herzustellen. Was bedeutete ihm das schon? Leeres Touristengeschwätz.

»Kommen Sie, gehen wir zur Prozession«, sagte er, »und Sie werden verstehen, warum mich das, was ich hier sehe, erstaunt.«

Reihenweise säumten die Ägypter die Straßen um die Moschee und den Tempel.

»Wo sind denn die Ausländer?«, fragte Mahmoud. »Machen sie sich nichts aus Sidi Abu el-Haggag?«

»Wohl nicht. Oder es hängt damit zusammen, dass man ihnen im Touristenbüro gesagt hat, das Fest fange um vier an.«

»Warum sollte man ihnen das gesagt haben?«

»Sicherheitsgründe?«

»Hier gibt es aber keine Terroristen.«

»Woher wollen Sie das wissen? Immerhin haben sie verkündet, dass den *moulids* ein Ende bereitet werden sollte.«

»Das sollen sie nur mal versuchen«, sagte er aufgebracht, »wir werden Sidi Abu el-Haggag auf immer und ewig verehren. Daran kann niemand etwas ändern.«

Nach den Mittagsgebeten verlief sich die Menge und verteilte sich in den Straßen. Einige waren sogar aus dem weit entfernten Assuan oder Alexandria angereist, um Abu el-Haggag zu ehren. »Wir lieben ihn eben«, wie mir jemand erklärte, der zufällig neben mir stand.

Die Sicherheitskräfte verloren schon bald die Kontrolle über den weiteren Ablauf, und als die Menge der Anbeter sich von der Moschee aus in Bewegung setzte, sperrten sie den Prozessionsweg ab. »Wir fangen verspätet an, aber das wird uns der Scheich nachsehen, da bin ich sicher.«

Dann brach der Lärm erst richtig los, und von hinten spürte ich ein Schieben und Stoßen. »Schnell«, stieß Mahmoud hervor, als müsste ich irgendwo hin, »sie kommen, es geht los!«

Die Menge drängte vorwärts, schwarz uniformierte Polizei blies ihre Trillerpfeifen, ebenso die Menge, Stimmengewirr, Jubelgeschrei, und die Prozession setzte sich in Bewegung, ganze Traktorflotten, Laster und Jeeps, alle üppig geschmückt zu Ehren des Schutzheiligen der Stadt. Ein Traktor bog um die Ecke und zog etwas, das ein Segel hatte.

»Schauen Sie«, rief Mahmoud triumphierend. »Da kommen sie. Die Boote, die wir durch die Stadt tragen. Genau wie auf den Wandbildern, die Sie mir im Tempel gezeigt haben.«

Er deutete auf ein Holzboot mit einem Segel, eine etwas vereinfachte Ausgabe des mit Lateinsegeln bestückten Nilboots, das seit Pharaos Zeiten in Benutzung ist. Auf Räder gehoben, wurde es direkt auf uns zu gezogen. Dahinter konnte ich zwei weitere Boote erkennen, auf denen an Stelle der thebanischen Dreieinigkeit Amun, Mut und Khonsu Kinder aus Luxor saßen. Süßigkeiten wurden geworfen, lauter Jubel brach los und jede Menge Lobpreisungen auf Abu el-Haggag.

1925 war ein Fotograf mit Namen Harry Burton vom Metropolitan Museum in New York in Luxor, um das gerade erst geöffnete Grab Tutanchamuns für Howard Carter zu fotografieren. Dabei bot sich auch die Gelegenheit, Bilder von der Prozession zu Ehren Abu el-Haggags zu machen, was er auch tat. Er fotografierte drei Feluken in voller Größe, die zu Ehren des Scheichs um den Tempel herumgezogen wurden.

In einem Artikel in der anthropologischen Zeitschrift *MAN* von 1983 werden Ägyptologen in der Annahme bestätigt, dass die Bootsprozession »ein dunkles Überbleibsel des großen Wasserfestes des Opet« ist.

Die Boote bogen in die Corniche. Um die Moschee zu umrunden, müssten sie auch um den antiken Tempel getragen werden. Mahmoud geriet aus dem Häuschen, als er mich auf die Analogie mit dem antiken Fest aufmerksam machte.

In einem Film, den die Anthropologin Elizabeth Wickett über *moulids* drehte, erwähnt sie die göttliche Energie, die durch den Akt der »Umrundung« freigesetzt wird. »Er ist es, der uns das Gefühl der Erneuerung verleiht«, sagte einer der Anhänger des Scheichs. Mahmoud und die Massen um uns herum schienen dieses Gefühl der Erneuerung zu spüren. Natürlich war das hier keine bewusste Imitation der Prozession, in der vor dreieinhalbtausend Jahren die heidnische Triade um den Tempel getragen wurde, und ganz sicher war auch niemandem eine Kontinuität, eine ununterbrochene Fortdauer in der rituellen Handlung der Umrundung bewusst. Doch zweifelsohne versammelten sich die Anhänger des Scheichs heute aus dem gleichen Grund hier wie damals die Verehrer des Amun: Um sich für einen Moment von all ihren Hemmnissen, ihren Problemen befreit zu fühlen, um den Segen in sich zu fühlen, um einen kurzen Einblick zu bekommen, ein Erinnerungsbild an etwas Heiliges. Während der Feier ließen sie ihren Gefühlen freien Lauf und kehrten heim in dem Gefühl, aufgerichtet und erneuert worden zu sein.

Das nächste Boot, das vorbeizog, trug einen Transvestiten, einen Mann in einem Kleid, schlecht geschminkt, der die Lippen zum Kuss spitzte und sich putzte, seinen Rock hochzog und mit den riesigen Brüsten jonglierte. Er versuchte, die Menge aufzurühren – Schluss mit der islamischen Sittsamkeit, ich jedenfalls fühlte mich an den Amun von Luxor erinnert, den Fruchtbarkeitsgott mit dem mächtigen Penis. Der Transvestit rief laut in die Menge hinein, kreiste mit den Hüften und streckte sein Becken vor. Ein paar junge Mädchen riefen zurück. Neben mir vergaß sich eine so weit, dass sie es ihm gleichtat, ihre Brüste prall nach oben schob, die Lippen schmollend aufwarf und ihm hinterher schrie, bis ihre Freundinnen sie brüllend vor Lachen wieder auf den Boden holten.

Gerade war ich dabei, die Scheich-Prozession auf meine Liste der bestätigten Überbleibsel aus vergangenen Zeiten zu setzen – da ich sie genauso überzeugend fand wie die Fruchtbarkeitsriten und die Friedhofsbewohner –, als ein Traktor mit noch einem Boot im Schlepptau um die Ecke bog. Insgesamt war dies das Vierte. Von vier Booten in der Scheich-Prozession hatte aber nie jemand gesprochen. Also doch kein alter pharaonischer Brauch? Selbst Mahmoud kamen Zweifel.

»Ya Anthony«, verkündete er beinahe verteidigend, »ich sehe schon das nächste Boot.«

»Fünf Boote, Mahmoud? Wie kann das sein?«

Er überlegte einen kurzen Moment und kam dann, fast schon gleichmütig, zu dem Schluss: »Das ist eben Ägypten. Wir entwickeln uns immer weiter, nichts bleibt also gleich. Letztes Jahr waren es drei Boote. Dieses Jahr sind es fünf. Und Allah allein weiß, wie viele Boote Sidi Abu el-Haggag nächstes Jahr beehren werden. Aber eine Sache – und nur eine Sache – weiß ich ganz sicher. Boote wird es geben, wie seit eh und je, und es wird Menschen geben, die sie dem Scheich zu Ehren bejubeln.«

# Mr. Magic

So sehr blühten die Praktiken der Magie im Alten Ägypten um 3000 v. Chr., dass der bloße Name des Landes als Synonym dafür in unsere Sprache eingegangen ist.

*Idries Shah*

»Hier wissen viele Leute Geschichten über wundersame Dinge zu erzählen«, erklärte Gamal, »denn hier sind einfach viele wundersame Dinge passiert. Und sie passieren noch. Ganz Ägypten ist bekannt für seine magischen Kräfte, aber die Gegend hier, Luxor, Tot, Armant und Esna, ist besonders berühmt dafür.«

Gamal al-Hagaggi, ein mehr oder weniger direkter Nachfahre von Scheich Jussuf Abu el-Haggag, war ein vielseitiger Mann. In seiner äußeren Erscheinung war er grauhaarig, groß, schmal und aufrecht – körperlich wie charakterlich. Nicht weit vom Bahnhof in Luxor betrieb er einen Krämerladen, verkaufte Zigaretten, Süßigkeiten, Getränke, Shampoo, und was man sonst noch so zum täglichen Leben braucht. Zudem sammelte er das volkstümliche Erbe der Region. Ich erzählte ihm von den unveröffentlichten Arbeiten von Winifred Blackman und Umm Seti, woraufhin er mir anvertraute, dass er hunderte Aufnahmen von Leuten gemacht hatte, die alte Geschichten erzählen. Ich fragte ihn nach den magischen Kräften der Scheichs, und er beteuerte nachdrücklich, dass die nicht nur bei islamischen Heiligen bekannt seien. »Das ist ein Phänomen, das bis in die Zeit der Pharaonen zurückreicht«, meinte er noch, und ich schwöre hoch und heilig, dass ich nichts vorgesagt und auch sonst nicht irgendwie nachgeholfen habe. Also ein weiterer Überrest? »Gewiss.«

»Im Koran steht, dass Sayyidra Mousa (Moses) Wunder zu vollbringen vermochte. Sayyidra Mousa wurde in der Nähe von Kairo geboren und von seiner Mutter im Schilf am Nilufer ausgesetzt. Die Tochter des Pharao fand ihn und zog ihn als ihren eigenen Sohn auf. Jahre später führte er die Juden durch das Rote Meer, wozu er auf Grund seiner magischen Kräfte imstande war. Doch die für dich interessantere Geschichte ereignete sich vor diesem Ereignis, nämlich, als er vor den Pharao gerufen wurde, um einen Beweis seiner magischen Kräfte zu liefern.«

Damit nahm Gamal Bezug auf eine Geschichte im Buch Exodus, als der Herr zu Moses und Aaron spricht:

> Wenn der Pharao zu euch sagt: Tut doch ein Wunder zu eurer Beglaubigung!, dann sag zu Aaron: Nimm deinen Stab, und wirf ihn vor den Pharao hin! Er wird zu einer Schlange werden. Da rief auch der Pharao Weise und Beschwörungspriester, und sie, die Wahrsager der Ägypter, taten mit Hilfe ihrer Zauberkunst das Gleiche:
> Jeder warf seinen Stab hin, und die Stäbe wurden zu Schlangen. Doch Aarons Stab verschlang die Stäbe der Wahrsager.

»Glaubst du an Menschen, die unter der Erde wohnen?«, wollte Gamal wissen und steckte sich noch eine Zigarette an.

»Wie die *afarit?*«, fragte ich.

»Nein, das ist etwas anderes. Wenn du einen *afarit* gesehen hast, dann weißt du es. Dann stehen dir nämlich die Haare zu Berge, und dir zittern die Hände. Selbst wenn du denkst, du blickst eine andere Person an, wie mich etwa – wenn ein *afarit* seine Augen öffnet, dann sind sie rot, und du weißt Bescheid.«

»Wie nennst du dann die anderen Menschen?«

»Sagte ich doch bereits«, sagte er leicht gereizt, als ob ich etwas begriffsstutzig wäre, »Menschen, die unter der Erde wohnen.«

Ich musste an eine Geschichte denken, die mir jemand in der Totenstadt von Kairo erzählt hatte, von einer Stadt unter der Stadt, aber ich hielt es für besser, Gamal nichts davon zu sagen. »Nein, von denen habe ich noch nie gehört.«

»Eben lief ein Junge an uns vorbei, der war dort unten und hat bei ihnen gewohnt. Dann kehrte er wieder zurück. Wenn er noch einmal an uns vorbeiläuft, frage ich ihn für dich. Aber die *afarit* sind eine andere Art von Geisterwesen. In Esna kenne ich jemanden, der die Dschinn und *afarit* herbeirufen kann und sie für sich arbeiten lässt. Ein großartiger Mensch, und viele Leute suchen ihn auf.«

»Wozu?«

»Um Hilfe zu erbitten – in Sachen Frauen, oder wenn etwas gestohlen wurde oder man den Zorn Gottes auf jemanden herabwünscht oder um wieder glücklich zu werden oder bei wichtigen Angelegenheiten.«

»Und funktioniert es?«

Gamal sah mich an, als wäre ich ein Dummkopf. »Anthony, es spielt keine Rolle, was ich dir erzähle, ob ja oder nein. Das musst du schon selbst erleben, mit eigenen Augen sehen, sonst glaubst du es nicht. Es ist allerdings schwierig, diese Leute kennen zu lernen. Leute von außen sind nicht gern gesehen. Aber ich habe eine Idee. Ich erzähle ihnen einfach, dass du unsterblich in ein Mädchen verliebt bist, das dich verlassen hat, dass dein Herz gebrochen ist, dass du todunglücklich bist und nichts und niemand dir helfen kann. Du siehst auch irgendwie unglücklich aus, finde ich. In diesem Fall helfen sie dir bestimmt.«

Er unterbrach sich, um einen Jungen zu bedienen, und kam dann wieder zu den Stühlen vor seinem Laden. »Aber es dauert eine Weile. Unterdessen zeige ich dir etwas anderes. Lass uns einen Scheich besuchen.«

Eine der vielen Tugenden Gamals war, dass es ihn genauso glücklich machte, koptische Heilige anzupreisen wie muslimische Scheichs. Und tatsächlich beschloss er, mit einem Kopten zu beginnen. »Hier lebt ein sehr bekannter Scheich namens Anba Junus. Anba bezeichnet eine Art Doktor, einen, der viel studiert hat. Normalerweise braucht man viele Jahre, um Anba zu werden, doch Junus wurde es, als er gerade mal sechs oder sieben Jahre alt war. Wie kann das sein?«

Bis dahin war mir nicht klar, ob das Wunderkind, von dem Gamal gerade erzählte, schon tot oder noch lebendig war, doch allmählich begriff ich, dass er mit mir zu einem Grab gehen wollte.

»In der Kirche gibt es Öl mit magischen Eigenschaften. Es hat schon viele Menschen geheilt. Ich selbst kenne jemanden, dem es geholfen hat.«

Gamal zog das Ladengitter zu und führte mich durch das Zentrum von Luxor zum koptischen Viertel, wo ihn offenbar jeder kannte. Das war äußerst ungewöhnlich, so viel war mir klar, denn normalerweise hielten sich beide Gemeinschaften voneinander fern. »Als Junge«, erklärte er, »habe ich ganz in der Nähe gewohnt. Ich bin mit den Leuten hier aufgewachsen. Damals gab es noch keine Schwierigkeiten zwischen Kopten und Muslimen. Heute ist es fürchterlich, sie bringen sich gegenseitig um, wie im Krieg. Und wofür? Wir beten doch denselben Gott an.«

Nicht alle Muslime teilten Gamals aufgeklärte Einstellung. Kirche, Schule und Verwaltungsgebäude der Kopten wurden scharf bewacht, die Türen verschlossen gehalten, die Mauern waren von Stacheldraht umgeben. Ein älterer Priester erschien am Tor, und Gamal erklärte, warum wir gekommen waren. Der Priester ließ uns warten, kam einige Minuten später zurück, sichtlich verlegen, und entschuldigte sich. Der Mann mit dem Schlüssel zu Kirche und Schrein war nicht aufzutreiben, und so konnten wir Anba keinen Besuch abstatten.

»Dann gehen wir zur Moschee.« Allah hatte eingegriffen und Gamal war keiner, der sich gegen die göttliche Weisung gewehrt hätte.

Wir gingen zurück durch die Stadt in Richtung Nil. Ich hatte eigentlich gemeint, diese Ecke ganz gut zu kennen, erkannte auch einige Ladenbesitzer, das Fernsprechamt, den Duty-Free-Laden, doch Gamal machte mich auf so vieles aufmerksam, dass mich das Gefühl überkam, noch nie zuvor hier gewesen zu sein. Wie konnte ich das alte Kanonenrohr am Straßenrand übersehen haben? Und hockte der Mann, der die landestypische Töpferwaren verkaufte, schon immer auf dem Gehsteig daneben? Gamal erzählte mir so viel über seine Stadt, dass ich, bis wir die Moschee erreicht hatten, die er mir zeigen wollte, unter der Informationsflut förmlich litt. Ich schaffte es nicht mehr, mir den Namen des verehrten Scheichs zu merken, dessen Kräfte aus einer Nische unweit seines Grabes heilendes Öl tröpfeln ließen.

Gamal waren mehrere Krusten an meinem Ellbogen aufgefallen, und er erkundigte sich, ob ich gestürzt sei. Ich erklärte ihm, ich litte seit Kindertagen an einer Hautkrankheit. »Der Scheich wird sie heilen«, versicherte er und betete Namen von Leuten herunter, die durch das Öl genesen waren. »Wir können sie besuchen, wenn du willst, dann kannst du dich selbst überzeugen.« Und um mir die Wirksamkeit der magischen Kräfte des Scheichs zu beweisen, wurde ich gehörig mit kleinen Öltüchern eingerieben.

Ich verabschiedete Gamal vor seinem Laden. »Bis morgen. Bis dahin weiß ich mehr über den Wunderheiler in Esna.«

Ich hatte noch viele Fragen; eine war, ob er zufällig wusste, wie ich an einen *Rifai* komme?

»An einen *Hawi*?«

»Nein. Einen *Rifai*«, wiederholte ich noch einmal deutlicher.

»Ich erkundige mich.«

Auf der Fähre zurück ans Westufer von Luxor saß auf dem Boden vor mir eine Frau in schwarzem Gewand, mit Goldzähnen und Henna gefärbtem Haar. So wie sie da saß, sah sie aus wie eine der drei Hexen aus Shakespeares *Macbeth*, die nur noch auf das nötige

Drum und Dran wartete, um die Beschwörungsformel zu sprechen: »Molchesaug und Unkenzehe, Hundemaul und Hirn der Krähe, auch des Lästerjuden Lunge«..., und was die Hexen sonst noch alles in den Zauberbrei rührten. Mir gegenüber steckte ein alter Mann eine große, mit Tressen besetzte Brieftasche in die Brusttasche der Innenseite seiner Weste – vielleicht war es ja sein Zauberformelbuch, das er vor fremden Blicken verstecken wollte. Ägyptische Magie ist älter als die Geschichte. Clemens von Alexandria, der im 3. nachchristlichen Jahrhundert lebte, nannte sein Land »Mutter der Magie«. In Altägypten war Magie allgegenwärtig, ein zentraler und integraler Bestandteil der alltäglichen religiösen Riten und Gewohnheiten, nicht seltsamer als ein Europäer, der gewaschen und geschniegelt vor dem Zubettgehen mit geschlossenen Augen und gefalteten Händen auf dem Boden kniete und, ein Gebet sprechend, um den Schutz seiner Familie und seiner Lieben bat.

Wir neigen dazu, das Vorkommen von Mitteln und Instrumenten eines Magiers in unserer eigenen Religion zu übersehen, doch sie sind tatsächlich vorhanden – Weihrauch, Liturgie, heilige Wandlung, Einheitskleidung, gebührender Abstand zu Gottesdienstbesuchern oder Gemeinde und häufig auch der Gebrauch einer fremden Sprache oder geheimnisvoller Symbole. Die Beziehung zwischen Magie und Religion im Alten Ägypten ist gleichermaßen leicht misszuverstehen. Im Sinne der Definition, wonach sich die Magie übersinnliche Kräfte zur »Einflussnahme auf den Lauf der Dinge« (Oxford English Dictionary) dienstbar zu machen sucht, war die Magie das Herzstück des religiösen Rituals.

Schlangen spielten im religiösen Volksglauben der Ägypter eine wichtige Rolle, und es gibt kein Grab und keinen Tempel, auf dem keine Schlange dargestellt wäre. Kobras winden sich um Türeingänge, und auch das Boot, auf dem der Sonnengott Re seine nächtliche Reise durch die Unterwelt antrat, hatte die Gestalt einer zweiköpfigen Schlange, ebenso mussten die Toten sich erst durch den Schlangengott Min hindurchschlängeln, um ins Jenseits zu gelangen. Eine bronzener Zauberstab, der im 16. Jahrhundert v. Chr. in einem Thebaner Grab gefunden wurde, ist in der Gestalt einer Schlange geformt, welche die Göttin Heket verkörpert, die »große Magierin«. Und auf den Kronen der Pharaonen prangte eine sich aufbäumende ägyptische Kobra. Da lag es nahe, in der Selbstmordart, welche die letzte unabhängige Herrscherin des Alten Ägypten bevorzugte, eher ein Symbol als einen gewissen Opportunismus zu sehen – Kleopatra entschloss sich zum Freitod durch einen Schlangenbiss. Nicht zufällig offenbarte der Gott des Moses seine magischen Kräfte durch eine Schlange.

Die alte Welt wich der neuen, doch die Ägypter bewahrten ihre religiösen Praktiken. Und wie es scheint, haben sowohl Christen wie Muslime die Erinnerung an den Schlangenkult geistig lebendig gehalten. Wenngleich das schwer zu beweisen ist. Weder Umm Seti noch Winifred Blackman haben sich näher mit Schlangen befasst, doch der Schriftsteller und Esoterikspezialist Paul Brunton befasste sich in seinem 1936 erschienen Bestseller *A Search in Secret Egypt (Geheimnisvolles Ägypten)* mit dem Schlangenzauber, allerdings nicht in der Form, wie er aus Indien und Marokko bekannt ist, wo dösende Schlangen durch Flötenklänge aus einem Korb gezaubert werden. Vielmehr stützen sich Bruntons Zauberformeln auf Beschwörungen, welche sich, so behauptet er, bis mindestens ins 12. Jahrhundert in die Zeit Scheichs Ahmad ar-Rifai zurückverfolgen lassen.

Über das Leben Scheichs ar-Rifai ist nur wenig bekannt, und selbst über sein Lebensende gehen die Meinungen auseinander: Wie Bimbashi McPherson in *Moulids of Egypt* ausführt, ist man uneins darüber, ob sich die Grabstatt des Scheichs in der gleichnamigen Moschee in Kairo befindet oder in Basra im Irak. In den 1940er Jahren, als McPherson seine Forschungen durchführte, galt das *moulid*-Rifai als »völlig ausgestorben«. Ein Jahrhundert davor jedoch, als Edward Lane in Kairo lebte, waren die Anhänger Rifais unter den meist gefeierten Sufis oder »Derwischen« zu finden. Der

Rifai-Orden ist, so Lane, in mehrere Untergruppen gegliedert; darunter die Ilwaniyya (»die sich angeblich Eisenstifte in Augen und Körper stoßen können, ohne irgendwelche Verletzungen davonzutragen«) und die Saadiyya (»die unbeschadet lebendige Giftschlangen und Skorpione berühren und sie teilweise sogar verschlingen«). Lane bezweifelt allerdings die Fähigkeiten der Sufis und vermutet vielmehr, dass die Schlangen »ärztlich behandelt wurden: Die Gefährlichkeit der Schlangen wird gebannt, indem man ihnen ihre Giftzähne entnimmt; und zweifelsohne wird auch den Skorpionen das Gift entzogen.« Zu gegebenen Anlässen vollführten die Saadiyya weitere spektakuläre Wundertaten: Das Oberhaupt des Ordens ritt auf einem Pferd über die Ordensmitglieder, ohne sie zu verletzen. »Viele Rifai- und Saadiyya-Derwische verdienen sich ihren Lebensunterhalt damit, umherzuziehen und Schlangen aus den Häusern zu zaubern«, so Lane.

An anderer Stelle gibt Lane eine ausführlichere Beschreibung der Schlangenzauberer und räumt ein, dass all seine gelehrten Freunde sie zwar als Schwindler verurteilten, aber niemand unter ihnen in der Lage war zu erklären, wie die Rifai fertig brachten, was sie taten. Von ihrer Fähigkeit, Schlangen aufzustöbern, war Lane eher überzeugt: »Schon oft habe ich gehört, dass der Schlangenzauberer, bevor er ein Haus betritt, in dem sein Können gefragt ist, einen Sklaven des Hauses beauftragt, eine oder mehrere Schlangen einzuschleusen; doch sind mir auch Fälle bekannt, die nicht so abgelaufen sein können; und ich bin geneigt zu glauben, dass die oben erwähnten Derwische im allgemeinen ganz irdische Mittel und Wege kennen, um Schlangen aufzuspüren und sie aus ihren Verstecken hervorzulocken.«

Bei Winifred Blackman finden Schlangenanbetung und Schlangenzauber keinerlei Erwähnung, doch berichtet sie von ihrem Besuch am Grab eines gewissen Scheichs namens Haridi. Der Scheich wurde in den Kalksteinhügeln in der Nähe des Nil zwischen Asyut und Sohag begraben. Haridi war einer der ungewöhnlichsten ägyptischen Heiligen. In Blackmans Notizbuch findet sich der Eintrag: »Ursprünglich glaubte man, Scheich Haridi sei eine Schlange, doch dieser Glaube ist wohl ausgestorben«. Hätte er überdauert, so wäre ich auf der Spur zu einem weiteren fortlebenden Rest gewesen.

Der Scheich wurde begraben »in einem Erdloch am Dschebel (Berg) Haridi, an einem äußerst beschaulichen Ort. Man erreicht das Grab über eine raue, steinige, steile Schlucht mit Felsen, die hoch wie Berge zu beiden Seiten emporragen«. Blackman war hinaufgestiegen, und ihre Mühe wurde reich belohnt. Auch einige Dorfbewohner hatten das Grab besucht, »ich aber, so sagte man mir, sei die erste Englisch sprechende Person am Grab …, und nie zuvor war es einem Christen erlaubt gewesen, diese heilige Stätte zu betreten.« Das allerdings stimmte nicht, wie auch Blackman wusste, denn es existierten mehrere Berichte von Leuten, die das Grab besucht hatten. Der Abenteuerreisende C. E. Savary beispielsweise hinterließ ausführliche Informationen über den Scheich. In seinen 1786 veröffentlichten *Letters on Egypt* erklärt er: »Vor mehr als einem Jahrhundert starb hier ein frommer Türke namens *Scheik Haridi*. Für die Mohammedaner war er ein Heiliger. Ihm zu Ehren errichteten sie am Fuße des Berges ein Monument und versahen es mit einem Kuppeldach.« Bis dahin nichts Ungewöhnliches. »Einer ihrer Priester überzeugte sie sodann..., dass Gott die Seele des *Scheik Haridi* in den Körper einer Schlange hatte fahren lassen. Schlangen, zumal harmlose, gab es in der Gegend von Theben viele. Einer allerdings hatte der Priester beigebracht, auf seine Stimme zu hören. Er trat mit seiner Schlange vor das gemeine Volk, verblüffte es mit seinen erstaunlichen Tricks und gab vor, alle Erkrankungen heilen zu können … Das stärkte die Anhänger des Priesters … im Glauben an die Unsterblichkeit des Scheichs. Und sie waren sogar fest entschlossen, dies öffentlich unter Beweis zu stellen. Die Schlange wurde in Gegenwart des Emirs in Stücke zerteilt und für zwei Stunden unter eine Vase gelegt. Als der Moment kam und die Vase hochgehoben wurde, tauschte der Priester – das steht außer jedem Zweifel – mit geschickter Hand die Stücke gegen eine exakt genauso aussehende Schlange aus. Ein Wunder wurde ausgerufen und dem unsterblichen Haridi in einem noch höheren Maße mit Hochachtung begegnet.« Savary, ein Kind des Zeitalters der Aufklärung, war dieser Mangel an Beweiskraft und Vernunft unbegreiflich. »Sie glauben an die Schlange Haridi so fest wie an den Propheten. Die Christen des Landes stellen seine Unsterblichkeit genauso wenig in Frage wie die Türken«, höhnt er und trägt seine Interpretation der Vorkommnisse vor: »Der Schlange kam in der Geschichte der Menschheit immer eine überragende Bedeutung zu. Sie verführte Eva. Sie verschlang auf Befehl des Moses die Schlangen der ägyptischen Wahrsager. Sie verhalf Alexander von Abonotica zur Vergöttlichung, da er die Bewohner von Achmim heilte. Diese Art Schlangen entsprechen der Beschreibung des Herodot und wurden in Altägypten als heilig verehrt. Man nannte sie auch *Agathos daimon*, Guter Geist.«

Gardner Wilkinson schreibt 1834, dass »die abergläubischen Vorstellungen, die sich an die Schlange knüpfen, angeblich schon Jahre lebendig sind und die Kraft haben, jegliches Leiden zu beheben; und viele Wunderheilungen, durch die sich Jupiter womöglich beleidigt gefühlt hätte, werden dieser achtbaren Nachfolgerin des Äskulap-Emblems zugeschrieben. Vielleicht liegt es an der Uräusschlange, dem Symbolbild des Kneph, oder am ›Guten Geist‹, dass diese Art Schlange dessen Nachfolgerin wurde.« In den 1850er Jahren vermerkte Bayle St. John, dass »die Geschichte von der Schlange des Scheichs Hereedi Reisenden besser bekannt ist als Ägyptern. Auf jeden Fall haben wir niemanden gefunden, der des Themas kundig und bereit gewesen wäre, mit uns darüber zu sprechen.«

Diesen Schwierigkeiten sollte Winifred Blackman siebzig Jahre später nicht begegnen. »Ich streifte meine Reitstiefel ab, denn ich war auf einem Esel den ganzen Weg hinauf geritten, und als ich in die Grabstätte trat, nahm mich die Rezitation der Fatiha in Empfang, vorgetragen von den ›Söhnen‹ des Scheichs, die sich alle hier versammelt hatten, um mich willkommen zu heißen. Ein paar weibliche Verwandte, die in einer Ecke des Gebäudes zusammenstanden, grüßten mich mit der *zagharit*.« Im Weiteren kommt sie dann auf das Wesentliche zu sprechen und erklärt: »Scheich Haridi übt noch immer große Macht über die Schlangen aus, denn im Sommer, wenn sie in Scharen aus ihren Löchern kommen, wird jede, die in die Nähe seines Grabes gelangt, völlig harmlos, und man kann sie anfassen, ohne vor einem Biss Angst haben zu müssen, wie giftig sie auch sein mag.«

Ich wollte Scheich Haridis Grab besuchen und machte mich deshalb auf zum Busbahnhof in Luxor, um mich eine Fahrkarte nach Sohag zu erstehen. Der Angestellte erklärte mir in entschiedenem Ton: »In der Nähe von Sohag hat es ein Problem gegeben. Unser Problem«, beeilte er sich zu sagen, »nicht Ihres«, und zog daraus den zwingenden Schluss: »Deshalb können Sie im Moment nicht dorthin.«

»Und nach Assijut?«

»Auch nicht. Auch nicht.«

In der Region war es zu Auseinandersetzungen mit gewaltbereiten und bewaffneten Fanatikern gekommen. Sie hatten bereits mehrfach Züge beschossen, Polizisten an Straßensperren getötet und koptische Geschäfte und Kirchen attackiert. Wegen der nach wie vor bestehenden Gefahr extremistischer Anschläge durfte kein Ausländer ohne entsprechenden Ausweis oder Polizeischutz die Straßensperren passieren. Da es sinnlos war, mich in polizeilicher Begleitung dorthin zu begeben, die mir den Besuch des Grabes ohnehin verwehrt hätte, wollte ich stattdessen einen Rifai ausfindig machen.

Sicherlich konnte mir Zeitoun dabei behilflich sein. Am späten Nachmittag ging ich zu ihm. Der Medinet-Habu-Tempel war geschlossen, und die Wachposten hatten sich in ihr Wachhaus hinter dem gewaltigen Eingangstor zurückgezogen. Im Kaffeehaus davor saß ein letzter Tourist, und die Dorfkinder spielten auf den markierten Asphaltparkplätzen Fußball. Ein paar Mädchen füllten an der öffentlichen Wasserstelle ihre Plastikkanister, die Tiere wurden nach Hause geführt, während in den Feldern noch einige Frauen Viehfutter schnitten. Zeitouns Nachbar Muhammad war von seiner Arbeit auf der Baustelle am Totentempel Ramses II. gerade heimgekehrt und rodete sein Feld.

David, mit dem zusammen Zeitoun sein Haus gebaut hatte, saß mit ein paar Freunden, darunter Dr. Boutros, auf der oberen Terrasse und genoss den Blick über Muhammads Feld auf den Medinet-Habu-Tempel. Für Gesprächsstoff sorgte unter anderem eine Frau, die wenige Tage zuvor in Muhammads Haus eine Schlange zu sehen gemeint und sich zu Tode erschreckt hatte.

»Aber jetzt ist alles wieder in Ordnung«, beteuerte David. »Kein Grund zur Sorge. Der Rifai kam heute Morgen, also ist das Problem beseitigt.«

»Der Rifai?«

»Der Schlangenfänger.«

»Er war ein Rifai? Was hat er gemacht?«

»Rifai, *Hawi*«, spöttelte David, »das sind doch alles Scharlatane. Ich nehme an, sie setzen die Schlangen dort vorher aus.«

»Und ich würde auch nichts von dem glauben, was man sich über die Rifai erzählt«, warnte Dr. Boutros. »Das ist alles ein Haufen Hokuspokus.«

»Wie können Sie sich da so sicher sein?«, fragte ich.

»Einfach deshalb…, weil ich am Ende die Schlangenbisse behandle.«

»Egal – können wir ihn noch einmal herbestellen?«

»Da dürftest du Pech haben«, sagte David, »wie jeder weiß, gibt es zu dieser Zeit hier gar keine Schlangen.«

Während ich in Luxor darauf wartete, dass Gamal Kontakt mit der Wunderheilerin von Esna knüpfte, las ich noch einmal das Kapitel über Magie in Winifred Blackmans Buch *The Fellahin of Upper Egypt*. Blackman listet mehrere Arten von Wunderheilern beiderlei Geschlechts auf. Da waren die, die Zaubermittel, Zaubersprüche oder Amulette benutzten, und die, die von einem Scheich besessen waren und mittels ihrer Person die Wunderkräfte dieses Scheichs zur Anwendung brachten, während wieder andere »intime Bekannte« befragten. Da waren koptische und muslimische Zauberer, wobei die Kopten im Ruf standen, sie könnten verborgene Schätze finden. Und da waren Zauberer der Schwarzen Magie, die Unbill und Schaden zuzufügen wussten und plötzliche Tode zuwege brachten. Dann waren da die, welche die *afarit* und Dschinn und auch die Namen der sieben Könige kannten, sowie wieder andere, die unter der Erde lebten, Zauberer mit hellseherischen Kräften, und die, welche alle Arten Unredlichkeit, versteckte Winkel mit Diebesbeute oder auch die Identität von Straftätern aufzudecken vermochten. Andere wiederum waren gewandt und erfahren in der Modellierkunst mit Wachs oder Kreide, schrieben Zauberformeln auf kleine Papierschnipsel, die dann zum Schutz gegen allen Unbill versteckt am Körper getragen wurden, und nicht zu vergessen all die vielen, die Kräuter und Gesänge zu nutzen wussten, um Krankheiten zu heilen, bei denen die Mittel des Dorfarztes versagt hatten.

»Unsinn«, beharrte Dr. Boutros erneut. »Alles Unsinn. Selbst die Scheichs kommen am Ende zu mir.«

Richard Critchfield beschrieb die Versuche Umm Muhammads, der Mutter Shahhats, für deren zunehmend ungeduldigeren Gatten einen gesunden Erben zu beschaffen. Nachdem alle Ärzte und Gebete zu Allah nichts geholfen hatten, so Critchfield, ging sie in ein nahe gelegenes Dorf, um die Hilfe einer Frau zu erbitten, der besondere Kräfte nachgesagt wurden. Critchfield nennt sie eine Zaubermeisterin. Sie erteilte Shahhats Mutter den Rat, nachts den Heiligen See in Medinet Habu aufzusuchen.

Die Scheichin lebte in einem Ort unweit von Zeitouns Haus. Zeitouns Nachbar Muhammad kannte sie und schätzte sie sehr. Er erklärte sich bereit, ihr zusammen mit Zeitoun und mir einen Besuch abzustatten. Am nächsten Tag erschien er gewaschen, glatt rasiert, in seiner besten, frisch gebügelten *galabiyya* und mit einem dünnem, weißen Schal. Aufgeregt wie ein kleiner Schuljunge, der einen Ausflug macht, nahm er vorn in Zeitouns Geländewagen Platz und erzählte Geschichten von der Wirksamkeit der Zauberkräfte der Scheichin.

Die Scheichin war eine alte, buckelige Frau mit einem für eine Ägypterin ungewöhnlich verdrießlichen Ausdruck. Ihre Anhörungen hielt sie im Vorhof ihres Lehmziegelhauses, im Zentrum eines rasant wachsenden Dorfs, wo Steinbauten die Lehmziegel nach und nach verdrängten. Ein paar schwarz gewandete Frauen sprachen mit ihr, doch als wir eintraten, erhoben sie sich und gingen. Die Scheichin blieb wie versteinert sitzen, und zwar derart, dass ihr Kopf sich schon an der Wand, gegen die sie lehnte, abgebildet hatte, obwohl diese aus Beton war, und ich fragte mich, ob sie wohl ihr ganzes Leben auf diesem Fleck verharrt hatte. Den Titel hatte sie von ihrem Vater geerbt. Ihre Familie stellte eine ganze Dynastie von Scheichen – Scheich Ali, ihr Vater, war vor ihr Wahrsager des Dorfes gewesen und dessen Vater vor ihm.

In einer Zeit sozialer Spannungen ließ die Scheichin im Umgang mit Ausländern äußerste Vorsicht walten. Sie kannte Muhammad und bedeutete ihm, sich zu ihr zu setzen. Zeitoun und ich setzten uns zur anderen Seite des kleinen Hofes hin. Doch schnell stellte sich heraus, dass sie Zeitoun kannte, da er eine Kuppel über Scheich Alis Grab gebaut hatte. »Sie baten mich darum, also ging ich mit meiner Schablone los und baute eine Kuppel für den Scheich. Hier auf dem Friedhof.« Das war schon Jahre her, und er war angenehm überrascht, dass sie sich noch an ihn erinnerte.

»Ya Anthony«, wandte sich Muhammad an mich, »die Scheichin weiß auch etwas über dich.«

Vor einigen Jahren hatte ich einmal das Haus neben dem Muhammads gemietet und so waren wir ein paar Monate lang Nachbarn. Unsere Türen standen immer offen. Seine Frau brachte uns immer frische Brotlaibe aus Sauerteig, die sie in ihrem Ofen vor dem Haus in der altägyptischen Tradition gebacken hatte, seine Kinder kamen zum Spielen herüber, und er schaute gelegentlich herein, um zu sehen, ob ich gerade schrieb oder Zeit für Tee und ein Plauderstündchen hatte. Eines Tages, als wir nicht zu Hause waren, wurde eingebrochen, und ein paar Sachen wurden gestohlen. So etwas war hier vorher noch nie passiert, und Muhammad war außer sich. Er machte den *majnoun* dafür verantwortlich, den Irren, der in den Bergen lebte, den Idioten vom Berg, eine Sagengestalt, die noch nie jemand gesehen hatte. Obwohl er gar nichts dafür konnte, fühlte Muhammad sich beschämt und war der Überzeugung, dass er mich hätte besser schützen müssen. So suchte er die Scheichin auf, in der Hoffnung, dass eine Vision Klarheit bringen würde. Und nun, Jahre später, nach all den unzähligen Sorgen und Nöten, die man ihr mittlerweile zugetragen hatte, erinnerte sie sich noch an seinen Besuch. Und nun war der ausländische Schriftsteller von damals mitgekommen. »Am Ende sucht jeder die Scheichin auf«, sagte Muhammad und nickte bekräftigend.

»Doch nicht alle sind gleich«, korrigierte sie ihn. »Es gibt unbescholtene Menschen, ehrliche Menschen und Menschen, die das nicht sind. Für die, die das nicht sind, kann man auch nichts tun.« Während sie sprach, zog sie einen langen Faden aus einer Tasche neben sich und spielte damit herum. Ihre dürren, knochigen Finger spannten den Faden an und ließen ihn wieder locker, befühlten ihn, prüften seine Spannkraft und begannen ihn zu wickeln und zu winden. Das tat sie während der ganzen Zeit, als sie mit mir sprach, über mich sinnierte. »Das ist eine zweischneidige Geschichte«, erklärte sie, und ihre Finger waren unentwegt in Bewegung. »Ich kann dir helfen, aber nur, wenn du dir selbst hilfst.«

Die Leute suchten die Scheichin aus den unterschiedlichsten Motiven heraus auf. In der Hauptsache kamen sie wegen dörflicher Angelegenheiten wie etwa vermisster Esel, unfruchtbarer Kühe und dergleichen. Doch hin und wieder schüttete ihr auch jemand sein

Herz aus, vertraute ihr finanzielle Schwierigkeiten an oder gestand ein Verbrechen. Und während sich die Dorfwelt, das gesamte Westufer von Luxor und ganz Oberägypten über Sorgen und Sünden ausbreiteten – manche unternahmen sogar eine Tagesreise von Kena oder Assuan, um ihren Rat einzuholen –, saß die winzige Frau auf dem Boden, wetzte mit dem Kopf die Betonwand hinter sich immer weiter ab, spann an ihrem Fadengewirr, wob daraus Talismane und sorgte dafür, dass das Leben auf dem Land nicht aus der Bahn geriet.

Sie streckte mir ihre Hand entgegen, in der sie einen Talisman hielt, den sie während unserer Unterhaltung aus dem dicken grünen Faden gewoben hatte. Er war mehrere Zentimeter lang und hatte die Form eines Schlüssels, was mich an ein *anch* erinnerte, das Henkelkreuz und antike Lebenssymbol.

Unsere Audienz war vorüber, und wir erhoben uns. Die Scheichin blieb sitzen. Zeitoun hockte sich vor sie hin, um sich zu verabschieden, doch die alte Frau war noch nicht mit ihm fertig. Sie hatte seine Rechtschaffenheit lobend anerkannt und nahm die Gelegenheit wahr, etwas über sich selbst zu erzählen.

»Als junges Mädchen«, fing sie aus heiterem Himmel an, »war ich mit einem Mann aus Kairo verheiratet. Einem Arzt. Ich führte ein Leben in der Stadt. Doch dann starb er, und ich kehrte zurück. Das wollte ich eigentlich nicht, aber ich musste. Mein Vater wollte, dass ich seine Arbeit weiterführte. Das war nicht mein Wille, ich hatte jedoch keine andere Wahl. Was hätte ich tun können? Als mein Vater starb, wollte ich seine Arbeit nicht länger fortführen. Das war meine Chance – ich dachte, ich könnte aufhören und mich einfach verstecken. Ich hatte ja schon einmal ein anderes Leben geführt. Hör zu, Zeitoun – du bist jetzt seit 22 Jahren hier, und ich habe 22 Jahre lang in Kairo gelebt. Stell dir das vor! Doch als mein Vater starb und ich mich verstecken wollte, stöberten die Leute mich auf. Sie blieben beharrlich. Vielleicht war ich damals schwach, aber was hätte ich tun können? Die Menschen brauchten jemanden, der ihnen bei ihren Schwierigkeiten hilft. Das war schon immer so und wird auch immer so bleiben.«

Zwei Frauen und ein Mann, alle mit düsteren Mienen, warteten im Hof vor dem Haus der Scheichin.

»Es ist so was wie Therapie«, schloss Zeitoun, als wir vor dem Haus auf sandigem Boden inmitten von Hühnern standen. »Sie ist so etwas wie die Psychotherapeutin hier.«

»Abends arbeitet sie besser«, sagte Muhammad, erfüllt von der Aura der vollbrachten Pilgerfahrt. »Sie ist dann im Besitz größerer Kräfte.«

»Das weißt du also«, sagte Zeitoun, während wir in seinem Auto zurückfuhren. »Wenn sie einmal stirbt, wird das ein ganz großes Ereignis. Man wird ihr ein Grab bauen – vielleicht baue ich es ja sogar –, und alle Welt wird herbeiströmen. Und auch wenn sie nicht mehr ist, die Magie wird weiterleben.«

Gamal hatte keine guten Neuigkeiten. Wortlos begrüßte er mich vor seinem Laden in der Nähe des Bahnhofs, auf eine Art, die mir schon so manches Mal bei Ägyptern aufgefallen war, wenn sie einem schonend etwas beibringen wollen. »Das, was du vorhast, ist gar nicht so einfach. Es dauert.«

»Gamal, ich bin seit Jahren auf der Suche, und ein Leben hat nur so und so viele Jahre.«

»Du musst die Wunderheiler in Esna besuchen und sehen, was sie vollbringen, die Kraft erleben, über die sie verfügen, das alte Wissen …«

»Und wie fange ich das an?«

»Ich organisiere es für dich«, sagte er, von neuen Mut erfüllt.

»Wenn es so weit ist, komme ich wieder nach Luxor.«

Ich weiß nicht warum, jedenfalls hat Gamal nie ein solches Treffen organisiert – vielleicht, weil ich nicht immer da war, weil er anderes zu tun hatte, weil die berühmten Magier von Esna, die Erben des Aaron, die Stäbe in Schlangen verwandeln konnten, ihre Geheimnisse nicht vor einem neugierigen Fremden mit gebrochenem Herzen offenbaren wollten, oder weil sie erahnten, dass mein Herz nicht im entferntesten gebrochenen war – ich weiß es nicht.

»Ich werde den Gedanken nicht los«, schrieb Paul Brunton in den 1930er Jahren, »dass unter den Lehren und Praktiken der Rifai-Derwische ein letzter Rest der alten rituellen Schlangenverehrung verborgen liegt, der möglicherweise bis in frühe Urzeiten zurückgeht.«

Auf der Suche nach der esoterischen Seite Ägyptens verfasste Brunton eine eindrucksvolle Reiseerzählung – und zugleich eine ausgezeichnete Darstellung der Reise seiner Sinne. Mutterseelenallein hatte er eine Nacht in der Großen Pyramide geschlafen, im ganzen Land Wunderheiler und Leute, die sich alter Wunder erinnerten, aufgespürt und war sogar ein Schlangenzauberer geworden. Eingeweiht in diese Kunst hatte Brunton ein Scheich namens Mousa el-Hawi, der Oberschlangenfänger von Luxor. Nie zuvor hatte der Scheich jemandem ein solches Privileg zuteil werden lassen, außer seinem eigenen Sohn, der aber später an einem Schlangenbiss starb. Scheich Mousas Großvater wurde ebenfalls von einer Schlange getötet. »Es war offensichtlich«, so Brunton prosaisch, »dass die Schlangenzauberei in Ägypten kaum ein Beruf war, der großen Zulauf fand.«

Scheich Mousa, der von sich behauptete, ein Rifai zu sein, sagte, dass seine Macht über Schlangen von Gott käme und durch die Macht der Worte und Talismane ausgeübt würde. Nachdem Brunton eine Woche lang in Abgeschiedenheit und bei wenig Nahrung verbracht hatte, übergab ihm der Scheich seinen persönlichen Talisman, den er unmittelbar auf der Haut tragen sollte – »ein Blatt Papier, bedeckt mit arabischen Zeichen, größtenteils mit magischen Sprüchen und Koranversen«. Die langen Beschwörungsformeln besäßen die Macht, so der Scheich, eine Schlange auf ihrem Giftzug aufzuhalten: »O du Schlange! Komme hervor! Ich beschwöre dich bei Allah, ob du oben bist, ob du unten bist, auf dass du hervorkommst!« Nach diesen einleitenden Worten wurde der Heilige Boden, das Heilige Buch sowie Scheich Ahmad al-Rifai beschworen, und abschließend hieß es: »Im Namen Salomos des Weisen, der die Herrschaft über alle Reptilien innehat. Höre! Allah befehligt dir!« Im Laufe zweier Jahre – so lange, hatte der Scheich gewarnt, würde der Schutz halten – fing er mehrere Giftschlangen und Skorpione, ohne verwundet zu werden.

Im Frühjahr 1924 vermerkte Winifred Blackman in ihrem Notizbuch folgende Anweisung, die ihr von einem gewissen Scheich Muhanni übermittelt worden war:

*So wird man ein guter Schlangenzauberer*
Will ein Mann ein wirklich guter Schlangenzauberer werden, muss er das folgende Ritual durchlaufen. Er muss zu einem anderen Mann gehen, der ein guter Schlangenzauberer ist. Dieser wird etwas Wasser in eine Schale träufeln und es eine Schlange trinken lassen. Danach gibt er ein Stück Salz und noch etwas Wasser in die Schale und bringt die Schlange dazu, das zuvor getrunkene Wasser darein zu erbrechen. Der angehende Schlangenzauberer muss dieses Wasser trinken. Danach wird er Macht über jede Schlange haben, keine wird ihn verletzen.

In Bezug auf das Essen oder Trinken von Wundermitteln findet sich bei Umm Seti folgende Stelle:

»Will ein Magier von heute einen neuen Zauberspruch lernen, schreibt er ihn mit Tinte auf ein Blatt Papier. Dann wäscht er das Geschriebene mit Wasser ab und trinkt das Wasser im festen Glauben, dass die magische Formel im Körper verbleibt.«

Diese Lernmethode wird bereits in einer alten Geschichte über Prinz Khamwise erzählt, einen der vielen Söhne Ramses' II. Der Prinz lebte im 13. Jahrhundert v. Chr, doch die älteste bekannte

Papyrusrolle, die von dieser Geschichte erzählt, ist tausend Jahre älter:

»Er gab mir das (Zauber)Buch in die Hand. Ich sagte einen Zauberspruch daraus her; ich lobpreiste den Himmel, die Erde, die Unterwelt und die Wasser; ich hörte, was all die Vögel im Himmel, die Fische im Fluss und all die Tiere sprachen. Ich sagte einen weiteren Spruch her; ich sah den Sonnengott am Himmel leuchten mit den neun Göttern neben sich; ich sah den Mond aufgehen und all die Sterne am Himmel in ihrer (wahren) Gestalt; ich sah die Fische des Flusses mitsamt der göttlichen Macht, die über sie im Wasser wacht.

Da ich nicht schreiben konnte, sprach ich zu Neferkaptah, meinem älteren Bruder, der ein guter Schreiber und weiser Mann war. Man hatte ihm eine neue Papyrusrolle gebracht, worauf er jedes Wort aus dem Buch abschrieb; sodann verbrannte er die Rolle und löste die Asche in Wasser auf; er wartete, bis sie sich vollständig aufgelöst hatte, trank das Wasser und besaß fortan das Wissen, welches sich darin befunden hatte.«

Abu Roasch ist eines von zahlreichen Dörfern, das an der Grenze zwischen Wüste und fruchtbarem Land nördlich von Kairo liegt. Abseits von Giseh stehen hier die nördlichsten Pyramiden, einschließlich der Pyramide des Djedefre (2566–58 v. Chr.), des Königs, der auf die Herrschaft des Chufus (oder Cheops) folgte, dem Erbauer der Cheops-Pyramide in Giseh. Der Ort ist auch bekannt als ein Zentrum der Schlangenfänger.

Am Morgen eines schönen warmen Tages mitten in der Woche lud mich ein Pick-up hier ab. Die Siedlung ist zwar Tausende von Jahren alt, doch sah das Meiste hier ziemlich modern aus, eine Anhäufung von Ziegelmauerwerk und Backsteinhäusern, getrennt vom Ackerland durch eine Hauptstraße und einen Kanal mit abgestandenem Wasser. Hinter dem Dorf erblickte ich einen kleinen Sandsteinhügel – ein seltsamer Weg führte an Felshöhlungen und Nischen vorbei steil nach oben, und ich malte mir in meiner Phantasie aus, wie ganze Menschenscharen diesen Pfad über Jahrtausende ausgetreten hatten auf ihrem Weg zu sonderbaren Schlangenritualen in der entlegensten aller Höhlen, deren Dach davon schon kohlrabenschwarz sein musste. Indes gestaltete sich die Wirklichkeit weitaus nüchterner: Bis auf einen Ochsen auf einem fernen Acker regte sich rein gar nichts, nicht einmal ein Hund bellte in der Ferne; eine noch unbelebtere Landschaft konnte ich mir kaum vorstellen. Doch immerhin – oben angekommen wurde ich mit einem herrlichen Blick belohnt, der weit über die urbaren Felder bis ins Niltal hinaus reichte.

Da ich nichts entdecken konnte, was eindeutig auf Schlangenfänger hinwies – keine Häute, die in den Läden aushingen, keine Schlangenlederschuhe, kein Schlangenfleisch, das neben den Bohnen im Kaffeehaus vor sich hin köchelte –, sah ich mir die von einer Kuppel bedeckte Moschee im Herzen des Dorfes an.

Die Moschee war leer. Der alte Mann, so sagte man mir, der neben der Moschee in einem Haus aus dem 19. Jahrhundert wohnte, sei der Wächter. Jegliche Hoffnung, die ich bis dahin noch hegte, ich könnte einen zweiten Scheich Haridi treffen, schwand, als ich ihn erblickte. Sein besorgter Gesichtsausdruck verriet, dass er nicht viele Fremde zu Gesicht bekam und sie gedanklich alle in einen Topf warf mit Extremisten, Blutvergießen und geheimpolizeilichen Ermittlungen. Und darauf hatte er keine Lust.

Ich fragte ihn, ob er wüsste, wer in der Moschee begraben liegt. »Scheich Abu Roasch.« Ich fragte weiter, ob er auch etwas über das Leben des Scheichs wüsste. »Nein. Ich gehe nur von hier aus zur Arbeit und von der Arbeit hierher. Das ist alles.« Er klang schon ganz paranoid und ich wohl wie jemand von der Geheimpolizei. »Gab es auf dem *moulid* des Scheichs etwas Besonderes?« »Nein.« »Auch keinen *zikr*?« »Wir machen keinen *zikr*. Der *zikr* ist *haram*.«

Ich ging über die Straße zurück, welche die Hauptstraße hätte sein können, wäre Abu Roasch planmäßig angelegt worden, setzte mich unter die Markise eines improvisierten Kaffeehauses am Kanal und bestellte Tee. »Keine *shisha*?«, fragte ich das hübsche, liebreizende Mädchen. Keine *shisha*. Im nächsten Augenblick erschien ein junger Mann, offenbar ihr Gatte, und setzte sich zu mir. Er war redselig, zog mich schnell in sein Vertrauen und erklärte mir schon nach wenigen Minuten, dass er ein Lokal eröffnen und *ful* und *taamiyya* servieren wolle, aber 1500 ägyptische Pfund brauche, etwa £ 300, um es auf die Beine zu stellen. Ob ich sein Partner werden wolle, fragte er, denn er kenne bereits zwei gut gehende Lokale in einer kleinen Stadt, welche die gleichen Gerichte auf der Karte hätten. Aber da ich nun mal kein Unternehmer war, schlug ich sein Angebot aus.

»Willst du eine Schlange kaufen?«

»Warum?«

»Weil ich welche habe. Sie kosten 30 ägyptische Pfund (£6) pro Meter.«

Wir plauderten dann über alles Mögliche, Fußball, Geld, Ägyptens schöne Frauen. Irgendwann kam er erneut auf die Schlangen zu sprechen. »Nun, was hältst du davon?«

Er persönlich hatte jedenfalls keine Schlangen. Ich hätte es eigentlich wissen müssen, denn hätte ich bei meiner Ankunft besser aufgepasst, wäre mir das Schild aufgefallen, das am Kreisverkehr der Hauptstraße und der Kairo-Straße stand: *Export. Reptilien und Tiere*. Zudem baumelte als Blickfang ein ausgestopftes, verwittertes Krokodil unter dem Schild.

Im Gegensatz zum Wächter der Moschee und dem Kaffeehausbesitzer zeigte sich Scheich Tolba, der Inhaber des Exportgeschäftes, nicht sonderlich überrascht, mich zu sehen. Seinen Laden hatten schon viele Fremde aufgesucht. Eine Schlange? Klar, kein Problem. Komm hier entlang. Auf dem Weg durch mehrere Räume gab er mir seine Visitenkarte.

Scheich Tolba handelte mit Tieren. Im ersten Raum zeigte er mir Stachelschweine und Schildkröten, langte in eins der vielen Behältnisse, zog ein Stachelschwein heraus und gab es seinem Jungen. »Es ist tot.«

Wir gingen durch das Zimmer, in dem er bei unserer Ankunft beim Essen gesessen hatte; auf den Resten des Dosengerichts krabbelten nun die Fliegen. Dahinter ging es in den Tresorraum, voll mit Säcken, Kisten, Lattenverschlägen und dem übelriechenden Gestank eingesperrter, vernachlässigter exotischer Tiere. Im Gegensatz zum weiten Blick über ödes Land, den ich vom Sandsteinhügel über dem Dorf aus genossen hatte, war Tolbas Tresorraum eine wahre Arche, ein Zoo, eine überschäumende, sich ringelnde, kringelnde, zischelnde Ansammlung Tiere, die zur Verschiffung rund um den Globus bereit stand.

Zunächst zeigte er mir Eidechsen, alle verschieden groß und verschieden farbig, von denen er auf eine, die aus Borg al-Arab bei Alexandria kam, ganz besonders stolz war. In einer anderen gestapelten Kiste saß eine kleine fuchsartige Kreatur mit großen, unruhig schlackernden Ohren.

Die Schlangen wurden in großen fassartigen Tonnen mit schweren Deckeln unter Verschluss gehalten. Der Junge langte in eine Tonne hinein und zog einen weißen Baumwollsack heraus, den er Tolba reichte. »Nein, das ist sie nicht. Nimm einen großen.«

Er löste die Schnur, die einen der großen weißen Säcke zuhielt, und zog eine Schlange am Schwanz heraus, ein Exemplar von gut anderthalb Metern Länge. In diesem Moment muss irgendein bis dahin vergessener Instinkt in mir wieder erwacht sein (schließlich war ich nicht unter Schlangen aufgewachsen), denn ich wich zurück in Richtung Tür, als sich die Schlange in Tolbas Hand bogenförmig aufbäumte. Für mich sah sie wie jede andere doppelzüngige Schlange aus. Tolba versetzte ihr einen Schlag mit seinem Stock, sie fuhr hoch, schnaubte und … sieh da!, eine ägyptische Kobra, eine Uräusschlange, Symbol der altägyptischen Könige. Kein Zweifel! Trotz der von ihr ausgehenden tödlichen Gefahr und ihrer Fähigkeit, ihr Gift über mehrere Meter zu verspritzen, war sie im modernen Ägypten zu einem Opfer geworden.

Abwartend stand ich an der Tür. Tolba ließ die Schlange zu Boden gleiten und hielt sie mit seinem Stock nach unten gedrückt. Die Kobra wurde aggressiver, breitete ihre langen Halsrippen aus, bis selbst den großen Schlangenfänger Angst packte. Schleunigst warf er sie zurück in den Sack, wo sie wild hin und her zappelte, und zurück in die Tonne.

»Die habe ich nicht hypnotisiert«, sagte er und bot mir in einem mit Tierkot verdreckten Zimmer auf einer geflochtenen Bodenmatte aus Plastik Tee an.

»Genau danach wollte ich mich erkundigen. Vor ein paar Jahren habe ich im englischen Fernsehen eine Sendung über einen Schlangenfänger gesehen, der von sich behauptete, allein kraft seiner Worte Schlangen dazu zu bringen, dass sie nicht zubeißen.«

»Vielleicht war das ich«, sagte er blasiert. »Ich war schon oft im Fernsehen. Ich und meine Familie sind als Tierfänger wohlbekannt. Das ist mein Beruf, den ich von meinem Vater erlernt habe und der wiederum von seinem Vater. Ich fange sie in den Bergen« – er zeigte in Richtung Hügel hinter dem Dorf – »und verkaufe sie dann an Sammler. Auch Leute vom Zoo kommen zu mir und kaufen kostbare Kobras – 1500 ägyptische Pfund pro Stück, manchmal auch mehr.« Der Mann aus dem Kaffeehaus, der die ganze Zeit schweigend bei uns saß, rief plötzlich lauthals »*Allah!*« – das war genau die Summe, die er brauchte, um sein Lokal zu eröffnen.

Ich erzählte, was ich bei Winifred Blackman und anderen über Schlangen gelesen hatte, und erwähnte auch, dass es in dem Fernsehbericht unter anderem hieß, es würden auch alte Zaubersprüche angewendet, die bis in die Zeit der Pharaonen zurückgingen.

»Sicher, solche Zauberworte hat man schon immer gekannt, schon immer angewendet.«

»Woher weißt du das?«

»Weil sie von Generation zu Generation weitergegeben wurden und weil sie funktionieren.«

Doch als ich Einzelheiten wissen wollte, wehrte er ab. »Das ist mein Geschäft, und ich brauche Geld. Wenn du mehr wissen willst, musst du mich bezahlen.« Er schlug einen Preis von 400 ägyptischen Pfund vor.

»Aber deine besten Kobras kosten doch nur 1500 Pfund.«

»Und wovon soll ich Essen und Kleidung kaufen, wenn ich dir alles verrate, was ich weiß?«, brauste er auf.

»Kannst du mir wenigstens verraten, ob es deiner Meinung nach eine Ähnlichkeit gibt zwischen dem, was du tust, und den Rifai?«

Als Antwort darauf gab er mir noch eine Geschäftskarte. »Falls du etwas kaufen willst.«

Schließlich traf ich doch noch auf einen Rifai – eigentlich eher durch einen glücklichen Zufall als absichtlich oder auf Grund einer Intuition. Es war in Luxor an einem jener Sommertage, an denen der Straßenbelag in der Sonne weich und das eigene Hirn noch weicher wird. Ich stand vor dem neopharaonischen Bahnhof, auf einem kleinen schattigen Fleck, als mich das Heer der Taxifahrer am nahe gelegenen Stand erspähte. Und schon kam einer herüber, ein junger Mann namens Wael, und redete auf mich ein, wie billig die Fahrt mit ihm sei.

»Woher willst du das wissen, wenn du gar keine Ahnung hast, wohin ich fahren möchte?«, fragte ich.

Plötzlich kam mir die Idee. »Gut, ich nehme dein Taxi, wenn du mich zu einem Rifai bringst.« Und damit er mich auch richtig verstand, betonte ich noch einmal nachdrücklich: »Nicht zu einem Hawi. Ganz einfach zu einem Rifai.«

Er hielt mir die Tür auf. »Klar, kein Problem«, meinte er und rief über das Autodach zu den anderen Taxifahrern hinüber: »Weiß jemand, wo der Rifai wohnt?«

Wael stellte den nach hinten geklappten Fahrersitz senkrecht, wo er anscheinend den ganzen Tag, wenn nicht gar die ganze Nacht, verbracht hatte, und fuhr mit mir am Nilufer entlang.

Der Fluss war träge und breiig, das Land dahinter von saftgrünem Samt. Auf der zwanzigminütigen Fahrt hielten wir ein paar

Mal an, um uns zu vergewissern, dass wir uns nicht verfahren hatten. Ich musste lächeln über die Ironie des Schicksals, wie unkompliziert die ganze Sache auf einmal war: Jeder, den wir fragten, wusste, wo der Rifai wohnte – in einem nördlich von Luxor gelegenen Dorf mit nur einer Straße, in einem Lehmziegelhaus, das sich zumindest rein äußerlich nicht den Nachbarhäusern unterschied.

Drinnen lud man Wael und mich ein, Platz zu nehmen, Tee zu trinken und auf den Meister zu warten. Meine Blicke wanderten durch den großen Raum – mehrere Holzbänke mit Kissen oder Sitzmatten darauf, eine Koraninschrift, eine Schwarzweißfotografie, aber nichts, was auf das Gewerbe des Hausbesitzers hingedeutet hätte. Sein erwachsener Sohn erschien und stellte einen weißen Baumwollsack vor uns auf den ausgetretenen Lehmboden. Auf Grund der Art, wie er zugebunden war und wie etwas darin zappelte, wusste ich sofort Bescheid.

Der Rifai war ein älterer Mann mit einem sauber gestutzten Schnurrbart, tadellosen Manieren und einer leichten Hörschwäche. Er trug die Kleidung der Fellachen, *galabiyya* und weißer Turban. Meine Neugier amüsierte ihn. Nicht dass er seinen Beruf nicht ernst nahm, aber, wie ich feststellen musste, ging er ihn nüchterner an, als ich dachte. Er schien sich auch gern darüber zu unterhalten, was mich überraschte, und nach Tee und Zigaretten schickte er seinen Jungen, einen weiteren Sack zu holen, aus dem er eine riesige, dicke Kobra zum Vorschein brachte.

»Sieh mal«, erklärte er, »wenn ich eine Kobra finde oder eine ähnliche Schlange, dann entnehme ich ihr das Gift.« Er brachte die Schlange zu einem Tisch auf der anderen Seite des Raums, wo er mir zeigte, wie man sie »sicher« macht, wie man das Gift herausmelkt. »Und danach ist keine Gefahr vorhanden.« Um das zu beweisen, sollte ich mit dem Reptil spielen. Allerdings war ich von dessen Fügsamkeit weniger überzeugt – und es ermutigte mich auch nicht gerade, dass Wael sich in Richtung der offenen Tür in Sicherheit brachte.

Also legte der Rifai die Schlange stattdessen seinem Sohn über die Schultern. Mit offen stehendem Mund sah ich zu, wie die Kobra sich um seinen Hals wickelte und sich um seinen Kopf legte, bis sie so von seiner Stirn blickte, wie man es von den Pharaonenstatuen kennt. Das war aber nicht das einzige einstudierte Kunststück, das er beherrschte: Zu seinem Repertoire gehörte auch die Fähigkeit, die Schlange dazu zu bringen, sich um einen Stab zu winden, so wie die Schlange des Moses am Hof des Pharao.

»Du solltest auf der Bühne auftreten«, schlug ich vor.

»Das tue ich auch. Für Touristen gebe ich in Hotels Vorstellungen.«

»Aber ich dachte, du bist ein Rifai?«

»Bin ich auch. Aber nebenher muss ich noch Geld verdienen.«

Daher fing er auch Schlangen, wenn ihn die Leute zu sich ins Haus riefen, und damit ihm die Arbeit nicht ausging, zündete er nachts hin und wieder kleine Feuer auf den Äckern an, denn das hat die Schlangen noch immer angezogen.

»Aber hast du keine Angst, gebissen zu werden?«, fragte ich, um das Gespräch in meine Richtung zu lenken. Er schüttelte den Kopf. »Weil du ein Rifai bist?«

Er erklärte mir, dass er die Fähigkeit von seinem Vater ererbt und sie seinem Sohn weiter vererbt habe. Und dann lächelte er, etwas sphinxartig, womit er mir zu verstehen gab, dass ich von ihm bestimmt nichts weiter erfahren würde.

Eine Invasion von Satanisten? Seltsam. Ein paar Tage nach meinem Besuch beim Rifai gab es in der örtlichen Presse Berichte, wonach die ägyptische Polizei über hundert Personen festgenommen hatte, denen Satanismus vorgeworfen wurde. Dabei war Mehreres ungewöhnlich. Erstens handelte es sich bei dem Großteil der Verhafteten um junge Leute aus wohlhabendem Haus. Zweitens wurde ihnen zur Last gelegt, Heavy Metal Musik gehört zu haben. Schulen verboten das Tragen von Bob-Marley- und Nirwana-T-Shirts, und rechtliche Schritte wurden eingeleitet, um den »angeklagten Satansdienern« die Staatsangehörigkeit abzuerkennen. An der Universität von Kairo begehrte eine Studentengruppe auf, die sich »Studentenbewegung für geistige Freiheit« nannte. Aber nicht, um gegen die behördlichen Maßnahmen zu protestieren, sondern vielmehr, um Satanisten und Terroristen zu denunzieren. Die öffentlich anberaumte Versammlung wurde dann aber vom Universitätspräsidenten verboten.

Um diese Zeit war in einer ägyptischen Tageszeitung folgender Bericht zu lesen: »In der vergangenen Woche nahm die Polizei in Assijut elf Personen in Gewahrsam, die Schwarze Kunst betreiben. Sie geben vor, sich geheimer Kräfte zu bedienen, die angeblich Krankheiten zu heilen und böse Geister auszutreiben vermögen.«

Satanismus und Schwarze Magie hießen die beiden zentralen Begriffe. Diese Ereignisse waren meiner Suche nicht gerade förderlich: Zum einen waren viele Landbewohner nun beunruhigt und zum anderen alle Magier plötzlich unsichtbar – verständlicherweise. Doch dann nahm mich Alan mit zu Munir Fayed, einem seiner Freunde, der am Fuße der Pyramiden wohnte.

Munir hatte sein Lebtag im Schatten der gewaltigen Monumente verbracht, seine Familie lebte seit Generationen hier, und sein Bruder wohnte im Haus nebenan. Er war ein alter Mann, kaum noch Zähne im Mund, das graue Haar schütter, aber die Gedanken noch immer klar.

»Wir haben jemanden im Dorf«, sagte Munir, während Alan am Boden kniete, um das Videogerät zu reparieren, »zu dem man geht, wenn man krank ist.«

Attiyyat, Munirs Frau, unterbrach ihn. »Er gibt dir entweder einen Rat oder schreibt dir etwas auf. Mit einer Schreibfeder.«

»Einer roten Schreibfeder«, spezifizierte Munir.

»Nicht mit einer x-beliebigen roten Schreibfeder, ya Sheich – mit einer besonderen.«

»Und er stellt seine Tinte aus Safran her. Wenn er dir etwas aufgeschrieben hat, verbrennst du es, trinkst es, wäschst dich damit oder reibst dich damit am ganzen Körper ein.«

Da kam mir die Geschichte in den Sinn, die Umm Seti von einem Prinzen im Alten Ägypten berichtete, der genau das tat. »Aber was genau schreibt er denn auf? Buchstaben? Zahlen?«, fragte ich.

»Worte. Worte aus dem Koran.«

»Meine Tochter war krank«, meldete sich Attiyat zu Wort, für den Fall, dass ich die Wirksamkeit der Behandlung anzweifelte, »doch nun geht es ihr dank des Scheichs besser.« Sie ging hinaus, drapierte den blauen blumigen Schal über ihr ausladendes Kleid, kam zurück und hielt ein Foto ihrer gesunden Tochter in den mit Henna bemalten Händen.

»Und gehen die Leute auch mit anderen Problemen zu ihm, nicht nur bei Krankheiten?«

»Sicher«, erwiderte Attiyat. »Er schreibt etwas für dich, dann kann dir nichts mehr passieren.« Genau das hatte auch Gamal al-Haggag von den Magiern in Esna behauptet. »Wir bitten ihn, bald einmal vorbeizukommen.«

Und Ahmad kam. Er erwies sich als Pragmatiker. Ein ruhiger und bescheidener Mann in den Fünfzigern mit grauem, drahtigem Haar. Er verstand es, die Praktiken der Naturheilkunde mit dem Malerhandwerk zu verbinden, und gab sich reserviert, ein wenig nervös, was ich auf die Verhaftungen der »Satanisten« und Schwarzkünstler zurückführte. Seinen vollen Namen wollte er nicht verraten, und er rauchte die ganze Zeit über. Er nahm an, dass ich seinen fachlichen Rat einholen wollte. Also zeigte ich ihm, nachdem er es sich in Munirs Vorzimmer bequem gemacht hatte, den Ellbogen, den ich in Luxor mit dem Öl des Scheichs einbalsamiert hatte, der aber immer noch nicht geheilt war. Bevor er zu reden anhub, erkundigte er sich, wie viel ich von dem verstände, was er tat. Ich sagte ihm, dass ich von zwei Heilmethoden wüsste. Eine bediene sich materieller Gegenstände wie Talismane, Amulette und Heilwässer, die andere benutze Worte, geschriebene und gesprochene.

Er saß mir gegenüber auf der Bank und erklärte, dass es eigentlich drei Methoden gebe. »Die dritte schließt Scheitan mit ein, den Teufel.« Nun begriff ich, warum er so nervös war. Ich wurde allmählich besorgt, falls er so weitermachte.

»Inwiefern schließt sie den Teufel mit ein?«

»Wie viele Kapitel hat euer Neues Testament? Wie viele der Koran? Einhundertundfünfzig. Im Schwarzen Buch gibt es 366.«

Diesem Gedankensprung konnte ich so schnell nicht folgen, und ich bat ihn, mit der traditionellen Medizin anzufangen.

Er hatte sein Handwerk von seinem Vater erlernt und wusste, dass mindestens sieben Generationen in seiner Familie den gleichen Weg eingeschlagen hatten. »So etwas kann man nicht an der Universität lernen. Vielleicht in China oder Japan, weil dort das ganze Studium naturheilkundlich ausgerichtet ist.« Er nannte das die »Arabische Medizin«. »Was ich praktiziere, ist ergänzende Medizin. Wie eure Homöopathen. Wenn jemand mit einer Entzündung am Blinddarm kommt, kann ich nichts für ihn tun, aber bei Krebs schon, indem ich an den Kern des Übels gehe und eine Diät verordne. Sicher steht das auch in Büchern, aber Erfahrung gehört mit dazu.«

Mittlerweile war er ruhiger geworden. Ich wollte wissen, welcher Bücher er sich bediente. Als Erstes nannte er mir Ibn Sina (989–1037) – in Europa besser bekannt als Avicenna –, einen Gelehrten aus Buchara. Ibn Sinas »*Al-Qanun fi't-Tibb*« (»Kanon der Medizin«), eine Million Wörter lang, stellt einen frühen Versuch dar, das gesamte medizinische Wissen des ausgehenden ersten Jahrtausends systematisch zu erfassen. Anhand dieses Kanons, einer visionären Arbeit, die nicht nur den Volksglauben vergangener Zeiten, sondern auch das damalige Wissen zu beiden Seiten des Indischen Ozeans zusammenfasst, können wir bis in die Antike zurückschauen. Ibn Sina hängte sogar einen Katalog mit 760 Heilpflanzen samt ihrer Wirkungen an, doch stoßen seine Werke in westlichen Ländern eher auf ein Sonderinteresse weniger Gelehrter. Umso erstaunter war ich, zu hören, dass sie zum Bestand von Ahmeds kleiner Bibliothek zählten.

»Ich benutze noch zwei andere Bücher. Eines hat der Prophet Mohammed zu dem Thema verfasst. Es wird auch im Hadith erwähnt und heißt »Prophetische Medizin«. Das andere trägt den Titel »Spirituelle Medizin für Menschen« und wurde vor ungefähr dreihundert Jahren geschrieben.«

Ich fragte, wie er den Ibn Siba benutzte.

»Im Buch von Ibn Siba stehen Beschreibungen verschiedener Bäume und Pflanzen sowie deren spezieller Eigenschaften. Normalerweise sammle ich die Zutaten nicht selbst. Ich trage anderen auf, zum Attar zu gehen, dem Kräutersammler im Souk, und sie mir zu bringen. Doch manches ist im Souk nicht erhältlich.«

»In England«, erklärte ich aufgeschlossen, »wird die Naturheilkunde von Wissenschaftlern zunehmend ernster genommen. Viele sind heute von der Notwendigkeit überzeugt, dass es diese alte Wissen neu zu entdecken gilt.«

»Die Regierung hierzulande sieht darin eher eine Form der Abweichung«, und als wollte er den Grund dafür erläutern, erzählte er mir von der spirituellen Seite seiner Arbeit, wie er es nannte. »Ein sehr verbreitetes Problem bei Besessenen ist, dass sie in einer unverständlichen Sprache sprechen, wie Koptisch, Surrealiyya und Römisch.«

»Surrealiyya? Eine surrealistische Sprache?« Ich musste mir ein Lächeln verkneifen.

»Ich selbst spreche Surrealiyya«, sagte er mit einer Selbstverständlichkeit, als ginge es um Französisch oder Englisch, »also rede ich mit ihnen und erzähle ihnen, was mit ihnen geschehen ist und dass sie wieder Arabisch sprechen müssen.«

»Aber diese Menschen sind doch besessen, von Geistern heimgesucht«, warf Alan ein.

»Nicht von Geistern, sondern von ihren *qarin*.«

Dieses Wort hatte Alan noch nie gehört und kauderwelschte es mit seinem starken schottischen Akzent. »*Qarin*, sagst du?«

In *The Fellahin of Upper Egypt* schreibt Winifred Blackman: »Es heißt, dass jeder Mensch mit einem zweiten Ich geboren wird, das ganz verschieden vom *afrit* ist; bei Männern heißt es *qarin* (Getreuer oder Gefährte), bei Frauen *qarina*... Die Dschinn oder *afarit* werden oft auch ›unsere Brüder und Schwestern unter der Erde‹ genannt, doch sind sie vom *aqran* (Plural von *qarin*) getrennte Wesen, wenngleich beide Gemeinschaften in Verbindung miteinander stehen. Wörtlich übersetzt bedeutet das Wort ›Verbündeter‹, ›Gefährte‹, ›Seelenbräutigam‹, ›Gemahl‹; die weibliche Form heißt in der wörtlichen Übersetzung ›Dämon‹. Der Wortstamm ist ›vergleichen‹.«

»Wie man glaubt, haben die *aqran* verschiedene Farben«, fährt sie fort, »manche sind weiß, andere schwarz; auch ihr Aussehen variiert, manche sind schön, andere hässlich. Diese Überzeugung ist nicht schwer zu erklären, denn das *qarin* jeder Person ist ein Abbild seiner selbst, und zweifellos drücken die Farben Rassenunterschiede aus. Jedoch sind die *aqran* – so meine ich – nicht immer feindlich gesinnt, obgleich Geschichten von ihren Unheil stiftenden Neigungen allgemein bekannter sind als von ihren guten Taten.«

»Ein *qarin* ist das, was wir Seele oder Geist nennen würden«, folgerte Alan. »Wie aber hilfst du einer gequälten Seele?«

»Bei einer gequälten Seele«, antwortete Ahmad, »setze ich Amulette, Verse aus der Thora und dem Neuen Testament ein. Im Koran steht, wie sie zu benutzen sind.«

Draußen wurde es dunkel, und der Ruf zum Abendgebet krächzte aus einem Lautsprecher unweit von Munirs Haus über das öde Wüstenland. Attiyyat brachte noch Tee und Ahmad, den die Zeit drängte, fing an, etwas schneller zu reden.

»Zudem benutze ich Dinge, die vom Anbeginn der Zeit stammen, denn Magie gab es schon vor den Pharaonen.«

Für einen Augenblick sprach niemand ein Wort. Dann sagte Alan leise auf Englisch, damit nur ich es verstehen konnte: »Wir können nur hoffen, dass die Polizei uns hier nicht abhört, sonst kommen wir in Teufels Küche.«

»Du sagst, dass dieses Wissen vom Anbeginn der Zeit stammt, aber woher ist dir das bekannt?«, fragte ich.

»Weil es in den alten Büchern und auf Papyrusrollen steht.«

Ich fragte mich, ob die regierungsbehördlichen Maßregelungen jemandem wie ihm überhaupt etwas anhaben konnten. »Machst du dir keine Sorgen, dass diese Kenntnis einmal verloren geht?«

»Überhaupt nicht. Immer mehr Menschen machen von dieser Art Medizin Gebrauch, heute sind einige solcher Heilmittel sogar in den Apotheken erhältlich. Und mindestens Dreiviertel von dem, was man darüber wissen muss, steht im Koran, es ist an uns, dieses Wissen verstehen zu lernen. Insofern befürchte ich nicht, dass es verloren geht. Im Koran steht ein Vers, die Yassin-Sure, die der Prophet benutzt hat, als er sich auf Pilgerreise begab und nicht wollte, dass die Ungläubigen davon erfuhren. Diese Sure können wir benutzen, um Leute vergessen zu machen, dass sie uns gesehen haben.«

»O, da frage ich mich, ob es auch eine gibt, die einen vergessen lässt, von all dem hier gehört zu haben«, bemerkte Alan wieder auf Englisch.

Ahmad verstand kein Englisch und fuhr fort: »Andere Verse gelten der Medizin – rund vierzig nennen Heilmittel gegen alle möglichen Erkrankungen.«

»Und wie heißt diese Tätigkeit?«, fragte ich.

»Es gibt heute noch keine Bezeichnung dafür. Wenn jemand zu mir kommt, sagt er einfach, »Öffne das Buch«, denn das, was ich tue, ist ein Geheimnis, ein Buch mit sieben Siegeln sozusagen. Es ist illegal. Hin und wieder eröffnet jemand in Kairo eine Praxis für diese Art Medizin, und dreißig bis vierzig Leute strömen täglich dort hin. Erfährt die Polizei davon, wird der Mann verhaftet.«

»Ja, davon habe ich gehört«, erzählte ich ihm.

»Es ist verboten, nicht weil es falsch ist, sondern weil die Regierung will, dass die Kranken zum Arzt gehen, in Kliniken, in Krankenhäuser. Doch das hält uns oder die Leute nicht ab, sie kommen weiterhin zu uns.«

Es war spät geworden. Das Dorf war jetzt so still wie die Wüste. »Willst du noch etwas wissen, bevor ich gehe?«, fragte Ahmad.

Ja, da gab es noch etwas. Bis dahin war Ahmad der Meinung, dass ich lediglich daran interessiert sei, ein Heilmittel für meine Hauterkrankung zu finden. Ich erzählte ihm von meiner Suche nach altem Brauchtum, das aus der Zeit der Pharaonen stammt, und dass ich sicher sei, einige der naturheilkundlichen Mittel, die er mir beschrieben hatte, befänden sich seit Tausenden von Jahren in Gebrauch. Seine Ausführungen über das *qarin*, ließ ich ihn wissen, hätten mich tief beeindruckt. »Ein Stück Wegs von hier, draußen in der Wüste, unterhalb der Pyramiden, haben Archäologen das Dorf gefunden, in dem die Bauarbeiter wohnten. Auch sie haben an ihr *qarin* geglaubt, das sie *ka* nannten. Das war keine Seele und kein Geist, sondern ein zweites Ich, genau wie du es beschrieben hast. An den Tempelwänden sind Bilder von Menschen, die von Göttern geformt wurden, und neben ihnen Bilder von ihrem zweiten Ich, und heute sitzt du hier und erzählst genau davon. Das ist etwas Fortdauerndes, ein fortlebender Rest, ein Aufleuchten der Ewigkeit.«

Ahmad steckte sich noch eine Zigarette an, rauchte, betrachtete mich einen Moment lang und meinte schließlich, dass ihn diese Parallele traurig stimme. Seine Traurigkeit, so dachte ich bei mir, beruhte wohl auf meiner un-islamischen Denkweise. Vielleicht war er auch einfach böse auf mich, weil ich nicht gleich offen gesagt hatte, was ich von ihm wollte. »Ewigkeit wirst du bei anderen Menschen oder an anderen Orten nicht finden. Denke ja nicht, du fändest Ewigkeit in dem, was du fortlebende Reste nennst. Du musst sie in dir selbst suchen. Dort wirst du sie finden. Auf dem Gesicht der Erde ist keine Ewigkeit. Ewigkeit ist das Gesicht Gottes.« Wieder einmal spürte ich, wie grundlegend sich meine rationale, humanistische Herangehensweise von derjenigen Ahmads unterschied. Ich fühlte den himmelweiten Unterschied zwischen meinem Interesse, alles bis ins Letzte ergründen und erklären zu wollen, und seiner Überzeugung, dass diese Dinge keinerlei Erklärung bedurften, da er das tiefe Wissen in sich trug, dass wir in einer Welt der Geister lebten – selbst im Koran werden die Dschinn als der Welt ebenso zugehörig betrachtet wie die Menschen. Vielleicht erahnte ich auch die tiefe Kluft, die sich durch seine religiösen Überzeugungen und meine ernstlichen Zweifel auftat. »Was deine Haut angeht, so schlage ich vor, du gehst gleich hier auf den Friedhof und nimmst etwas *laban*, etwas Saft aus dem *gemmeza*, dem Maulbeerbaum. Mit dem reibst du deine Ellbogen ein. Es bildet sich eine Kruste, und wenn sie abfällt, wirst du sehen, dass es mit deiner Haut besser geworden ist.«

Ich erinnerte mich daran, wie sehr Gamal darauf beharrte, dass ich einen Magier mit eigenen Augen sehen müsse, dass Sehen den Glauben hervorbringen würde. Munir hatte gehört, dass auf einem *moulid* in Dahshur, einer weiteren Pyramidenstadt südlich von Kairo, ein Levitationskünstler auftreten würde. »Das ist kein Jahrmarktskünstler. Geh hin zum *layla al-kebira,* und du wirst Magie erleben.«

Auf fast allen *moulids* wurde eine Zauber- oder Illusionsvorstellung geboten. Auch auf dem *moulid*-Hussein in Kairo war ein großes Gebiet mit Zelten und Arenen eigens für diese Art Vorführungen vorgesehen. Andernorts hatte ich Männer mit Glühbirnen auf dem Kopf gesehen, die Taschenspielerkunststücke und dergleichen darboten. »Der Magier in Dahshur«, versprach Munir, »soll der Beste sein.«

Alan kam mit – er zeigte sich an meiner Suche nach einem Magier lebhaft interessiert –, obgleich er im Nachhinein wünschte, er wäre nicht mitgekommen. An der Pyramidenstraße nahmen wir einen Pick-up und folgten dem Kanal Richtung Süden durch fruchtbares Ackerland über eine Straße, die gut aus der Zeit von vor viereinhalbtausend Jahren hätte stammen können, seit Pharao Snefru seine Pyramide in Dahshur erbauen ließ. Es war bereits dunkel, die Luft kühl und feucht. Doch der Himmel wurde noch dunkler, je weiter wir von der Stadt weg kamen, verfärbte sich von orange zu schwarz, und in der neuen Dunkelheit glänzten die Lichter der Dörfer wie Galaxien. Ich hatte keine Ahnung, wo Dahshur lag, aber das war egal, weil alle auf dem Pick-up dort hin wollten.

Der Scheich, dessen Leben und Tod hier gefeiert wurde, gehörte nicht zu den Göttern, über deren *moulids* Abhandlungen verfasst wurden, und ich kannte auch niemanden, dem der *moulid* in Dahshur bekannt gewesen wäre – eine Veranstaltung auf dem Land, ein *baladi*, wie die Kairoer abschätzig sagten. Der Abend, der letzte der Festtage, war gut besucht; der Fahrer des Pick-up kam nicht einmal annähernd bis ins Ortszentrum.

Also sprangen wir bei den ersten Gebäuden ab, mitten hinein in ein heilloses Gedränge. Die meisten Besucher waren jung, aus nahe gelegenen Dörfern, die wir unterwegs in der Nacht hatten funkeln sehen. Mit ein paar Scheinen in der Tasche kamen sie hierher, um Spaß zu haben. Und den hatten sie auch – auf unsere Kosten. Zwei Ausländer, die den Ort zu einem solch großen Ereignis beehrten – wo wir standen und gingen, über alles, jede Geste, jede Gebärde, jeden Ton, den wir von uns gaben, machte sich die Horde junger Burschen lustig. Wenn wir weitergingen, schoben und drängelten sie. Wenn wir stehen blieben, fielen sie regelrecht über uns her, griffen uns in die Taschen und befingerten uns von Kopf bis Fuß. Dabei ist Alan der Einzige, den ich kenne, der das Gedrängel in überfüllten Kairoer Bussen ganz lustig findet. Doch jetzt, da die Burschen immer grober wurden, stieg sogar ihm die Zornesröte ins Gesicht.

Nie war ich glücklicher, einen Polizisten zu sehen, als hier. Als wir einen Beamten erspähten, der mit seinen Mannen vor einem Kaffeehaus postiert war, drängten wir uns von der Straße weg zu ihnen hin. »Vielleicht verhaften sie uns ja und bringen uns unter Begleitschutz nach Kairo zurück«, hoffte Alan. Die Burschen folgten uns in das Kaffeehaus, doch der *ahwagi* scheuchte sie hinaus und entschuldigte sich. »Bitteschön!«

»Gern«, sagte Alan, nachdem er uns ungesüßten Tee gebracht hatte, »aber wir können hier nicht den ganzen Abend bleiben, oder doch?«

Die magische Vorstellung sollte erst später beginnen, und so verließen wir das Kaffeehaus, besuchten das Grabmal des Scheichs und gesellten uns dann zu ein paar Leuten, die einen *zikr* vor dem Haus eines altehrwürdigen Mannes vollführten, unter leuchtend bunten Lichterketten, aufgehängt zwischen Palmen neben einem von Abfall schäumendem Kanal. Selbst dort, wo Gebete und Lobpreis dem Scheich, dem Propheten und Allah dargebracht wurden, kamen ein paar Jungen, bettelten um Zigaretten und äfften unsere Körperhaltung nach. Einer von ihnen machte dann beim *zikr* mit, wurde aber sogleich von einem Mann weggezogen, der ihm deutlich zu verstehen gab, dass das keine Disco sei.

Der Magier hatte sein Auditorium an der Hauptmeile des *moulid* aufgebaut, die vermutlich auch die Hauptstraße von Dahshar war, was wir aber nicht eindeutig erkennen konnten, denn es war unmöglich auszumachen, was sich hinter den Ständen mit chinesischen Spielzeugen, den pyramidenförmig aufgehäuften Bohnen- und Erdnussbergen und den Haufen schillernd rosaroter Süßigkeiten verbarg. An der fahrbaren Bude des Magiers zeigte ein prunkend protziges Gemälde auf einer vier Meter hohen Bretterwand den Magier, wie er eine Frau mit übertrieben großen Brüsten und übermäßig roten Lippen frei schweben ließ. Hier drängte sich eine dichtere Menschenmenge, das Geschiebe war heftiger. Der kleine Eingang, der in die Bretterwand eingelassen war, wurde von zwei Polizisten mit langen, dünnen Schlagstöcken bewacht. Dies war die einzige Veranstaltung des *moulid*, die Eintritt kostete, und neben den Polizisten sammelte ein Mann die Eintrittsgelder ein. Von Zeit zu Zeit schwenkten die Polizisten ihre Stöcke durch die Luft, um den Dränglern eins auf die Nase zu geben.

»Worauf warten wir noch?«, fragte ich den Mann, der das Geld einsammelte. Ich musste schreien, um die johlende Menge zu übertönen.

»Dass welche herauskommen.«

»Hat die *sihr*, die Zaubervorstellung, denn schon angefangen?«

»Aber ja.«

Mit der nächsten Welle kamen wir an den Wachen vorbei, ohne eins auf die Nase zu bekommen, und fanden uns in einem von hohen Wänden umgebenen Gehege wieder, an dessen anderem Ende eine Bühne aufgebaut war. Zwei- bis dreihundert Leute wurden hineingelassen, dann erschien ein robuster, kräftiger Mann auf der Bühne, brummelte etwas in das Mikrofon und fing an, der Menge einzuheizen, eher wie der Einpeitscher eines Preiswettkampfs als der Vorarbeiter eines Magiers.

Hinter dem Mann befand sich ein Vorhang, und hervor traten zwei Mädchen in knappen, mit Pailletten benähten Bikinis, Gazeröckchen und leuchtend neonrot geschminkten Lippen. Alles stürmte zur Bühne. Ein Mädchen mit dickem Bauch, noch dickerem Po und riesigem Busen fing an, die Hüften zu wiegen. Die Musik spielte laut, das Mädchen provozierte die Männer. Die reagierten prompt, riefen schamlose Worte, drohten und versprachen alles Mögliche.

Um die Gemüter zu beruhigen, betrat ein Sänger die Bühne und schmetterte ein paar Lieder, während die Mädchen eine Zigarettenpause einlegten. Doch kaum waren sie wieder zurück, brachten sie den Hormonspiegel der Männer erneut in Wallung. In höchster Erregung versuchten diese, den Zaun vor der Bühne zu erklimmen und die Mädchen zu begrapschen, die ihnen die Welt zu Füßen legten. Polizisten tauchten auf, ebenso erregt wie die tobende Masse, sahen dem Treiben nicht länger zu, stürmten ohne Vorwarnungen geradewegs auf uns ein und ließen die Stöcke knallen in antiquierter Kavalleristenmanier. Sie schlugen zwar niemandem den Kopf ab, teilten dafür aber Hiebe aus. Auf den ohrenbetäubenden Lärm folgte eine beinahe unheimliche Stille, unterbrochen vom Getrampel der Füße auf sandigem Grund, dem sausenden Geräusch der Schlagstöcke, dem Grunzen der Männer, die schleunigst das Weite suchten und durch das einzige Loch im Bretterzaun zurückdrängten, denn wer Pech hatte, bezog Schläge. Alan und ich hielten uns am Rande des Geschehens – schließlich waren wir Ausländer –, doch die Polizei machte keine Unterschiede, der Ort musste geräumt werden, das galt auch für uns, und so gerieten wir wohl oder übel mitten hinein in das wüste Gedränge zum Ausgang hin. Auf der anderen Seite des Bretterzauns warteten weitere Polizisten, die wild um sich schlugen und die Menge forttrieben. Das war einer jener wenigen Momente in meinem Leben, wo ich mir gewünscht hätte, nicht so groß zu sein. Denn als ich meine Hand hob, um meinen Kopf zu schützen, ratschte ein schmales langes Holzstück quer über mein Handgelenk und dicke, rote Striemen quollen hervor.

»Ich denke, wir sollten unser Geld zurückverlangen.«

»Spinnst du?«, fragte mich Alan, der im selben Augenblick einen Jungen mit einer Getränkekarre erspähte. Er ließ mich stehen, ging auf den Jungen zu und bestellte zwei Getränke. Der Junge schöpfte eine gräuliche Brühe mit einer dicken Schaumkrone aus dem Fass. Es schmeckte nach Wüste, dreckigem Glas, Zuckersatz und irgendwie auch leicht vergoren.

»Was ist denn das?«

»*Booza*«, sagte Alan mit einem Schaumbart. »Fermentierter Palmensaft.«

»Schmeckt ja furchtbar.«

»Das ist das einzige alkoholische Getränk, dass auf *moulids* ausgeschenkt wird. Komm – nehmen wir noch einen.«

Während wir auf der Straße standen und *Booza* tranken, wurde schon die nächste Menschenmasse in die Arena gelassen, die wir soeben verlassen hatten.

»Na komm schon, Anthony. Hier sehen wir heute Abend keinen Magier. Das ist ein Komplott, und wie es aussieht, mischt die Polizei kräftig mit. Die streichen heute Abend alle einen Monatsverdienst ein.«

Keine Magie also, nur Illusion.

Man mag es Schicksal oder Zufall nennen – jedenfalls saß ich zufälligerweise in genau jenem Moment in genau jenem vollgestopften Bus und hatte zufälligerweise genau jene Seite in Winifred Blackmans Buch aufgeschlagen, nämlich Seite 191, als sich mein Nebenmann umdrehte. Es hatte wohl so sein müssen – genau jener Mann und genau jene Seite. Ein anderer hätte die Seite vermutlich gar nicht registriert oder seine Gedanken für sich behalten.

Der Name meines Nebenmannes war Muhammad Abdel-Wanis und was auf der Seite stand, war ihm größtenteils unverständlich, da er weder lesen noch Englisch sprechen konnte. Doch war auf dieser Seite auch eine Abbildung, ein Zauberquadrat, in sechzehn Abschnitte unterteilt, in denen verschiedene Zahlen und Schnörkel zu sehen waren. Blackman zufolge gehörte dieses Quadrat zu einem Mordritual. »Will ein Mann den Tod eines anderen herbeiführen, den er als seinen Feind betrachtet, sucht er einen Magier auf, der wie folgt vorgeht. Er nimmt eine Henne, tötet sie und bewahrt ihr Blut in einem Gefäß auf. Dann behält er ein Ei zurück, das von einer Henne mit ausschließlich schwarzem Gefieder gelegt wurde, und schreibt darauf mit dem Blut der Henne das magische Quadrat.« Des Weiteren muss Räucherwerk entzündet werden, verschiedene Zauberformeln müssen psalmodiert und das Ei muss in einem Grab versteckt werden. Dann kommt der Tod.

Genau dieses magische Quadrat hatte Muhammad Abdel-Wanis erkannt. Als er sah, was ich im Bus las, hatte es bei ihm nicht gleich gezündet, er sah sich die Seite noch einmal genauer an und sagte schließlich. »So eins habe ich.«

»Was?«

»So ein Quadrat. Und viele ähnliche.«

»Wo?«

»Zu Hause.«

»Wieso?« Hatte er vor, jemanden umzubringen? Und wenn ja, warum sollte er mir das auf die Nase binden?

»Ich habe Bücher, da habe ich sie aufgeschrieben. Das tue ich oft. Komm zu mir nach Hause, und ich zeige es dir.«

Bevor er ausstieg, verabredeten wir uns. Er wohnte in dem Dorf unterhalb der Pyramiden, rund eine Meile von Munirs Haus.

Dieses Mal legte Alan keinen Wert darauf mitzukommen. Er hatte wohl unser Erlebnis in Dahshur noch nicht verdaut. Dabei begründete er seine mangelnde Bereitschaft damit, dass ihm der Ton des Mannes und seine Magie ganz und gar nicht behagten. »Bei solchen Dingen habe ich einfach Bammel.«

Seine Abneigung steigerte meine Spannung nur noch mehr. Dennoch – bei meiner Ankunft unter abendlichem Himmel hätte das äußere Bild des Dorfs normaler nicht sein können. Ein Dutzend Männer jagte einen Ball quer über den alten Dorfplatz, ein paar halbwüchsige Straßenhändler zählten ihr Geld auf dem Buckel eines urinierenden Kamels, und die Sonne stand noch immer oberhalb der Pyramiden. Ein paar Kinder rannten auf mich zu. »Sphinx dort«, riefen sie und zeigten weg von der Straße. »Du kannst hier nicht entlang – da ist gesperrt«, beharrte ein etwas älteres Kind. Unbeirrt ging ich weiter, obwohl ich mir nicht im Geringsten sicher war, ob ich überhaupt den richtigen Weg genommen hatte. Einige Fassaden stammten aus dem späten 19. Jahrhundert, einige aus dem späten 20. Ich kam an einer Gruppe Frauen vorbei, die in einem Türeingang saßen und den neuesten Klatsch austauschten. Da sprang ein Mädchen auf, eine elfengleiche Schönheit, und deutete einen noch schmaleren Weg hinunter. »*Itfaddal*, willkommen.«

»Ist Muhammad zu Hause?«

»*Baba*? Nein. Ich hole ihn.«

Ein Junge erschien und geleitete mich ins Haus. »Bitte setz dich!« Fast augenblicklich kam Muhammad, ein gewichtiger Mann, 1,90 Meter groß mit riesigem Brustkorb und breitem Nacken. Seine weiße *galabiyya* zeugte von einem staubigen Tag. Er begrüßte mich herzlich.

»Wie geht es dir, Tony?«, fragte er und war damit einer der wenigen Ägypter, die mich mit der Verkleinerungsform meines Namens ansprachen. Wir tauschten die üblichen Floskeln aus – wie geht's? Dank sei Gott, gut, und dir? Gott sei's gedankt. Was gibt's Neues? »Bitte setze dich«, sagte er und wies mich auf eine Bank mit Decke und Kissen. Er fragte nicht, warum ich gekommen war.

Stattdessen erkundigte ich mich, ob er den Tag gut verbracht habe.

»Dank sei Gott, es war ein guter Tag. Gestern war ich abends noch bei den Pyramiden und traf zwei Touristen, Amerikaner, die auf die Pyramiden steigen wollten.«

Das überraschte mich, denn seit Jahren schon ist das Besteigen der Pyramiden verboten, seit ein Touristenpaar dort abgestürzt und zu Tode gekommen war.

Er kickte sich seine Badeschlappen von den Füßen und faltete sein langes Körpergestell auf der Plastikbodenmatte zusammen. »Beide zusammen haben mir 200 Dollar dafür gezahlt, dass ich sie hinauf und hinunter begleitete. Um fünf Uhr nachmittags sind wir zusammen losgegangen. Zuerst musste ich die Wächter beschwatzen und bat sie, solange außer Sichtweite zu bleiben. Den Wächtern bezahlte ich jedem drei Dollar, was für die eine Menge Geld ist, denn weißt du, wie viel sie monatlich von der Regierung bezahlt bekommen? Um die sechzig Dollar. Damit habe ich ihnen mehr als einen Tagesverdienst gezahlt. Und als die Amerikaner kamen, sahen sie einfach in die andere Richtung. Nur für eine Minute, das reichte schon. Das Hochsteigen hat eine halbe Stunde gedauert. Oben haben sie dann noch Fotos gemacht.«

»Und heute?«

»Heute habe ich nur herumgelegen, nicht viel getan.«

Nachdem er das kleine Mädchen Pepsi kaufen geschickt hatte, erkundigte sich Muhammad mehrmals nach meinem Befinden und kam dann ohne Umschweife zur Sache, langte unter die Decke auf der Bank und zog ein übergroßes Notizbuch hervor. Er klappte es von hinten auf, nahm ein paar lose, vergilbte handgeschriebene Zettel heraus und reichte sie mir. Darauf standen Buchstaben, Symbole und umrahmte Zeichen.

»Was ist das?«

»Das sind Zauberformeln und Zaubersprüche. Sieh hier, das ist Arabisch. Aber das hier«, er blätterte um, »stammt von den Kopten.« Ich blätterte Seite für Seite durch, zuerst die losen handschriftlichen Aufzeichnungen und dann das Notizbuch, das ebenfalls voller Zauber- und Beschwörungsformeln war. Muhammad deutete auf den »Stern des Salomon« (ein Fünfeck), die »Bilder der Pharaonen« (die aussahen wie demotische Schriftzeichen und Bildsymbole) sowie die »Schreibweise der Kopten«. Was da auf meinem Schoß lag, war möglicherweise eine komprimierte Version all dessen, wonach ich die ganze Zeit gesucht hatte – das Geheimwissen, von dem man Herodot einst erzählt hatte, das in der ganzen arabischen Welt für Ägyptens Ruhm gesorgt und im Mittelalter unzählige Europäer über das Mittelmeer gelockt hatte auf der Suche nach der Weisheit der Alten, ein Wissen, das ein gut Teil der Mystik untermauerte und das Interesse an Ägypten während der Aufklärung und im 19. Jahrhundert schürte, ein Wissen, das nach Meinung zahlreicher heutiger Zeitgenossen noch immer in den tiefsten Winkeln der koptischen Klöster verborgen liegt.

Die Authentizität der Texte stand außer Zweifel, doch war ich mir nicht sicher, ob Muhammad mit all dem etwas anzufangen wusste. »Nun, was machst du denn damit?«

Muhammad sah mich durchdringend an. Das Weiße seiner Augen hatte die Farbe verfaulter Eier. »Alles Mögliche, du kannst alles Mögliche damit anstellen. Willst du einen *afarit* sehen? Kein Problem. Du musst mir nur einen Frosch bringen, den ich für dich töte. Das Froschblut schmiere ich dir dann über die Augen und lese die Worte auf der Seite hier, und schon erscheint der *afarit*, hier und hier und hier.« Während er in alle Ecken des Zimmers zeigte, erinnerte ich mich an Gamals Worte in Luxor, über zu Berge stehende Haare und zitternde Hände. »Diese Seiten erlauben es dir«, fuhr

Muhammad fort, »die Dschinn herbeizurufen und die Menschen, die unter der Erde leben. Du kannst auch die *malayka* herbeirufen, die Engel.«

»Vom Himmel herunter?«

»Die sind im Himmel oben und auch hier unten.«

Muhammads Haus lag am Dorfrand, ganz in der Nähe des Pyramidenplateaus. Kaum war die Sonne hinter den Pyramiden verschwunden, wurde es im Zimmer düster, obwohl die Tür offen stand. Ich war noch immer nicht überzeugt, ob er mit den Papieren wirklich etwas anzufangen wusste.

»Kommen Leute zu dir wegen der Bücher?«

»Viele.«

»Gibt es im Dorf noch andere, die solche Seiten besitzen?«

»Einige.«

»Und sie auch benutzen?«

»Nicht jeder weiß sie zu benutzen. Ich habe sie vor langer Zeit von einem Scheich bekommen, und bei mir wirken sie sehr gut.«

»Was kannst du noch damit machen?«

»Vielleicht vermisst du dein Mädchen und willst sie gern bei dir haben? Wenn wir diesen Spruch hier aufschreiben und die Anweisungen befolgen, dann wirst du sie morgen, wenn du wiederkommst, hier vorfinden. Vielleicht hat dir eine ja auch übel mitgespielt, und du willst sie dafür büßen lassen. Dann schreiben wir ihren Namen damit«, sagte er und schüttelte ein Fläschchen roter Tinte, »und schreiben noch ein paar Worte aus dem Buch und verbrennen das Ganze. Und so wie es brennt, wird sie zugrunde gehen.«

»Im Alten Ägypten«, betont Umm Seti, »waren Magier hoch angesehene und gebildete Leute, und … viele waren Prinzen, wie etwa Kha-em Wast, ein Sohn von Ramses II. …, wohingegen ihre Nachfahren von heute für gewöhnlich arm und ungebildet sind.« Wenn Muhammad tatsächlich über derlei magische Kräfte verfügte, wie erklärte es sich dann, überlegte ich, dass er in diesem kleinen, schlicht möblierten Haus wohnte? Warum liefen seine hübschen

Kinder barfüßig und zerlumpt durch die Gassen? Warum arbeitete seine Frau immerzu, und warum erklomm er mit amerikanischen Touristen Pyramiden? Wenn er tatsächlich über derlei Kräfte verfügte, müsste er sich dann nicht zu Wohlergehen verhelfen können, so wie er es auch für mich tun wollte? Wenn er diese Kräfte hatte, dann, so wurde mir bewusst, als ich die dunkle Maske seines Gesichts musterte, das mich unentwegt beobachtete, musste er fähig sein, meine Gedanken zu lesen. Ich versuchte es: Hallo, Muhammad, wenn du meine Gedanken lesen kannst, dann sei doch so nett und hilf mit deinen magischen Kräften meinem Buch.

Muhammads Blick wanderte durch das Zimmer. Er ging zu einem anderen Diwan und brachte ein weiteres Buch mit Zauberformeln zum Vorschein. »Diese hier sind für andere Situationen.«

»Als da wären?«

»Wenn du willst, können wir erreichen, dass deine Frau dich für alle Zeit lieben und begehren wird oder dass dein Buch ein großer Erfolg wird und jeder es lesen möchte.«

Ich bin nicht abergläubisch, und abgesehen von Alphabettafeln, die ich als Teenager besaß, hatte ich mit solchen Dingen keinerlei Erfahrung. Ich war als Zyniker hierher gekommen, als Skeptiker, als Ungläubiger, doch ich muss zugeben, dass mich nun bei dem Gedanken, was er zu tun imstande sein könnte, wenn er seine Möglichkeiten voll ausnutzte, ein heftiger Schreck durchfuhr. Als Rationalist verlor ich den Boden unter den Füßen, wurde hineingezogen durch mein Verlangen nach Wissen und Erkenntnis. Mir ging durch den Kopf, dass hierin der Schlüssel für den grundlegenden Unterschied zwischen ihm und mir lag, zwischen Ägyptern und Westlern (sofern Verallgemeinerungen hier angebracht sind), zwischen denen, die mit den Resten ihres alten Erbes leben, und denen, die ihre Traditionen verloren haben. In jenem Augenblick erahnte ich, dass mein eigenes Überleben in Frage gestellt war.

Schicksal oder Zufall griffen einmal mehr zu meinen Gunsten ein, und zwar in der ebenmäßigen Gestalt von Muhammads Gattin.

Die beiden hatten etwas zu erledigen, mussten jemandem einen Besuch abstatten. Hatte er das vergessen?

»Überlege dir, was ich für dich tun soll. Mein Haus ist dein Haus, also komm bitte wieder.«

Wir standen auf. Unter den Dorfbewohnern war es Sitte, für eine solche Sitzung zu bezahlen, und so wollte auch ich mich erkenntlich zeigen und gab ihm einen größeren Betrag. Viermal versuchte ich, ihm das Geld zuzustecken, und viermal schlug Muhammad es aus mit den Worten: »Du bist mein Gast.«

»Dann lass mich nur noch eines wissen: Wenn du deine Magie tatsächlich einsetzen kannst, wenn du tatsächlich magische Kräfte besitzt, gibt es da nichts, was du dir für dich selbst wünschst?«

Er lächelte milde. »Sieh mich an. Ich habe ein Haus, eine Frau, Kinder, ich bin gesund. Alles bestens. Am Ende müssen wir uns doch dem Willen Allahs ergeben. Nur manchmal erfahren wir Hilfe erfahren. Ich werde für dein Buch beten.«

Muhammad habe ich nicht wieder besucht, und ich habe auch keinen Rifai gefunden, der bereit gewesen wäre, mit mir zu sprechen, aber das war mittlerweile egal. Ich wusste nun, dass die magischen Elemente altägyptischer religiöser Praktiken in der Schwarzen Magie weiterlebten, in der »Hexenküche« der Naturheilkundler und womöglich auch in den Geheimnissen der Rifai. Noch abzuwarten blieb, ob Muhammads Gebete und Beschwörungsformeln mir helfen würden, die fortlebenden Reste zu finden, die ich finden wollte.

# Die ersten Ägypter

> Was mich in diesem Land am allermeisten verblüfft, ist die Art und Weise, in der man unaufhörlich an Herodot erinnert wird. Christentum und Islam stecken in Ägypten voller antiker Riten.
>
> *Lucie Duff Gordon*

Aus der staubigen Dunstglocke über Kairo erhoben sich im Licht der Morgendämmerung die Pyramiden wie das erste Land aus dem Urmeer des vorweltlichen Chaos; aus dem Smog, dem Dunst der Wüste und dem Schleier der Zeit ragten stolz die Spitzen der Pyramiden zum Himmel. Ich stand davor, in der Finsternis, sah zu, wie sie langsam an Kontur gewannen, blassbeiger Kalkstein an einem blassgrauen Morgen. Die Wachen rückten ab. Neue Wachen bezogen Stellung. Hinter mir lag das Dorf Nezlet es-Semaan mit seinen Nachbardörfern. Irgendwo dort unten lag das Haus der Scheichin, die Marina wegen ihrer Fruchtbarkeit zu Rate gezogen hatte. Und irgendwo dort unten wohnten auch Munir und der naturheilkundliche Malermeister sowie der Magier Muhammad Abdel-Wanis. Die Hähne krähten, der Ruf zum Morgengebet erscholl, und quer über das Tal breitete sich das ununterbrochene Dröhnen des Verkehrs. Kairo erwachte.

Ich wollte sehen, wer am frühen Morgen hierher kam, um den Sonnenaufgang zu beobachten – Dorfbewohner etwa auf der Suche nach dem Fruchtbarkeitssegen; oder ausländische Touristen, die das

Abenteuer suchten und die Große Pyramide erklimmen wollten; oder aber Anhänger der New-Age-Bewegung, die mit Gebeten und Räucherwerk die Ankunft eines neuen Tages begrüßten und Isis und Osiris priesen.

Ganz in der Nähe standen zwei Wachen. Einer hielt ein kleines Radio an sein Ohr und lauschte dem Morgengebet. Der andere beäugte mich misstrauisch, schwenkte nach einer Weile sein Maschinengewehr und bedeutete mir damit, zu ihm zu kommen. Vor ein paar Jahren noch hätte ich sein Gehabe belächelt – alles großes Getue und nichts dahinter. Doch als die Terroristenkampagne startete, sorgte der Innenminister für einen Gleichstand der Mittel und stattete die Wachen mit scharfer Munition aus. Somit befolgte ich den Wink mit der Waffe und ging hinüber, allerdings so langsam wie möglich.

»Was tun Sie hier?«, fuhr er mich verständnislos an. »Es ist verboten, sich bei Dunkelheit hier aufzuhalten.«

»Es ist doch gar nicht mehr dunkel.«

»Sie brauchen aber eine Eintrittskarte. Wo ist sie?«

»Aber ich will gar nicht hinein. Ich will nur den Blick genießen, von hier aus.«

Er wusste, dass er nicht die Befugnis hatte, mich zu vertreiben. »OK, dann geben Sie eine Zigarette.« Ich hatte keine dabei, aber selbst wenn, ich hätte ihm keine gegeben. Auf die Idee kam er aber nicht. »OK, dann geben Sie mir ein Pfund.« Kein Wunder, dass Muhammad diese Jungs ohne Weiteres dazu hatte bewegen können, sich Scheuklappen aufzusetzen, als die Ausländer die Pyramide erklimmen wollten.

Ich hatte mir vorgenommen, den Morgen über hier zu verweilen, doch dann erhob sich ein plötzlicher Wind und führte sein eigenes magisches Schauspiel vor, indem er einen Sandsturm aus der Wüste hervorzauberte und die Pyramiden verschwinden ließ. Ich stand zwar gut einhundert Meter von ihnen entfernt, doch ihre Umrisse ließen sich durch die orangebraune Luft nicht mehr ausmachen.

Das konnte eine Erklärung dafür sein, warum sich hier keine anderen Morgenbesucher tummelten. Vielleicht hatten die »New Ager« eine göttliche Vorahnung gehabt oder ihren Verstand benutzt und die Wettervorhersage gehört.

Dem Taxifahrer, der mich zurück in die Stadt fuhr, stand ein süffisantes Lächeln im Gesicht, und ich erwiderte seine wenigen scherzhaften Bemerkungen so knapp wie möglich. Zu jener morgendlichen Stunde, inmitten der Blechlawine, die sich klappernd und ratternd in die Stadt wälzte, würde es gut eine Stunde bis ins Zentrum dauern. Ich nahm mein Notizbuch zur Hand und begann zu schreiben.

Der Name des Fahrers war Sayyed, aber er hätte lieber Steve McQueen geheißen. Obwohl die Sonne den dichten Nebel noch nicht durchdrungen hatte und man nur wenige Autos weit sehen konnte, setzte er sich seine metallgerahmte Ray-Ban-Sonnenbrille auf die Nase, lauerte auf jede Lücke, scherte aus und versuchte, sich in die Nebenspur einzufädeln und sich so vorwärts zu drängeln. Jedes Mal, wenn wir ins Stocken gerieten, stierte Sayyed mich an in einer Mischung aus Faszination, Erstaunen und Unbehagen. Schließlich nickte er in Richtung meines Notizbuches und fragte: »Was tust du da?« Seine Stimme klang nervös und gereizt, als ob ich mich mit der merkwürdigsten Sache der Welt beschäftigte und er sich dadurch bedroht fühlte. »Schreibst du über mein Auto?«

Ich fragte mich, wie viele Leute mit Stift und Papier er kennen mochte. Vielleicht Magier, die mit dem Aufschreiben von Zaubersprüchen seinen Motor blockieren könnten? Oder den ein oder anderen Verkehrspolizisten, der die Angewohnheit hatte, junge Taxifahrer herauszupicken, wenn sie ein paar extra Groschen benötigten? Ich legte das Notizbuch beiseite.

Die Pyramidenstraße war einst eine jener idyllischen Landstraßen gewesen, wo Landschaft, antike Monumente (in diesem Fall die Pyramiden) und Dorfbewohner in glücklicher Eintracht lebten. Zusammen bildeten sie die Art Kulisse, die orientalische Maler so liebten. Eine lange, gerade Straße, gesäumt von Schatten spendenden Bäumen, in den 1860er Jahren, als Edward Lear sie malte, umgeben von fruchtbarem Ackerland. Die Straße war von Zeit zu Zeit aufgeschüttet worden, um sie bei Nilflut über dem Wasserstand zu halten – ein trockener Damm, der die Stadt mit dem Pyramidenplateau verbindet.

Auch heute kann man noch immer erahnen, wie die Straße nach Sakkara einmal ausgesehen haben muss. Doch als Kairo sich mehr und mehr ausdehnte, schritt auch die Bebauung im Umland Richtung Pyramiden zügig voran, wo vor allem die wohlhabenderen Bürger ihre Villen hinsetzten. Nachtclubs, Gartenrestaurants und Spielcasinos eröffneten, wo ausländische Touristen, reiche Ägypter, berühmte Bauchtänzerinnen, leichte Mädchen und in den 1940er Jahren auch der letzte König, Faruk, ein und aus gingen.

Ein paar dieser imposanten neoklassizistischen Villen haben sich erhalten und sind in amtlichen Dienst gestellt – als Wohnsitz ausländischer Botschafter und von Ägyptens Geldadel, in anderen finden sich die Mubarak-Bibliothek oder Ministerien –, doch das meiste Land zwischen Nil und Pyramiden wurde zugepflastert mit Betonblocks, Mittelklassehotels, klotzigen Hospitälern, Einkaufsmeilen, Fast-Food-Märkten, Bars, Theatern und der Sorte Discos, in denen blutjunge Sudanesinnen und Äthiopierinnen sich ihren Lebensunterhalt verdienen. Während ich hinaussah auf die billige neumoderne Glitzerwelt und gleich dahinter auf die Unterkünfte der Ärmsten der Armen, veranstaltete Sayyed plötzlich seltsame Verrenkungen, verdrehte die Hand und hielt sie mir dann komisch verquer vor die Nase. Ich sollte das Tattoo auf seinem Handgelenk betrachten. Dabei hatte ich es gleich bemerkt, als ich ihm begegnete, doch das Letzte, wonach mir der Sinn stand, war, mich mit ihm darüber zu unterhalten. Nun ließ es sich nicht mehr vermeiden.

»Ja, ich habe dein Tattoo schon gesehen. Sehr hübsch.«

»Weißt du, wofür es steht?«

»Ja.«

Er tat, als hätte er das nicht gehört. »Koptisch«, erklärte er und hob den Arm hoch, um mir das auf seinem Handgelenk eingravierte dunkelblaue Kreuz zu zeigen. Dabei fiel mir auf, dass der Saum an seinem grünen Hemdsärmel mit rotem Faden unbeholfen vernäht war.

»Ich weiß.«

»Koptisch«, wiederholte er, als müsse ich ihm dafür auf die Schulter klopfen. »Und du? Bist du Christ?«, fragte er zuversichtlich.

»Kein Kopte.«

»Macht nichts.«

Von all den eingefahrenen Klischees, die auf Ägypten zutreffen – Land der Schönheit und Kultur; Alexandria, Perle des Mittelmeers; Kairo, Mutter der Welt –, hat das über die Kopten als die wahrhaftigen Nachfahren der Pharaonen am ehesten mit dem Alten Ägypten zu tun. Ich betrachtete mir Sayyed etwas näher, ersetzte in Gedanken sein Hemd und seine Hose durch ein loses antikes Gewand – was sehr überzeugend aussah – und fragte dann, wie er über seine Abkunft dachte.

Freudig erregt legte er los: »Natürlich sind wir die wahren Ägypter. Wir waren schon vor den Muslims hier. Als der Heilige Markus nach Alexandria kam ...«

Es folgte die vertraute Leier, dass das Christentum bereits im Jahre 45 durch den Evangelisten Markus nach Ägypten gelangte. Für diese Behauptung gab es, soweit ich wusste, aber nicht die Spur eines Beweises, was für Sayyed nicht den geringsten Unterscheid machte – so viel wusste ich. Und außerdem könnten bei dieser Argumentationsweise auch die Juden, die ich in Alexandria kennen gelernt hatte, für sich beanspruchen, »die wahren Ägypter« zu sein, denn immerhin können sie ihre Besitztitel noch weiter zurückverfolgen als die Christen, nämlich bis zur Zeit Ptolemäus I. und möglicherweise noch weiter.

An der nächsten Ampel standen wir neben einem Pick-up, der drei Kamele zum Schlachthof transportierte. Die Tiere beäugten die Insassen eines überfüllten Busses mit hochmütiger Verachtung. Es sah so aus, als müssten wir einige Zeit hier stehen bleiben, denn Sayyed hatte den Motor abgestellt. Ich schrieb eine kleine Notiz in mein Buch über die Oberflächlichkeit, mit der Sayyed beanspruchte, ein »wahrer Ägypter« zu sein. Als ich aufsah, bemerkte ich, dass sein Gesicht wieder Furchtsamkeit und tief verwurzelten Verfolgungswahn ausdrückte, und ich fügte einen letzten Satz hinzu: »Ironie des Lebens, dass ein Nachfahre desjenigen Volkes, das Papier und Schrift erfunden hat, eine derartige Furcht vor einem Notizbuch an den Tag legt.«

Vor dem Amtssitz des Oberhaupts der Koptischen Kirche, unweit vom Ramses-Platz, stieg ich aus dem Taxi. Am Eingang hob der Wachtposten die Hand, eher demonstrativ als provokativ. »Shenouda«, rief ich, und er nahm wohl an, dass ich damit »Seine Heiligkeit Papst Shenouda III. von Alexandrien und Patriarch des Stuhles vom Heiligen Markus«, meinte. Dennoch zögerte er, ließ nur wenige Besucher ein. Es dauerte eine Weile, bis er auch mich durchwinkte.

Der Komplex ähnelte in weiten Teilen den antiken Tempelanlagen. So wie die antiken Tempel zumeist in der Mitte eines großen von Mauern umgebenen Geländes standen, so überragte das Mauerwerk der neuen Kathedrale die Ansammlung der übrigen Gebäude. Wie in der Antike standen auch hier nebengeordnete Bauten, wie Schreine, Lagerräume, Priesterunterkünfte, die Residenz des Patriarchen/Pharaonen, Schulen, ein Wachhäuschen, ein Geschäft. (»Diese Analogie lässt sich noch ein bisschen weiterführen«, wie mir später ein Freund in London sagte, »bis zu der Aussage, dass der koptische Papst eine Reinkarnation des Pharao ist. Bei offenen gottesdienstlichen Versammlungen, die er in der Kathedrale abhält, wird er wie ein Gott behandelt, die Menschen küssen ihm die Hand, die Robe und kleben ihm an den Lippen. Es soll Wunderheilungen geben und reihenweise in Ohnmacht fallende Menschen. Und genau wie ein Pharao ist auch er ein Autokrat.«)

Eigentlich war ich gekommen, um einen anderen Shenouda zu besuchen, Professor Dr. Zaki Shenouda, einen liebenswürdigen, freundlichen Mann, der das Institut für Koptische Studien schon länger leitete, als sich seine Assistenten erinnern konnten. Er saß mit ein paar Freunden in geselliger Teerunde beisammen, als ich sein geräumiges Büro betrat. Trotz seiner kleinen Statur und der von Alter – er war mindestens achtzig Jahre alt – und Krankheit gelblich gefärbten Haut wirkte er elegant und trat noch immer sehr bestimmt auf. Er bat mich neben sich auf das Sofa und hielt mich am Hemdsärmel fest, als befürchtete er, dass ich gleich wieder davonlaufen würde.

»Um zu verstehen, was ein Kopte ist, müssten Sie drei Jahre hier neben mir sitzen bleiben.« Dabei meinte er das gar nicht unbedingt als Witz – so wie er es sagte, klang es eher, als wolle er die letzte Beichte ablegen und sicher sein, am Ende auch alles offenbart zu haben. »Die Kopten sind direkte Nachfahren der Pharaonen. Als die Araber und Amr Ibn al-As nach Ägypten kamen, verstanden sie kein Wort der koptischen Sprache. Was Religion und *civique* angeht« – schwenkte er ins Französische um –, »verstanden sie überhaupt nichts. Sie begriffen nicht einmal, dass die Statuen und Monumente zu Ehren der Pharaonen religiöse Symbole waren. Sie verstanden auch nicht, dass die Pharaonen, wie die Kopten, einem einzigen Gott huldigten mit einem einzigen Namen. Und das ist der Grund, warum sie über das Alte Ägypten nichts schriftlich festgehalten haben. Ende der Geschichte – und es wäre auch das Ende der pharaonischen Kultur gewesen, hätten die Kopten nicht Musik und Kunst der Pharaonen lebendig gehalten, zwei Elemente, die heute in der koptisch-orthodoxen Kirche weiterleben. Die Pharaonen haben noch auf zahlreiche andere Weisen überlebt. So wissen wir beispielsweise, wie sie damals beteten und in ihren Tempeln auftraten, indem wir Rückschlüsse aus dem heutigen Verhalten der Kopten ziehen.«

»Aber in der Zwischenzeit haben sich doch so viele Faktoren verändert, wie ist es da möglich, Parallelen zwischen euch und den Pharaonen zu ziehen?«

Er lächelte milde und nickte in die Runde seiner schweigenden Freunde, als ob er sagen wollte: »Kaum zu glauben, so ein Blödmann!«

»Ich bin wie Sie Schriftsteller«, hub er an, obgleich das keine Antwort auf meine Frage war. »Ich habe viele Bücher geschrieben, darunter auch eines über dein Thema. Den Pharaonen zufolge dauerte das Austrocknen eines Leichnams, um ihn für die Mumifizierung vorzubereiten, vierzig Tage. Die Kopten brauchen vierzig Tage bis zum Ende der Begräbnisfeierlichkeiten. Christinnen tun viele Dinge, die bekanntermaßen schon die pharaonischen Frauen getan haben. Zum Beispiel besprenkeln sie ihre Gesichter mit Schlamm, tragen Schwarz und verhüllen ihr Gesicht mit einem Schal. Solche Bilder finden sich auch auf antiken Gräbern.«

»*Chez les pharaons*«, fuhr er auf Französisch fort, »gab es Prophezeiungen über die Ankunft des Messias. Osiris ist Christus und Isis seine Mutter, die Jungfrau. Auch andere Dinge haben wir übernommen. Die Christen kennen den vom Himmel gestürzten Engel, im Alten Ägypten war das der Gott Seth, der Osiris tötete und seither den Gott des Bösen verkörperte. Der Pharaonentempel ist unseren Kirchen sehr ähnlich. Tempel wie Kirchen haben hohe Mauern und keine Fenster, denn das Leben darinnen soll wie im Himmel sein. Selbst die Gewänder der Priester ähneln denen von damals. In der Antike waren die Klöster sehr reich.«

»Und heute?«

Er zwinkerte. »Sehr reich. In unserer Kirche ist der Patriarch der König, während für die Menschen der Antike der Pharao auch der Oberpriester war.«

»Aber wie konnte sich dies alles erhalten?«

»Dafür gibt es zwei entscheidende Gründe. Erstens, Ägypter sind konservativ und die Kopten ganz besonders. Zweitens, weil die Kopten von der übrigen christlichen Welt isoliert und abgedrängt wurden, nachdem es in der Frage um die wahre Natur Christi im Konzil von Chalkedon im Jahre 451 zur Kirchenspaltung gekommen war. Seither haben wir ohne jedwede Einwirkungen von außen und mit besagtem ägyptischen Konservatismus den ursprünglichen, und ich würde sogar sagen den wahren Geist des Christentums bewahrt.«

Frischer Tee wurde auf einem kleinen Metalltablett serviert. Durch die vielen Bürofenster flutete das Sonnenlicht. Professor Shenoudas Sekretärin und weitere Besucher traten ein. Er wandte sich zu mir und reichte mir die Bücher, die seine Sekretärin gebracht hatte, zwei von drei Bänden seiner *History of the Copts*, in denen er den Anspruch auf das koptische Erbe umfassend begründet.

»Wenn wir auch das pharaonische Erbe bewacht und gefördert haben, heißt das noch lange nicht, dass unser Fortdauern gesichert ist. Für uns sind heute schwierige Zeiten angebrochen. Die Regierung ist gegen uns. Früher mussten wir hier bleiben und leiden, heute haben wir den päpstlichen Segen, um Ägypten zu verlassen. Viele Kopten sind schon gegangen. Andere sind geblieben. Ich habe ein Buch geschrieben über Nasser und über den anderen … Sadat … über verschiedene Minister. Das hat manchen nicht gefallen, ich habe daraufhin Schwierigkeiten bekommen, ich bin aber immer noch da. Und lasst euch von jemandem wie mir – ich bin an Krebs erkrankt – gesagt sein, dass es in unserem Land ein Krebsgeschwür gibt.« Trotz Professor Shehoudas offensichtlichem Kummer hielt ich seine Ansichtsweise für etwas übertrieben. Die Koptische Kirche wurde unter der römischen Besatzungsmacht geboren und genährt. Sie war die Kirche, die ihr Kreuz ihre gesamte Geschichte hindurch trug, und selbst zahlreiche Verfolgungen konnten sie nicht erschüttern. Warum also sollte sie den Kampf hier und heute aufgeben? Dafür konnte zumindest ich keinen Grund erkennen.

Professor Shenouda wusste nicht zu sagen, wie die Zukunft der

Kopten aussehen würde. Er jedenfalls sah sie in keinem strahlenden Licht. Die strahlende Sonne schien eher höhnisch vom Himmel zu lachen. Vielleicht, meinte er, gebe es ja noch ein paar, die weiter kämpfen würden. »Letzte Woche wollte jemand unsere Kirche in Brand stecken. Und das war nicht das erste Mal. Wir haben ihn entdeckt, bevor er Schaden anrichten konnte. Da rannte er davon.«

Professor Shenouda schien mit der Vergangenheit glücklicher, also kehrte er nach seinem Rundumschlag zu meiner Ausgangsfrage über die Kopten zurück. »Ein Kopte ist sowohl ein Pharao als auch ein Sklave.« Ich blickte ihn etwas verwirrt an, und so versuchte er es noch einmal: »Außen sind wir Sklaven, aber innen Pharaonen.« In diesem Augenblick kamen weitere Männer in sein Büro und unterbrachen ihn. Einer von ihnen, ein junger Dozent, der sich in den Vordergrund drängte, reichte mir eine Sammlung Taschenbücher und Kurztexte, die er verfasst hatte. Er wollte mich unbedingt treffen, sobald ich sie gelesen hatte. Die Titel lauteten: *Der Anti-Christ, Die drohende Gefahr, Die Zahl der Bestie 666, Ausgetriebene Teufel* und *Unbekannte Flugobjekte: Die Triumphwagen der Cherubim*? Die Botschaft war klar: Der Teufel wusste nicht, was treiben, und hatte es auf die Kopten, das Alte Ägypten in Person, abgesehen. Ich ließ die Bücher in meiner Tasche verschwinden. Das wollte ich auch – verschwinden. Beim Abschied riet mir Professor Shenouda: »Ich an Ihrer Stelle würde mich auf drei Elemente unserer Religion konzentrieren: Kunst, Musik und Klöster.«

Auch andere haben die Meinung vertreten, dass die Kopten die Erben der Pharaonen sind. Lucie Duff Gordon schrieb in den 1860er Jahren: »Die Kopten sind zweifelsohne die alten Ägypter. Die leicht hakenförmig gebogene Nase und die lang gezogenen Augen entsprechen den Profilen auf Gräbern und Tempeln sowie den frühesten byzantinischen Bildern; *du reste*, das Gesicht ist schön geschnitten, im Allgemeinen aber blassfahl mit leichter Neigung zum Rundlichen, und der Gestalt fehlt die Anmut der Grazie der Araber... Ihre Füße sind langzehig, ansonsten plattfüßig wie ägyptische Statuen...«

Edward Lane, der einige Jahrzehnte früher darüber nachgedacht hatte, war etwas zurückhaltender: »Die Kopten sind ohne Zweifel die Nachfahren der alten Ägypter«, schreibt er in *Sitten und Gebräuche der heutigen Ägypter,* »aber keine unvermischte Rasse; ihre frühchristlichen Vorfahren verheirateten sich auch mit Griechen, Nubiern, Abessiniern und anderen Fremden... Die Kopten liegen daher im Durchschnitt etwas unter der mittleren Körpergröße; ebenso die Ägypter, wie sich anhand von Mumien feststellen lässt... Die meisten Kopten ließen ihre Söhne beschneiden; eine weitere Praktik, die von den heidnischen Vorfahren übernommen wurde.«

Lane war der Ansicht, die Kopten hätten ihren Namen von der Stadt Coptos, in der viele während der Verfolgungen durch die Römer Zuflucht suchten. Andere meinen, wie Girgis beim *moulid-*Abu el-Haggag, dass der Name auf das griechische »Aigyptos« zurückginge, was wiederum eine griechische Verballhornung sei des altägyptischen »Ha-ka-Ptah«, Haus des Gottes Ptah.

Es ist unmöglich, die Wurzeln des Christentums in Ägypten bis zum Evangelisten Markus, der in Alexandrien missionierte, zurückzuverfolgen, auch wenn die Legende überzeugend detailliert wirkt: Als Markus vom Hafen in die Stadt ging, riss der Riemen seiner Sandale. Glücklicherweise war gleich am Stadttor ein Schuster. Während der Schuster die Sandale flickte, verletzte er sich, doch Markus heilte die Wunde auf wundersame Weise. Daraufhin lud der Schuster ihn zu sich nach Hause ein, um ihn seiner Frau vorzustellen, und so wurden die ersten Ägypter zum Christentum bekehrt. Der Name der Schusters war Annianus, später wurde er Oberhaupt der christlichen Gemeinde in Alexandrien.

Überzeugender ist hingegen die Tatsache, dass der früheste Text des Neuen Testaments, den man in Ägypten gefunden hat, in der Mitte des 2. Jahrhunderts geschrieben wurde. Zu jener Zeit waren Christen sicherlich bereits in Ägypten ansässig, zunächst möglicherweise Konvertiten aus der jüdischen Gemeinde Alexandriens. Inwieweit einige frühe Zeugnisse von Märtyrertum den historischen Tatsachen entsprechen, lässt sich nur schwer überprüfen, doch erreichte die Verfolgung im 3. Jahrhundert zweifelsohne ihren Höhepunkt. Dafür spricht zum Beispiel, dass Christen gezwungen wurden, mittels eidesstattlicher Erklärungen Beweise für Gabenopfer an die Götter zu erbringen. Im Wortlaut einer dieser Erklärungen hieß es: »Ich versichere, (den Göttern) Opfer und Libationen dargebracht und mich am Opfertrank mit Frau, Sohn und Tochter gelabt zu haben«. Unter Kaiser Diokletian kam es zu den blutigsten Verfolgungen der Kopten, die eine große Zahl Märtyrer forderten. Damals benannten die Kopten ihren Kalender um, der seither Märtyrerkalender heißt.

Selbst nach zwei Jahrhunderten ununterbrochener Forschung gestaltet es sich äußerst schwierig, ein vollständiges Bild vom damaligen Ägypten und der christlichen Entwicklungsgeschichte zu entwerfen. Frühe Texte sind zu ungenau und zu vage, um ein solches Bild zu präzisieren, während spätere Berichte ein Interesse daran hatten, das Bild in die eine oder andere Richtung zu verändern. Als einigermaßen gesichert gilt folgender Tatbestand: Ebenso wie die Christen die Bildnisse der alten Götter verunstaltet und heidnische Tempel ihren Zwecken angepasst haben, damit dort christliche Zeremonien stattfinden konnten, hat das Christentum auch einiges von den Grundlehren und Ritualen der heidnischen Kulte absorbiert.

Wir wissen nicht, ob die frühen Christen bewusst zerstörerisch zu Werke gingen oder es sich um eine Form von religiöser Osmose handelte, ganz sicher aber verschmolzen Vorstellungen alter Kulte mit dem neuen. Zeugnis vom damaligen Geschehen gibt ein kurzes Bittgebet auf einem Papyrusfragment aus dem 5. oder 6. Jahrhundert, das bei Oxyrhynchus gefunden wurde. Nacheinander werden dort heidnische, jüdische und christliche Gottheiten angerufen: »Hor, Phor, Eloah, Adonai, Iao, Sabaoth, Michael, Jesus Christus, helft uns und diesem Haus. Amen.«

Dr. Isaac Fanous empfing mich in seinem Atelier, einem großen, luftigen, durch Jalousien abgedunkelten Raum. Seine äußeres Erscheinungsbild, das er allem Anschein nach seit seiner Studienzeit im Paris der 1960er Jahre beibehalten hatte, war eher nachlässig, hatte etwas von unbekümmerter Künstlernatur und wollte so gar nicht zur absoluten Ernsthaftigkeit seiner Arbeit passen.

Ich war der Einladung in sein Atelier gefolgt, da er mir unbedingt zeigen wollte, woran er mit seiner Klasse arbeitete. Ein paar Studenten arbeiteten auf einem erhöhten Podest an der Zusammensetzung eines großen Mosaiks, andere waren auf einer der langen Bänke mit dem Bemalen von Ikonen beschäftigt.

Dr. Fanous erfreut sich allgemeiner Hochachtung, da er mehr oder weniger eigenhändig die Kunst der Ikonografie in Ägypten wieder aufleben ließ. »Vor rund 1500 Jahren hätte sich Ihnen in einer Künstlerwerkstatt das gleiche Bild geboten, doch vor 1960 hätten Sie vergeblich nach solch einer Schule gesucht. Das Handwerk hatte aufgehört zu existieren, niemand fertigte mehr Ikonen. Als dann der Wunsch laut wurde, dass unsere Kirche eine eigenständige künstlerische Identität haben sollte, ließ ich mich von dem inspirieren, was einst verloren gegangen war.« Fanou besann sich auf das goldene Zeitalter früher koptischer Ikonen – in den Jahren zwischen dem Niedergang der römischen Herrschaft und der aufstrebenden Macht der Araber – und ließ den Stil und die Technik der alten koptischen Kunst wieder auferstehen. »Die Materialien, die wir hier verwenden, die Tempera oder die Holzbrettchen, sind die gleichen, die auch vor 1500 Jahren verwandt wurden.«

Dr. Fanous schlug vor, ich solle mit einem seiner früheren Schüler zu sprechen, Dr. Stephane René, dessen Doktorarbeit vor uns auf dem Tisch lag. »Stephanos«, sagte Dr. Fanous überschwänglich, »war mein bester Schüler.«

Seit seiner Promotion bei Dr. Fanous in Kairo pendelte Dr. René zwischen London, wo er für das »Prince of Wales Institute for Architecture« arbeitete, und Kalifornien hin und her, wo er Ikonen für die wachsende koptische Gemeinde malte. Ich erzählte ihm von einem Gedanken, den ich Dr. Fanous nicht hatte mitteilen wollen: Wenn nämlich die Tradition der koptischen Ikonografie erloschen war, konnte man nicht von Kontinuität sprechen. Fanous hatte zwar in allerlei Vermutungen aufgestellt über die Arbeitsweisen antiker Ikonenmaler, doch sind diese unmöglich zu überprüfen.

Dr. René war sehr viel beredter als sein Meister: »Auf eine Art haben Sie Recht. Vor 1500 Jahren gehörten die Ikonen zum Alltag, hingen in Wohnungen oder Vorratskammern an den Wänden, ohne dass jedem immer klar war, was sie darstellten. Ich glaube, dass Traditionen überdauern, ganz versteckt, in uns allen. Fanous trägt das Erbe seines Volkes in sich, ob er sich dessen bewusst ist oder nicht. Man könnte auch sagen, es ist ihm angeboren, ist in seiner DNS oder seinem Unterbewusstsein. Zugegeben, Fanous ging die Sache von einer anderen Seite an; er wollte finden, was verloren gegangen war – ganz gezielt, obwohl er in Paris, wo er damals arbeitete, die Möglichkeit gehabt hätte, auch auf andere Traditionen und Einflüsse zurückzugreifen. Was er aber nicht tat. Fanous bewegte sich weg von der byzantinischen Kunst, um die ägyptischen Ikonen von fremden Einflüssen zu reinigen. Das war natürlich unmöglich, aber allemal ein lohnendes Experiment, denn nur so konnte er das eigentlich Ägyptische in den Bildern erkennen.«

»Und was war das?«

»Die Konturen, der hieratische Stil, keine unnötigen Ausschmückungen. Betrachten Sie heute eine koptische Ikone, dann blicken Sie auf eine Tradition – ob sie kontinuierlich bestanden hat oder nicht –, die sich bis ins 4. Jahrhundert zurückverfolgen lässt, als koptische Ikonenmaler aus politischen Gründen dem byzantinischen Stil den Rücken kehrten.«

»Und davor?«

»Haben Sie die Faijum-Porträts gesehen? Die gemalten Gesichter sind von der Technik her griechisch-römisch; ab der römischen Zeit wurden Bildnisse Verstorbener auf Holztafeln gemalt, die in die Mumienbinden eingefügt wurden und die traditionellen Totenmasken ersetzten. Die Faijum-Porträts stellen die Verbindung dar zwischen heidnischer und christlicher Kunst, sowohl was die Technik als auch was die Form angeht.«

»Und vorher?«

»Nun, das ist offensichtlich. Die Technik stammte aus Altägypten. In den verwendeten Materialien lässt sich durchaus eine Kontinuität erkennen. Die Maler nahmen damals das, was sie zur Hand hatten – natürliche Farbpigmente, Kreide und Ockerfarben aus dem Ackerboden.« Ich erinnerte mich an die mit Pigmenten inkrustierten Gesteinsbrocken, die ich auf meinem Spaziergang bei Deir al-Medina, dem Arbeiterdorf in Luxor, gefunden hatte. »Und sie malten auf Gips, was sich seit dem Altertum kaum geändert hat – Kalziumkarbonat, Schlämmkreide vermischt mit Kleister, für gewöhnlich Knochenleim, den die alten Ägypter von Kühen erhielten.«

»Und welche Themen hatten die gemalten Bildnisse?«

»Nun, da gibt es Unterschiede, aber auch starke Parallelen. Betrachten Sie eine Ikone der Jungfrau mit Kind und die Bildnisse der Isis, wie sie Horus stillt, müssen Sie schon blind sein, um die Verbindung nicht zu erkennen. Stil und Botschaft sind überaus ähnlich. In der koptischen Kunst wird Maria mit dem Kind auf ihrem Schoß mit dem Himmelsthron in Beziehung gebracht, wozu sich eine direkte Parallele im Alten Ägypten findet, wo die Göttin Isis mit dem Kind Horus auf ihrem Schoß immer mit einem Thron auf ihrem Kopf porträtiert wurde. Von Jesus gibt es frühe volkstümliche Darstellungen als Schäfer und Worfler. Der Schäfer hat einen Schäferstab, der Worfler einen Dreschflegel – Krummstab und Geißel ...«

»… und mit Krummstab und Geißel in Händen wurde zufällig auch Osiris dargestellt.«

»Ganz recht. Wie Jesus, so hat man auch ihn in jungen Jahren getötet, und durch seinen Tod erfüllte sich das Versprechen auf Auferstehung und ewiges Leben. Sehen Sie sich die Ikone von Mari Girgis (dem Heiligen Georg) an, der den Drachen tötet, und sehen Sie sich antike Gemälde des Horus an, der in den Sümpfen des Nildeltas das Flusspferdmonster tötet.«

»Klingt, als könnten wir stundenlang Parallelen finden zwischen heute und damals.«

»Könnten wir. Aber eines können wir nicht: uns vorstellen, was alles das für einen Kopten im 5. Jahrhundert bedeutete – oder für einen Heiden. Wenn wir das wüssten, wären wir vielleicht auch ein klein wenig weiter in der Beantwortung der Frage, warum die Ikonenmalerei im 8. Jahrhundert plötzlich aufhörte zu existieren.«

Ich nahm die U-Bahn nach Süden zur Mari-Girgis-Station im so genannten koptischen Kairo. Hinter den Mauern einer römischen Festungsanlage haben mehrere frühkoptische Kirchen überdauert, auch wenn die meisten wieder aufgebaut wurden. Dort befindet sich auch ein Koptisches Museum.

Das Museum hatte ich früher schon einmal besucht, doch nach meinem Gespräch mit Dr. René wollte ich es mir noch einmal ansehen. Am Eingang kam ein offizieller Fremdenführer auf mich zu, ein Mann mit ernstem und intelligentem Blick. Die Art, wie er sprach, gefiel mir, und da wir uns schnell auf einen Preis geeinigt hatten, betraten wir gemeinsam das Museum. Drinnen merkte ich, dass ich einen Fehler begangen hatte. Es erging mir nämlich genau so wie dem griechischen Reisenden Herodot, der sich alle möglichen Erdichtungen von seinen Führern anhören musste – darunter das Ammenmärchen von der Tochter des Pharao, die sich prostituierte, um das Geld für eine der Giseh-Pyramiden aufzubringen. Auch mein Führer ließ seiner Phantasie freien Lauf. Von Gold, das angeblich in den Steinsäulen versteckt war, bis hin zu einer Webdecke, in die Maria das Jesuskind gebettet hatte, fabulierte er bei jeder Sehenswürdigkeit, an der ich stehen blieb, munter drauf los. Am Ende fragte ich mich, ob sein Reiseführerabzeichen nicht gar auch ein Schwindel war. Als sich unsere Wege wieder trennten, fragte er nach meiner Adresse. »Warum?« – »Weil du mein guter Freund bist«, antwortete er freiweg, »und ich dich vermissen werde, wenn du fort bist.« »Aber ich lebe hier in Kairo.« – »Sehr gut. Dann kann ich dich ja besuchen.« Ich gab ihm eine Adresse, aber nicht meine, sondern die des Instituts für Koptische Studien – die hatte er meines Erachtens nötiger.

Vor ein paar Jahren kaufte ich ein Buch mit dem Titel *Our Lord's Mother Visits Egypt*, geschrieben von Pearl Zaki und 1977 in Kairo erschienen. Kapitel eins beginnt folgendermaßen: »Im Land Ägypten, bei Zeitun, erschien im April 1968 die Mutter des Herrn auf Erden.« Dieser steife, fast hölzerne Stil zieht sich durch eine lange Beschreibung, wie die Jungfrau Maria auf dem Dach einer Kirche in einem Kairoer Vorort erschien. Die Erscheinung, »eine luminöse Gestalt von goldener Farbe«, wie ein Augenzeuge erklärt, zeigte sich viele Nächte hintereinander. Tausende Ägypter und Ausländer haben sie miterlebt. Der Leiter der regierungsamtlichen Informations- und Reklamationsbehörde bezeichnete die Erscheinung als eine »unleugbare Tatsache«. Der koptische Patriarch entsandte ein päpstliches Untersuchungskomitee, welches bestätigte, dass die Berichte der Wahrheit entsprächen. Selbst Muslime überzeugten sich davon. Kranke wurden geheilt, Verdammte gerettet, Beichten abgelegt und Fotos gemacht. Einige der Bilder waren in Zakis Buch abgedruckt. Ich studierte sie sehr sorgfältig. Mir erschienen sie alles andere als überzeugend. Weiße Flecken in schwarzer Nacht waren angeblich »spirituelle Wesen in der Gestalt großer Tauben, grell schillernd, weiß oder funkelnd aus allen Richtungen« – für mich sahen sie wie Löcher in einem

Negativ aus. Ein weiterer Fleck, angeblich die Jungfrau Maria in Person, erinnerte mich an einen Wattebausch. Einer meiner koptischen Freunde jedoch, dem ich die Fotos zeigte, sagte: »Da siehst du es.«

»Siehst du was?«

»Du siehst, dass es wahr ist. Was für ein fantastisches Buch. Woher hast du es?«

Ob die Fotos echt waren oder nicht, Tausende glaubten, die Jungfrau sei leibhaftig vor Ort gewesen, und wurden von großer Freude erfüllt. Überrascht zeigten sich nur sehr wenige. Dass solche Dinge geschehen können, wird in Ägypten gemeinhin als selbstverständlich angenommen. Die koptische Kirche stützt sich auf Wunder, auf Heilige, deren Körper nicht verfallen sind und noch immer süß duften, auf Priester, die im Ruf stehen, die Dschinn und *afarit* der Magie beherrschen zu können. Aber nicht nur das, sie stützt sich auch – und mitunter sogar wörtlich – auf die Ruinen der heidnischen Religion, an deren Zerstörung sie tatkräftig mitgewirkt hat.

Ibrahim war ganz aus dem Häuschen, so sehr, dass ich dachte, er könne sich jeden Moment das Genick brechen, wenn er sich nach mir umdrehte und sich dabei schier den Hals verrenkte. »Aber warum bloß in die Wüste? Und wenn schon in die Wüste, warum in ein christliches Kloster?«

»Machst du dir Sorgen um mich, Ibrahim? Was soll denn in einem Kloster groß passieren?«

»Nicht möglich! Liest du keine Zeitung? Weißt du nicht, was die Terroristen treiben? Weißt du nicht, dass sie auf Kopten und Ausländer schießen, und du bist dort ein Ausländer inmitten von Kopten. Hoffentlich passiert nichts, so Gott will. Aber manchmal ist das nicht genug.«

»Was meinst du damit? Gott ist nicht genug?«, fragte ich nicht ganz ernsthaft.

»Du bist kein Muslim. Wie kann ich wissen, ob Allah auf dich genauso gut Acht gibt wie auf mich? Da kann alles Mögliche passieren.«

Zeitungsmeldungen neueren Datums zeichneten in der Tat ein düsteres Bild der Lage. Eine Reihe von Anschlägen auf Kopten, Regierungsbeamte und Touristen hatten mit dem Touristenmassaker am Deir-al-Bahari-Tempel bei Luxor ihren Höhepunkt erreicht. Insofern hatte Ibrahim durchaus Recht, wenn er mich warnte. Auch ich musste damit rechnen, jederzeit irgendwo zufällig in einen Tumult zu geraten. Und ich konnte nicht einfach so tun, als ob mich diese Vorstellung kalt ließe. Aber ich war auf meinem Weg in ein Wüstenkloster, wie Professor Shenouda es mir angeraten hatte, auf der Spur eines weiteren fortlebenden Restes alter Kultur.

Hätte man im Alten Ägypten einen Ort weitab allen Trubels gesucht, dann wäre Wadi Natron genau der richtige gewesen. Wadi Natron lag derart abgeschieden, dass es selbst in der Beschreibung des Herodot nicht auftaucht. Die alten Ägypter kannten den Ort aber sehr wohl und gaben ihm den Namen, der bis heute verwendet wird, *Inti Hsmn,* das Natron-Tal. Eine Geschichte aus dem 21. Jahrhundert v. Chr. berichtet von Pflanzen, die aus dem Wadi nach Ägypten importiert wurden; eine Papyrusschrift aus dem Mittleren Königreich erwähnt das Wadi als Handelsumschlagsplatz auf der Route zwischen den westlichen Oasen und dem Nildelta. Auf Grund archäologischer Fundstücke und antiker Statuen aus dem Wadi kam Otto Meinardus, der sich auf die Erforschung des frühchristlichen Ägypten spezialisiert hat, zu dem Schluss, dass »selbst im Jahr 2000 v. Chr. diese Region als geheiligt galt«.

105 Kilometer von Kairo entfernt, an der Straße nach Alexandria, war das Wadi Natron ein idealer Ort für die Askese. Strabo, der um 25 v. Chr. durch diese Region reiste, schrieb: »Zwei Natronbecken, die sehr große Mengen Natron enthalten …, hier wird dem Gott Serapis gehuldigt.« Natron, wie Strabos Leser wohl wussten,

wurde für das Einbalsamieren von Mumien gebraucht, und Serapis war ein Gott der Auferstehung. Da das Wadi Natron mit dem Tod in Verbindung gebracht wurde, stellte es für koptische Einsiedler einen idealen Ort dar, um den symbolischen »Tod« in der Einsiedelei zu durchleben. Die Wüstenhügel der Umgebung waren von Einsiedlerhöhlen förmlich durchsiebt, und überall im Tal wurden Klöster errichtet.

Kopten sind davon überzeugt, dass ihre Klosterkultur zu den wichtigsten ihrer »Beiträge« zum Christentum zählt. Als Reaktion auf die anhaltenden Verfolgungen unter den römischen Kaisern und den wilden Sittenverfall der Heiden und Juden in Alexandria suchten viele gottesfürchtige Christen einen Ort fernab der Gesellschaft, wo sie sich ganz dem Gebet und der Meditation hingeben konnten. Der Überlieferung zufolge – und in diesem Fall auch historisch verbürgt – entstanden die ersten Wüstengemeinschaften in den Bergen der östlichen Wüste zwischen dem Nil und dem Roten Meer, wohin sich im 3. Jahrhundert schon die Heiligen Antonius und Paulus (von Theben) zurückgezogen hatten und damit eine ganze christliche Generation inspirierten, ihrem Beispiel zu folgen. An den Ufern des Nil, von außerhalb Alexandrias bis nach Assuan, entstanden Wüstenklöster. Regeln wurden begründet, die das Klosterleben ordneten; bäuerliche Betriebe wurden in Niltal begründet, um den Unterhalt sicherzustellen, und hin und wieder ging ein Mönch oder ein Einsiedler – sofern er genügend vorbereitet war – hinaus in die Wüste, zog sich in abgelegene Schlupfwinkel zurück und an geheime Orte, in Höhlen und Felsspalten, um dort ein so entbehrungsreiches Leben zu führen, wie ein Mensch nur irgend imstande war auszuhalten.

»Ägypten«, schrieb Sir John Gardner Wilkinson 1843, »wo es einst von Mönchen nur so wimmelte und von Nonnen nicht minder, besitzt heute nur sieben Klöster.« Vier von den sieben lagen im Wadi Natron. Wilkinson würde sich wundern, könnte er Ägypten heute sehen. Ob es Papst Shenoudas Bemühungen, alte Traditionen wieder aufleben zu lassen, zuzuschreiben ist oder der Bedrohung durch Islamisten – in Ägypten ist es jedenfalls zu einem Wiederaufblühen der Klosterkultur gekommen. Wilkinson zitierte den Historiker Gibbon, der feststellte, dass es im Niltal rund 5000 Anachoreten und um die fünfzig Klosterruinen gab. Wilkinson selbst spricht von 77 Mönchen im Niltal. 1960 waren es nur noch 70, bis 1986 erhöhte sich die Zahl auf 358 und wächst stetig weiter.

Doch nicht nur das Klostervolk, auch die übrige Bevölkerung im Niltal ist drastisch angewachsen. Auf den elf Kilometern, die Ibrahim von der Kairo-Alexandria-Straße bis zum Kloster fuhr, war das Bevölkerungswachstum nicht zu übersehen – neue Häuser und Bäume; sieben Kinder, die auf den Rücksitz kletterten, als wir anhielten, um eigentlich zwei mitzunehmen; die blühende Wüste um das Klostergelände, möglich gemacht durch hochmoderne landwirtschaftliche Techniken.

Deir Anba Bishoi sah eher aus wie eine Festung als wie ein Kloster. Hinter hohem Lehmziegelgemäuer mit nur wenigen Türen an den unteren Ebenen ragten Glockentürme gen Himmel. Nachdem das Kindergeschrei mit Ibrahims Taxi in der Ferne Richtung Kairo verschwunden war, ruhte die Stille der Wüste in ihrer ganzen Schwere auf diesem Ort.

Deir Anba Bishoi, das Kloster St. Bishoi, wurde einem Christen aus dem 4. Jahrhundert geweiht, der die Vision hatte, er sei von Jesus gerufen worden, um ihm die Füße zu waschen, und dann den *baraka* erhielt, indem er das Wasser trank – ein passendes Bild für einen Durstigen allein in der Wüste. Und einmal mehr passend – Umm Seti verweist in ihrem Manuskript ebenfalls auf die reinigende Wirkung von Natron: »Natron und Wasser werden in den Dörfern zum Baden verwendet, wenn man ungewöhnlich schmutzig ist, hauptsächlich dann, wenn man mit Öl oder Fett in Berührung gekommen ist … Die Dorffrauen der heutigen Zeit benutzen

Natron und Wasser als Vaginaldusche.« Auch einige Stellen in den Pyramidentexten legen nahe, dass die alten Ägypter die reinigende Wirkung von Natron schon früh kannten: »Du reinigst dich selbst mit Natron mitten unter den Jüngern des Horus.«

Pater Abuna Sidrak, der die Klosterbesucher in seine Obhut nahm, wartete bereits auf mich. »Ich zeige Ihnen erst einmal das Kloster, und dann geleite ich Sie zum Mönchsvater.« Abuna Sidrak war ein großer, schmaler älterer Herr, der sich nicht nur elegant bewegte, sondern in seinem schwarzen, langen Habit auch eine elegante Erscheinung abgab. Koptische Mönche tragen schwarze Kapuzen, deren Saum sie selbst mit Stickereien verzieren, ein Hauch von Farbe und Individualität an der ansonsten anonymen Kleidung.

Seit seiner Gründung im 4. Jahrhundert war das Kloster immer wieder Angriffen nomadisierender Berbervölker ausgesetzt. Bis Ende des 8. Jahrhunderts hatten die arabischen Herrscher in Kairo ihre Macht so weit gefestigt, dass sie dem ein Ende bereiteten. Damit blieben viele Klöster im Wadi Natron von den späteren Christenverfolgungen im Niltal verschont. Den Schwarzen Tod – die Pest – allerdings, der die Zahl der Mönche ebenso dezimierte, wie er die Städte Ägyptens entvölkert hatte, konnte auch alle Macht des Sultans nicht aufhalten. Als Lord George Curzon 1837 Anba Bishoi besuchte, fand er dort nur noch drei, vier Mönche vor. »Seither hat sich vieles verändert«, erklärte mir Abuna Sidrak. »Die alten Kirchen und Gebäude wurden restauriert, die Zahl der Mönche ist gestiegen, hauptsächlich dank Seiner Heiligkeit, unseres Papstes Shenouda.«

Innerhalb der Mauern standen fünf Kirchen oder Kapellen, Mönchsquartiere, die Reste der einstigen Bibliothek und der *qasr* oder Burgfried, der Hauptturm aus dem 12. Jahrhundert. Der Turm wurde vor dem Bau der Festungsmauern errichtet und diente den Mönchen während der Überfälle durch die Beduinen als Unterschlupf. Der Eingang befand sich auf dem ersten Stockwerk und war über eine Zugbrücke vom Pförtnerhaus aus zu erreichen.

Draußen war es heiß und leuchtend hell, das Sonnenlicht verschmolz die Farben des Turms und der Wüste. Abuna Sidrak führte mich in einen kühlen und schattigen Innenraum. »Jedes Mal, wenn ich diesen Raum betrete, habe ich das Gefühl, als begäbe ich mich in die Vergangenheit.«

»Komisch, dass Sie das sagen, dieses Gefühl habe ich hier in Ägypten dauernd, wohin immer ich mich begebe.«

In einem Teil des Turms ist heute ein Museum untergebracht, und der Abuna zeigte mir das Refektorium, in dem die Mönche und Einsiedler nach ihrer allwöchentlichen Gebetsversammlung zu speisen pflegten. »Aber glaube nur nicht, dass sie groß miteinander geredet haben: Die Mahlzeiten wurden in aller Stille eingenommen, während jemand aus ihrer Mitte Textstellen aus dem ›Paradies der Mönche‹ vorlas.« Im Museum hatte sich vieles von dem angesammelt, was im Laufe der Zeit ausrangiert worden war, zum Beispiel eine alte Getreidemühle – »1950 haben wir aufgehört, damit unser Mehl zu mahlen« – sowie ein Dreschflegel. Alles sehr interessant, aber ich war gekommen, um nach fortlebenden Resten alten Brauchtums zu suchen.

Abuna Sidrak begriff sofort, worum es mir ging. »Da sind Sie hier genau richtig. Hier ist vieles, das Sie sich ansehen müssen, besonders in der Kirche.« Wir gingen hinunter zur Kirche von Anba Bishoi, die im 9. Jahrhundert errichtet und seither unzählige Male umgebaut worden war. Der Pater wies mich auf das Tor zur Kirche hin, das keine Scharniere hatte, sondern Pfosten mit Zapfen und im »pharaonischen Stil« frei schwang. »Sie werden sehen, dass sogar die Innenarchitektur der Kirche in Teilen den Aufbau antiker Tempel widerspiegelt. Wir haben den *haikal,* den Altar, der hinter dieser Schutzwand versteckt ist, so wie man im Altertum die Altäre vor den Augen der Öffentlichkeit versteckt hielt… In unserer Kirche sind drei *haikals,* wie es zu damaligen Zeiten häufig der Fall war.«

Die Schutzwand, die den Altar verbarg, war üppig verziert und mit unzähligen, allesamt von Isaac Fanous gemalten Ikonen von Aposteln und Patern behängt. Über der Ikonostasis hingen an Ketten reihenweise Öllampen und Straußeneier. »Das Symbol der Auferstehung«, sagte der Abuna, auf die Eier deutend. »Die alten Ägypter glaubten an die Auferstehung und ein Leben nach dem Tod, genau wie wir.«

»Und warum Straußeneier?«

»Strauße sind groß, sie vergraben ihre Eier im Sand, um sie auszubrüten, und wachen über sie wie Gott über uns.«

Die »Hauptattraktion« der Kirche waren die sterblichen Überreste des Klostergründers. Abuna Sidrak sprach ein Gebet, während er mit seiner Hand über den Rand des Reliquienschreins strich. Werden neue Mönche geweiht, legen sie sich neben den Schrein nieder und breiten die Reliquiendecke über sich aus als Zeichen dafür, dass sie mit dem Heiligen »gestorben« sind und dann, wie er, wiedergeboren werden.

»Die irdischen Überreste des Anba Bishoi sind so, wie sie waren, als er verstarb.«

»Sind sie denn nicht verfallen?«

»Überhaupt nicht. Und wenn wir die Decke heben, strömt uns ein wunderbarer Duft entgegen.«

»Wie erklären Sie sich das?«

»Nun, wissen Sie, bei Ausgrabungen in Ägypten werden viele Leichen gefunden, die nicht verfallen sind. Das ist nicht ungewöhnlich.«

Abermals wurden mir die Unterschiede zwischen meiner eigenen und der ägyptischen Weltanschauung bewusst. In meiner gab es keinen Platz für Wunderheilungen oder Heilige, die nach ihrem Tode nicht verfallen. Ich suchte nach logischen, rationalen oder kulturell begründeten Erklärungen für das, was ich in der Welt sah. Ich erinnerte mich daran, dass die alten Ägypter in dieses Tal kamen, um die hier vorkommenden Minerale zu sammeln, die sie als Grundbestandteile zur Einbalsamierung von Mumien verwandten.

Vielleicht waren es ja eben diese Eigenschaften, die auch die Überreste des Heiligen unversehrt hielten. Diesen Gedanken teilte ich dem Pater mit.

Er lächelte milde. »Für diese Dinge gibt es nur eine Erklärung. Sie sind Gottes Wille.«

Als sich die Spannungen zwischen der Koptischen Kirche und der Regierung in den 1980er Jahren verstärkten, zog sich Papst Shenouda, der, bevor er sich auf den Stuhl des Heiligen Markus setzte, schon einmal in der Einsiedelei gelebt hatte, hierher nach Deir Anba Bishoi zurück, wo er symbolische vierzig Monate der Läuterung und Isolation verbrachte. (Man könnte diesen Rückzug auch als »Hausarrest« auslegen.) Seither war hier eine »päpstliche Anlage« entstanden mit Quartieren, Refektorium, Werkstatt und Klinik. Abuna Sidrak geleitete mich an den imposanten Mauern entlang zum modernen Nebentor des Klosters, dem bewachten Eingang zu dieser selbstgenügsamen Gemeinschaft.

Ein junger Novize namens Peter, Bulgare aus Sofia, wurde mir als Klosterführer zur Seite gestellt. Ich war erstaunt, auf einen Ausländer zu treffen – die meisten Mönche sind Ägypter und viele von ihnen gebildete Akademiker –, doch Peters Geschichte veranschaulicht die magnetische Anziehungskraft, die von Papst Shenouda ausgeht. Peter schaffte es, aus Sofia nach Johannesburg zu kommen, und er fand dort Arbeit. »Doch ich war verloren«, bekannte er, »wild und ungezügelt, verschwendete mein Leben. Ich wusste nicht, was ich mit meinem Leben anfangen sollte. Dann lernte ich durch Zufall den Papst kennen – er ging an mir vorbei, einfach so –, und mir wurde bewusst, ich musste ihm folgen. Als ich ihn reden hörte, wurde mir klar, dass das, was er sagte, richtig war. Das habe ich ihm gesagt, und er organisierte für mich die Reise hierher.«

Peter nahm mich mit in die innere Anlage, wo der Papst untergebracht und alles, von Kuppeln über Mauern bis zu Lampenständern an der Spitze, mit Kreuzen versehen war. Die Terrasse vor der päpstlichen Suite war von Lampen in der Form der Papstkrone hell erleuchtet. Mein Quartier lag in einem nahe gelegenen Block, und nachdem ich es bezogen hatte, gingen wir durch die Gartenanlagen. Das Kloster hatte die Wüste erblühen lassen, die Mönche betrieben regen Ackerbau, pflanzten Tomaten, Zitrusfrüchte, Weizen und Kartoffeln an. Besser gesagt, sie beaufsichtigten Feldarbeiter bei der Arbeit, Kopten aus dem Niltal, die in christlicher Umgebung leben wollten und im Gegenzug für Unterbringung und Verpflegung und, wie Peter es nannte, »moralisches Training« dem Kloster ihre Arbeitskraft zur Verfügung stellten.

»Sie sind glücklich, hier zu sein. Wir haben Verständnis für ihre Schwierigkeiten, was es heißt, in muslimischen Städten zu leben. Früher mussten die Mönche viel reisen, wenn sie ärztliche oder zahnärztliche Behandlung brauchten, doch es wurde für sie da draußen zunehmend schwerer.« »Zunehmend schwerer« sollte wohl heißen »zunehmend gefährlicher«. »Und so lassen wir freitags und sonntags Ärzte aus Kairo kommen und haben sogar eine kleine Chirurgie, wo sie auch operieren.«

Von der Vision des Heiligen Antonius, wonach sich Männer in die Wüste zurückziehen, um die Welt hinter sich zu lassen und Gott zu finden, bis hierher schien ein langer Weg zu liegen – so dachte ich und teilte diesen Gedanken Peter mit. Er antwortete mit der Leidenschaft eines Novizen und mit einer der Phrasen, die man ihn unlängst gelehrt hatte: »Sie müssen die Wüste in sich selbst finden, bevor Sie in die Wüste gehen können.« Darin hallten die Worte Ahmads wider, des Naturheilkundlers, als er sagte, dass ich die Ewigkeit in mir selbst finden müsse.

Peters Klosterführung war voll und ganz auf meine Interessen abgestimmt. Wir gingen weiter bis an die äußere Einfriedung der Klosteranlage zum päpstlichen Weiher, einem kleinen künstlich angelegten Teich, in dem der Papst Forellen züchtete. Jenseits der äußeren Umgrenzung traf der Blick auf Felshügel, Sanddünen und eine Reihe Zementhäuser, wie es schien.

»Dort leben ein paar Einsiedler«, erklärte Peter.

»So nahe am Kloster? Ich habe sie weiter in der Wüste vermutet.«

»Wo sie leben, ist für sie nicht wichtig. Manche gehen von dort aus in die Wüste, wo sie sich in eine Höhle zurückziehen, aber sie werden von uns versorgt und kommen einmal in der Woche zurück, um mit den Mönchen im Kloster zu beten.« Mittlerweile war es Spätnachmittag, die Sonne stand tief, das Licht war weich, die Wüste verlockender denn je, faszinierend und anziehend zugleich. Peter zog mich zurück. »Komm, es gibt jetzt Essen.«

Laut Peter ist der Tagesablauf in einem Kloster von Arbeit und Gebet bestimmt. Gebete fangen um Mitternacht an und gehen bis drei Uhr morgens. Danach beginnt die Liturgie. Um acht Uhr früh gehen die Mönche zur Arbeit auf die Felder, in das Hospital oder in die Werkstätten. Ich überlegte, wie sie sich wohl ernährten. Während der Fastenzeit fasten die Kopten ganz oder verzichten auf Fleisch und bestimmte andere Nahrungsmittel, ebenso mittwochs und freitags, in den vierzig Tagen vor Weihnachten und den fünfzehn Tagen vor Christi Himmelfahrt – alles in allem mehr als die Hälfte des Jahres. Glücklicherweise fiel mein Klosterbesuch nicht in eine der Fastenzeiten, und im Refektorium, auf dem reichlich gedeckten Tisch, warteten vertraute ägyptische Speisen auf mich – Hommos (Kichererbsenbrei) und Brot, eingelegtes Gemüse, Bohnen in Tomatensoße …

»Essen Sie nicht mit?«, fragte ich Peter, als er mir meinen Platz zeigte.

»Danke, aber ich habe schon gegessen. Außerhalb der Fastenzeit nehmen wir die Mahlzeiten um ein Uhr ein.«

Ganz allein jedenfalls war ich nicht. Mit mir zu Tisch saßen noch zwei andere Männer mit langen Bärten. Ihre ungepflegten Gesichter erinnerten an die von Flüchtlingen. Jedes Mal, wenn ich aufsah, lächelten sie mir zu. Sie hatten das gleiche Essen wie ich vor sich, aßen aber offenbar nichts davon. Kaum hatte ich fertig gegessen, erschien Peter und führte mich in einen anderen Raum. Ich fragte ihn nach den beiden Männern. »Brüder, die in der Wüste leben. Schon viele Jahre. Wir freuen uns, sie wieder zu sehen.«

»Sie scheinen sich ebenso zu freuen.«

Bevor ich noch weiter fragen konnte, kam der Klostervorstand, ein großer, kräftiger Mann mit stechendem Blick, dessen Auftreten seine langjährige Routine als Autoritätsperson verriet. Darüber hinaus bewies er Sinn für Humor, eine, wie ich es erlebt habe, unter Mönchen eher seltene Eigenschaft. »Aha, Sie haben also schon ein paar unserer Mönche gesehen. Es muss sich herumgesprochen haben, dass Sie kommen.«

Ich wollte wissen, was sie den ganzen Tag lang draußen in der Wüste taten.

»Es geht darum, so wenig Ablenkung wie möglich ausgesetzt zu sein, damit sie beten und sich ungestört in die heiligen Schriften vertiefen können. Und wir müssen unter anderem dafür sorgen, dass sie das auch tun können, obwohl es zunehmend schwerer wird.«

»Warum?«

»Weil sie von immer mehr Leuten gestört werden, die in ihren Geländewagen das Wadi unsicher machen.«

»Kann ich mir vorstellen, dass das die Konzentration stört.«

»Meistens bemerken die Mönche sie ja nicht einmal.«

»Wir sagen, dass das Gebet wie ein Seil ist, das uns fest an Gott bindet. Und so kam es zuweilen vor, dass die Mönche allein kraft ihrer Gebete vermochten, Kranke zu heilen, den Lauf der Sonne aufzuhalten oder Wasser zu finden«, klinkte sich Peter ein.

»Ach, wirklich?«

Der Mönchsvater bemerkte meine erstaunte Miene. »Nein, nein, das denkt heute niemand von uns, dass wir so etwas tun. Die Brüder in der Wüste tragen heute kein Band im Haar, das sie am Himmel festbinden, um wach zu bleiben«, sagte er und sein Ausdruck wurde bitterernst. »Aber wir leiden auf unsere eigene Weise. Die Verfolgung, der wir ausgesetzt sind, ist wie eine Art Kreuzigung.« Sein trauriger Blick erinnerte mich an Professor Shenouda am Koptischen Institut. »Vielleicht führt die Verfolgung ja dazu, dass sich mehr Menschen unserer Gemeinschaft anschließen wollen, in die Wüste gehen und es den frühen Vätern gleichtun wollen.«

Ich erläuterte ihm, dass diese Tradition meiner Ansicht nach schon wesentlich älter war. In den Hügeln von Theben, so sagte ich ihm, gebe es Wandmalereien, aus denen hervorgehe, dass schon im Alten Ägypten die Menschen die Einöde suchten, tage-, wochen- und monatelang dort im Gebet verweilten und mit einer Vision des Gottes Amun belohnt wurden. Das war während der 19. Dynastie, zur Zeit des Ramses und Sethos, vor mehr als dreitausend Jahren.

Das überraschte den Mönchsvater keineswegs. »Wir haben viele alte Traditionen bewahrt. Denk nur einmal an unsere Monate, wie Tut und Hatur – die Namen stammen von den Pharaonengöttern Thot und Hathor. Unser Kreuz hat sich aus dem *anch* entwickelt, dem Lebenssymbol der altägyptischen Götter und Könige. Waren Sie schon im Kloster St. Shenuti, im Niltal nahe Sohag?«

Für Ausländer sei es zur Zeit sehr schwer, dieses Gebiet zu bereisen, erzählte ich ihm.

»Von außen sieht das Kloster aus wie ein alter Tempel. Es weist viele, viele Ähnlichkeiten mit den pharaonischen Tempeln auf. Während der Heiligen Liturgie tragen die Priester, Diakone und Novizen alle weiße Kleidung als Zeichen der Reinheit, und von Gemälden an alten Tempeln wissen wir, dass die Priester im Alten Ägypten ebenfalls Weiß trugen.«

»Aber warum ändert man das nicht?«

»Warum?«, antwortete er nachsichtig. »Weil unsere Rituale so bestehen, die sind so, sie sind alt. Anderes ändert sich. Früher gab es dreizehn Liturgien, heute haben wir nur noch St. Basil. Das ist zum Beispiel etwas, was verkümmert. Aber sehen Sie sich die Katholiken an. Die haben so ziemlich alles geändert und stecken nun in Schwierigkeiten. Die Welt um uns herum ändert sich, die Technologie, die Tatsache, dass es von hier nach Kairo nur noch ein Katzensprung ist – und wir versuchen, darauf zu reagieren. Wir ignorieren die Welt um uns herum ganz und gar nicht. Aber wir sind traditionelle und religiöse Menschen geblieben, denn die Tradition wurde von den Großvätern an die Väter und an die Söhne gegeben. Ein paar Veränderungen können wir zulassen, aber die Grundfesten müssen die gleichen bleiben.«

Da die Mönche in aller Frühe zum Morgengebet aufstehen müssen, gehen sie auch mit den Hühnern schlafen. Ich dankte dem Mönchsvater für seine Hilfe und die Gastfreundschaft – am Morgen würde er in der Kirche sein – und spazierte durch die päpstliche Anlage zurück. Die Nacht war voller Leben, Grillen, Nachtfalter, Moskitos und in der Ferne ein Fernsehapparat. Über mir war der Himmel mit Sternen übersät. Ich saß an der äußeren Umgrenzungsmauer der Klosteranlage und spürte die trockene Kälte der Wüste. Es faszinierte mich, wie selbstverständlich der Mönchsvater die Parallelen zwischen Vergangenheit und Gegenwart anerkannte, das antike Vermächtnis, das die Kopten offenbar so erfolgreich bewahrt haben. Zudem verblüffte es mich, da ich erwartet hatte, dass er sich samt seiner orthodoxen Denkweise von der heidnischen Vergangenheit distanzierte so wie ich es bei Scheich Muhammad Mustafa Gemeiah an der el-Ashar-Universität erlebt und so wie es die christliche Kirche in Europa getan hatte.

Zurück auf meinem Zimmer sah ich die Texte von Umm Seti nach ein paar Seiten durch, die ich mir zuvor angestrichen hatte. In einem Abschnitt mit der Überschrift »Mutwillige Beschädigung ägyptischer Skulpturen« schreibt sie: »Ein Großteil der Verstümmelung antiker Figuren wurde zu Recht den frühen Christen zugeschrieben. Doch aus welchen Gründen nahmen diese Menschen solch große Mühen auf sich, um ihre Zerstörungswut auszuleben. Angeblich sollen koptische Einsiedler, die in den bemalten Gräbern im westlichen Theben wohnten, die weiblichen Figuren an den Wänden absichtlich verstümmelt haben aus Furcht, ihre Schönheit könnte fleischliche Gelüste in ihnen wecken und sie von ihren Gebeten ablenken.« Die Furcht vor bloßen Bildnissen ließ Umm Seti nicht gelten. Sie fand für diesen Vandalismus eine andere, wenn auch etwas ungewöhnliche Erklärung. »Im Lichte anderweitiger Erkenntnisse ist es jedoch viel wahrscheinlicher, dass sie fürchteten, die hübschen Thebanerinnen würden zu Leben erwachen und ihnen »zu nahe kommen«... Wir dürfen nämlich nicht vergessen, dass nach dem Glauben der alten Ägypter die Verkörperung jedweder lebendiger Kreatur – von erhabenen Göttern bis hinunter zu niederen Insekten – mit dem Ritus der »Mundöffnung« einen Teil vom Geist des Wesens eingehaucht bekommt, das sie darstellt, eine Art magische Daseinsform annimmt und fortan fähig ist, eine aktive Rolle in dieser Welt zu spielen... Dieser Glaube scheint die Basis für die systematische Verunstaltung von Grab- und Tempelreliefs durch die frühen Kopten zu sein. Sie fürchteten die Rache ihrer antiken Götter und Herrscher, da sie ihrer alten Religion abtrünnig geworden waren und (zweifellos!) die geschändeten und entweihten Tempel geplündert hatten.«

Umm Seti weist darauf hin, dass, obwohl die Kopten der alten Religion den Rücken gekehrt haben, sie dennoch nicht von antiken Glaubensvorstellungen abgerückt sind, dass sowohl Nichtchristen wie auch Christen an die göttliche Strafe glauben, an die Bedeutsamkeit der Seele und die Existenz eines Buches oder Verzeichnisses, in dem all unsere Taten genauestens vermerkt sind. Und der Erzengel Michael nimmt den Platz des antiken Gottes Thot ein. Selbst die Vorstellung, dass ein König ein Sohn Gottes sei, war bei Jesu Geburt schon tausende von Jahren alt. So wie Jesus musste auch Osiris getötet werden, um der Menschheit durch seine Auferstehung ein Leben nach dem Tod zu garantieren.

In der heutigen Zeit haben die Kopten nur sehr wenig Einfluss auf die übrige christliche Kirche. Das war nicht immer so. In den frühen Jahrhunderten, ganz sicher mit Anbruch des 4. Jahrhunderts, während man in weiten Teilen Europa noch immer heidnischen Göttern huldigte, wurde die neue Konfession in Ägypten mit glühendem Eifer aufgenommen, wo sie entscheidend geprägt wurde, und vieles davon ist bis heute erhalten. Losgelöst von den Hauptentwicklungsströmen des Christentums bewahrte die koptische Literatur, Kunst und Liturgie »versteinerte« Elemente früher kirchlicher Glaubensvorstellungen und Praktiken. Das Kloster war ebenfalls ein Teil jener »Versteinerung«, und hier hatte ich heute viele Parallelen, Analogien und fortlebende Reste aus frühchristlicher Zeit und sogar aus der Zeit der Pharaonen gefunden.

Ich konnte nicht schlafen. Zu viele Gedanken kreisten in meinem Kopf, und ich suchte alle möglichen Verbindungen herzustellen. Die Zeit verrann, wie sie das in Ägypten häufig tut, und ich musste an die Männer in der nahen Wüste denken (schliefen sie? Waren sie beim Gebet?) und all die, die in dieser Wüste vor Jahrtausenden gelebt hatten. Mitten in der Nacht öffnete ich die Fensterläden und stellte mich hinaus auf den Balkon. Im Klosterdorf war es still, obschon der Wind den Klang eines Männergesangs herübertrug, tiefe, eindringliche, sich wiederholende Töne – die Mönche bei der Morgenandacht, beim Psalmodieren ihrer Gebete. Die koptische Sprache, die die Mönche in ihren Gottesdiensten pflegten, war ein Element des koptischen Erbes, mit dem ich mich bislang nicht befasst hatte, obwohl ich von vielen Seiten, auch von Professor Shenouda am Institut für Koptische Studien, darauf hingewiesen worden war. Und so machte ich mich, wieder zurück in Kairo, am nächsten Tag auf, diese Spur genauer zu ergründen.

Andrew Dalby beschreibt in seinem »Dictionary of Languages« das Koptische als »eine neue Form des Ägyptischen … eine Sprache mit einer zunehmenden Anzahl griechischer Lehnwörter, eine Sprache, deren Schreibung früher in Hieroglyphen oder demotischen Schriftzeichen erfolgte, heute aber auf einem dem Griechischen verwandten Alphabet basiert.« Das aus dem Altägyptischen hervorgegangene Koptische, das bereits in der vorchristlichen Zeit als

Schriftsprache für die heiligen Schriften der Heiden diente (Hieroglyphen; demotische Schrift), wurde von den Christen übernommen und hat sich nur als geschriebene Sprache in heiligen Büchern und als liturgische Sprache erhalten. In der Zeit der griechischen Fremdherrschaft bis zur Eroberung durch die Araber im Jahre 641 war das Koptische die offizielle Landessprache Ägyptens. Die Verdrängung der alten Sprache begann im Jahre 705 mit einem in Kairo erlassenen Gesetz, welches das Arabische zur Amtssprache erhob. Und obwohl es mittelalterliche Schriftstücke gibt, in denen das Koptische in die arabische Schrift transkribiert ist, und trotz der Aufzeichnungen des großen Historikers al-Maqrizi, aus denen hervorgeht, dass das Koptische noch im 15. Jahrhundert in südlichen Landesteilen gesprochen wurde, starb die Sprache aus, während immer mehr koptische Schriftstücke von Reisenden nach Europa gebracht wurden. »Auch wenn das Bohairisch-Koptische (in Unterägypten) von den Christen Ägyptens noch heute als Kirchensprache verwendet wird, verstehen sie diese Sprache nicht mehr. Sie sprechen Arabisch«, erklärt Dalby. Was geschehen war, ist unschwer zu erkennen.

Das Gesetz von 705 zugunsten des Arabischen als Amtssprache hatte zunächst so gut wie keine sofortige Auswirkung auf den Gebrauch des Koptischen. Die Ägypter waren an fremde Verwaltungssprachen gewohnt. Doch versinnbildlicht es, wie die arabische Invasion in vielerlei Hinsicht Veränderungen eingeläutet hatte und den Beginn einer langsam einsetzenden Verdrängung. Weit bedeutsamer waren einmal die große Zahl der Araber, die nach Ägypten einwanderten, angezogen vom landwirtschaftlichen Reichtum und von dem hohen Ansehen des Landes, und zum anderen der allmählich stattfindende Übertritt der Ägypter zum Islam mit dem heiligen Buch des Koran, dem Wort Gottes, verkündet auf Arabisch.

Nur wenige koptische Wörter haben sich in der neuen Sprache des Islam erhalten. Neben gewöhnlichen Namen und Ortsnamen sind dies vor allem landwirtschaftliche Ausdrücke wie *barseem*, Klee (koptisch: *bersim*) und *damira*, die Zeit der Nilflut (koptisch: *t-emere*). *Tuba*, Lehmziegel (koptisch: *tobe*; altägyptisch: *djob'et*), fand über Nordafrika (*al-tuba*) sogar Eingang in die spanische Sprache (*adobe*). Tatsächlich aber ist das Koptische heute eine tote Sprache – was Dr. Ragheb Moftah allerdings ziemlich kalt ließ.

Dr. Moftah war selbst so etwas wie ein fortlebender Rest aus alten Zeiten. Geboren Ende 1898, hatte er heute das ehrwürdige Alter von 98 Jahren erreicht und damit genügend Zeit gehabt, sich diese oder jene Meinung zu bilden. Er erzählte mir, auf Englisch wohl gemerkt, dass »das Koptische heute dem Demotischen der Pharaonen gleicht. Alle unsere Rituale und Hymnen sind in dieser Sprache. Als der Evangelist Markus das Christentum nach Alexandria brachte, waren wir ein pharaonisches Volk, und das sind wir geblieben.«

Es fiel mir schwer, mich darauf zu konzentrieren, was er sagte. Nicht, weil das, was er sagte, mir uninteressant erschien, sondern weil es schließlich nicht jeden Tag vorkommt, neben einem so alten Menschen zu sitzen. Als er geboren wurde, war der Suezkanal gerade erst eröffnet. Der Khedive Abbas II. Hilmi regierte damals nominell, und Kitchener hatte gerade den Sieg bei Omdurman errungen. Dr. Moftah war trotz seinen hohen Alters in guter Form, ordentlich gekämmt, glatt rasiert, und obwohl er die Schultern hängen ließ wie welke Tulpenköpfe, hatten seine braunen Augen noch immer einen scharfen Blick. Er trug eine karierte Jacke, die Hosenträger zogen seine Hose bis fast an die Brust, und die Krawatte war mit einer silbernen Nadel fest gesteckt. Meiner Ansicht nach war er der ideale Werbeträger für die gesundheitsfördernde Wirkung eines harten und von beseeltem Arbeitseifer erfüllten Lebens. Er hatte noch immer ein Büro am Koptischen Institut, wo wir verabredet waren, und er war noch immer rege dabei, den Gesang seiner Lieblingskantoren, die an kirchlichen Festtagen die Liturgie psalmodierten, auf Kassette aufzuzeichnen.

»Wir haben drei Liturgien«, erklärte er, »Sankt Basilius, Sankt Georg und Sankt Kyrill. Kyrill und Basilius werden heute noch gefeiert; ich erforsche sie seit sechzig Jahren. Die Liturgie wurde schon immer mündlich überliefert, jedoch habe ich sie vor langer Zeit einmal zusammen mit Ernest Newlandsmith von der Royal Academy of Music in London transkribiert«, sagte er eher nebensächlich. »Danach arbeitete ich mit Mrs. Toth.« Die ungarische Musikwissenschaftlerin Margit Toth hatte seit 1970 mit ihm zusammen gearbeitet, was ihm über die Jahre wie gestern erschien. »Von den drei Liturgien verwandten wir bis zum Ende des 6. Jahrhunderts lediglich eine, und das ist genau die, die mich interessierte. Die Liturgie des Sankt Basilius aus dem 4. Jahrhundert wird das ganze Jahr hindurch in unserer Kirche verwandt, nicht aber an den Festtagen. Da verwenden wir die Liturgie des Heiligen Georg.«

Ein Institutsmitarbeiter trat ein, um Dr. Moftah seine Hochachtung zu bezeugen. Mit einem verzerrten Lächeln erhob sich der alte Mann auf zittrigen Füßen und streckte dem Besucher die Hand entgegen. Als er in seinem Gespräch mit mir fortfuhr, griff er ein anderes Thema auf.

»Nun zur koptischen Musik… die Kirchenlieder werden heute in sieben musikalischen Noten gesungen. Das ist wichtig. Jemand aus Alexandria hat im 3. oder 4. Jahrhundert berichtet, dass die Priester im Tempel ihre Gesänge mit nur sieben Noten sangen. Und Philon (im 1. Jahrhundert n. Chr.) sagte, dass die Christen nichts weiter taten, als die Hymnen der alten Ägypter mit christlichen Texten zu versehen. Und eben deshalb und weil wir wissen, dass diese Gesangsart durch all die Jahrhunderte mündlich überliefert wurde, für gewöhnlich von blinden Kantoren, wissen wir, dass der koptische Gesang genau wie unsere Sprache direkt von den alten Ägyptern stammt.«

»Aber kann es nicht auch sein, dass die Sangestechnik, die Sie identifiziert haben, von anderswo her kam?«

»Von woher denn? Die koptische Musik ist nicht türkisch, nicht arabisch und auch nicht europäisch. Mag sein, dass es ein paar griechische oder jüdische Einflüsse gibt. Aber es besteht keinerlei Beziehung zwischen den Grundelementen der koptischen Musik und denen anderer musikalischer Traditionen, ausgenommen des Altägyptischen. Sie müssen sich das, worüber ich hier rede, einmal anhören, und dann verstehen Sie es vielleicht .«

Eine seiner Assistentinnen ging an einen Tisch in der anderen Ecke des Zimmers und nahm nach Art eines Zauberlehrlings ein Tuch von einem Fernschreiber. Sie durchsuchte eine große Kassettenkiste, hakte zwischendurch bei Dr. Moftah nach und fand schließlich die gesuchte Aufnahme.

Was der große Musikwissenschaftler mir damit begreiflich machen wollte, war, dass die beiden Musiktraditionen des Koptischen und Altägyptischen als einzige »die Dehnung eines einzelnen Vokals in komplizierten Variationsbreiten über viele Phrasen hinweg« enthalten. Er spielte die Kassette ab, die Lautstärke niedrig, die Aufnahme etwas gedämpft. Nach einer Weile war ich imstande, die genannte musikalische Technik in einer Gebetshymne herauszuhören. Zuerst aber fesselte mich, dass der Kantor in einer Sprache psalmodierte, die ich nicht kannte.

»Das Meiste von dem, was Sie hier hören, ist Demotisch und war einmal die Umgangssprache Ägyptens. Auch wenn damals die Griechen die Herrscher der Welt waren, Sie und ich, wir hätten miteinander Demotisch gesprochen. Das heißt Altägyptisch.«

Der Gesang stützte sich auf Wiederholungen, auf die Wiederkehr der Klänge, die immer und immer wieder aufgenommen wurden, mit kleinen Lagenwechseln nach unten oder oben. Diesen Klängen widmete Dr. Moftah die meiste Zeit seines Lebens, identifizierte, erklärte, transkribierte sie und nahm sie auf. Diese Tätigkeit machte er in den 1920er Jahren zu seiner Mission und begegnete so einer aufkommenden Modernisierungsströmung innerhalb der Koptischen Kirche. Damals sollten andere Klangstimmen und Elemente eingeführt werden, die in seinen Augen völlig unangebracht waren und in einer altehrwürdigen Tradition nichts zu suchen hatten. Gerade von einer Universität aus Deutschland zurückgekehrt, wo er eine landwirtschaftliche Fachausbildung absolviert hatte, um anschließend auf der großen Farm seiner Familie zu arbeiten, fasste Dr. Moftah den Entschluss, etwas zu tun, um die musikalische Tradition seiner Kirche zu bewahren. »Die beste Methode, die Bewegung zu untergraben, dachte ich, wäre die, die Hymnen zu transkribieren und sie somit für alle Zeit zu erhalten.«

Nach mehr als einem Jahrhundert des Hörens und Aufnehmens, war ihm das schließlich gelungen. Die Liturgie wurde von jedweden fremden Einflüssen gereinigt, aufgenommen, transkribiert und schließlich in der amerikanischen Library of Congress untergebracht.

»Was Sie hier hören«, erklärte er, als eine weitere Aufnahme durch die Lautsprecher knatterte, »ist die Liturgie des Heiligen Basil, wie man sie vor tausend Jahren gesungen hat und wie man sie auch fast tausend Jahre davor gesungen hat. Und worüber ich mir völlig sicher bin – und ich habe mein ganzes Leben damit zugebracht, dies zu überprüfen – ist, dass die Christen die bereits existierende musikalische Tradition zu ihren eigenen Zwecken nutzten und dass diese ebenfalls vom Gesang der altägyptischen Priester herstammt.« Angenommen, er hatte Recht – und wer wäre für eine solche Aussage besser qualifiziert als Moftah –, dann war dies hier ein ebenso lebendiger Rest aus alter Zeit wie alles andere, was ich bislang gefunden hatte. Hier in seinem einfachen, staubigen Büro lauschte ich einem Klang und einer Sprache, die den Menschen vor 1800 Jahren ebenso viel bedeutet hatten wie heute Moftah, wobei die Modulationen, der Gesamtsinn für die rhythmische Bewegung der Verse und das Zeitmaß die alten Ägypter mit heiligen Gedanken beseelt hätten.

E. M. Forster riet einst allen Romanschriftstellern, sie sollten »lediglich verbinden«. Mehr als das konnte ich nicht tun. Ich saß nur still versunken da, lauschte dem nachhallenden Klang der lang gedehnten Vokale um mich herum, bis ich irgendwann bemerkte, dass Dr. Moftah schläfrig wurde, die müden Augen fielen ihm zu, und der Kopf sank auf seine Brust. Die Assistentin kam herbei und nahm seinen Arm. So verließ ich ihn, ging aus dem Büro durch die offene Tür, und der eindringliche, zeitlose Lobgesang Gottes geleitete mich in voller Lautstärke den Korridor hinunter bis hinaus auf die Straße.

# Der Baum – zu guter Letzt

Befehle niemals einen Baum zu fällen,
der dir Schatten spendet.

*J. L. Burckhardt,*
Arabische Sprichwörter, 1834

Eines Tages war die Palme vor unserem Haus gefällt. Als ich mich zum Kloster in das Wadi Natron aufmachte, stand sie noch. Als ich zurückkam, war dort, wo sie gestanden hatte, ein Loch im Boden. Die Fledermäuse waren verschwunden, und auch das allmorgendliche Vogelgezwitscher war eine Spur leiser geworden, der Verkehrslärm dafür umso lauter zu hören – ein weiterer Sieg für die fortschreitende Armee der Auftragnehmer, Bauunternehmer, Baumeister, der Kairo-3000-Planer sowie der Zementfabrikbesitzer. Ein weiterer Schritt weg vom Paradies.

Man müsste noch ein zweites Buch zum Thema Überreste schreiben, eines, dessen Titel lauten könnte. *Verluste: Auf der Suche nach dem verschwundenen Ägypten*. Vielleicht habe ich bislang den irreführenden Eindruck erweckt, der Großteil der altägyptischen Kultur sei nicht ebenso endgültig verschwunden wie die Palme vor meinem Fenster. Und ebenso irreführend wäre es zu glauben, der moderne Ägypter verschwende auch nur einen Gedanken an diesen Kulturverlust.

Die offensichtlichsten Verluste zeigen sich in der baulichen Substanz. Fällt in Kairo oder Alexandria ein Gebäude, freut man sich hier auf eine weitere Schnellimbisskette, einen weiteren Edelschuppen und noch mehr Läden. Kaum einer fragt sich, was unter den Fundamenten liegt, und kaum einer setzt sich ein für die Ägyptologen, die jedes Mal einen Kampf führen müssen, damit die Bauarbeiten eine Woche oder einen Monat hinausgeschoben werden und sie ihre Ausgrabungen durchführen und etwas aus der Vergangenheit retten können.

Wo sind die Häuser und Paläste der alten Ägypter? Wo sind die Gebäude wie der Tempel in el-Ashmunein aus der Zeit des Mittleren Königreichs? Dieser wurde vor 200 Jahren von Napoleons Forschern in der *Description de l'Egypte* beschrieben, wo folgender Kommentar des Baron Dominique Vivant-Denon zu lesen ist: »Sind es die Ägypter, die solch schöne Kunst erfunden und bis zur Perfektion getrieben haben?… Selbst beim ersten flüchtigen Anblick dieses Bauwerks lässt sich mit Bestimmtheit sagen, dass die Griechen nie etwas Grandioseres erdacht oder errichtet haben.« Nach der heutigen Beschreibung im *Guide bleu* ist von dem Bauwerk nichts geblieben als »große Berge Trümmer, Lehmziegel und Topfscherben«. Sir John Gardner Wilkinson fand 1843 für das, was passiert war, die Worte: Da der Tempel »unglücklicherweise aus kalkhaltigem Gestein gebaut war, wurde er von den Türken zerstört und brannte daher nieder wie die Monumente von Antinoë.« Aber was war mit dem Grabmal von Sethos I. im Tal der Könige geschehen, das Wilkinson beschreibt als »in höchstem Maße außergewöhnlich, sowohl wegen der Schönheit seiner Skulptur als auch wegen seines Erhaltungszustandes«? In der aktuellen Ausgabe meines Ägyptenführers steht, dass es schon seit mehreren Jahre geschlossen ist. »Restaurationsarbeiten sind im Gange, doch ist nicht sicher, wann, wenn überhaupt, es wieder zugänglich gemacht wird.«

In die Liste der verlorenen Kulturgüter ließen sich noch mehr gewichtige Einträge machen. Wo ist beispielsweise die Nilflut geblieben, die alljährliche Lotterie, die über reichliche Ernte oder verheerende Hungersnöte entschied, die mal Dörfer überschwemmte, mal Felder verdorren ließ? Oder was ist mit Herodots Beobachtung, dass während der Flut »das ganze Land sich in ein Meer verwandelt und die Städte einzeln aus dem Wasser ragen wie Inseln in der Ägäis«? Wo ist der traditionelle Lehmziegelbau geblieben, der seit der ägyptischen Frühgeschichte mit Beginn der Dynastien verwandt wurde und heute durch moderne Betonbauweise ersetzt ist? Oder die Lotospflanze? Sie war im Alten Ägypten als Tempelopfergabe nicht wegzudenken, wächst nun aber an den Nilufern nirgends mehr. Der Weizen von heute hat auch nicht mehr viel Ähnlichkeit mit Emmer, dem Getreide der alten Ägypter, aus dem sie ihr Brot buken, das so fest war, dass sie sich nicht selten bis Mitte zwanzig daran die Zähne abgewetzt hatten (das Brot heutzutage hat allerdings des öfteren die gleiche Eigenschaft). Das ursprüngliche Nubien, im südlichsten Grenzgebiet Ägyptens, ist heute vom Nasser-Stausee überflutet. Mit dem Stausee sind viele Kunstwerke der alten Ägypter verloren gegangen. Im nubischen Niltal sind Felszeichnungen und Bildwerke von Elefanten und Giraffen auf Höhlenwänden entdeckt worden, die man nun zusammen mit anderen geretteten archäologischen Fundstücken entlang der neuen Uferlinie des Nil besichtigen kann. Die einzigen noch lebenden Vertreter dieser Spezies fristen heute in Käfige gepfercht im Kairoer Zoo ihr Dasein. Gewiss, so ist der Lauf der Evolution, wie Darwin einst erkannte. Aber freuen kann man sich über diese allmählich fortschreitende Entwicklung kaum, ebenso wenig wie über den Verfall der sich selbst überlassenen, prächtigen mittelalterlichen Gebäude. Ich war nicht hier, um dem Verfall zuzusehen, und auch nicht, um das Verschwinden der vielen Überreste, die ich entdeckt hatte, mit ansehen zu müssen.

Ich könnte noch viele fortlebende Reste alten Brauchtums auflisten, aber der Leser wird sie hier nicht finden. Ich bin nicht mit der Absicht nach Ägypten gekommen, enzyklopädisch vorzugehen, vielmehr wollte ich analog verfahren und herausfinden, ob sich Beziehungen zwischen Vergangenheit und Gegenwart herstellen lassen. Ich war eher daran interessiert, zum eigentlichen Kern vorzudringen, als das ganze Ausmaß zu erfassen. Vielleicht findet sich ja eines Tages ein Verleger für Umm Setis Manuskript, vielleicht tauchen ja noch weitere Texte von Winifred Blackman auf. Oder aber jemand setzt in die Tat um, was Warren Dawson in seinem Artikel von 1926 in der »Times« angesprochen hat, und »sammelt systematisch alle fortlebenden Reste antiken Brauchtums und alter Glaubensvorstellungen unter den heutigen Bewohnern des Niltals und bringt sie zur Veröffentlichung.«

Warum ich das Thema nicht erschöpfend behandle, hat noch einen anderen Grund: Jede Liste, die ich heute anfertigen würde, wäre morgen schon wieder überholt, da die Zwillingskräfte der Fundamentalisten und schleichenden Amerikanisierung die unbeständigen Grenzen des traditionellen ägyptischen Lebens erodieren.

Ein Thema jedoch gibt es noch, über das ich schreiben möchte. Beide, Umm Seti wie Winifred Blackman, haben es berührt. Zu Beginn meiner Forschungen war ich allerdings nicht sicher, ob ich es mit einbeziehen würde. Inzwischen aber hat es einen zentralen Platz in meiner Geschichte und meiner Ansicht von Ägypten eingenommen und ist zum leitenden Gedanken geworden – ein Gedanke, der sich ergibt aus dem Fall der Palme vor meinem Fenster, dem Baum, auf den mein Blick fiel, wenn ich an meinem Schreibtisch saß, tagsüber den Vögeln beim Picken der Früchte zusah oder nachts den Fledermäusen, wenn sie sich aus den Palmwedeln empor in die Lüfte schwangen.

Gegen den Rat meiner Freunde und der Regierungsbeamten entschloss ich mich, nach Abydos zu reisen, aus Respekt vor Umm Seti, die Teil der treibenden Kraft hinter meiner Suche war, um den Ort zu sehen, von dem sie behauptete, sie habe dort zwei Leben gelebt und sei dort zwei Tode gestorben. Abydos war einst der allerheiligste Pilgerort der alten Ägypter. Er befand sich am Rande des bewirtschafteten Ackerlandes am westlichen Nilufer unterhalb der

Kalksteinhügel, die weite Teile des Niltals schützend umgeben und die Wüste fernhalten. Ein jäher Spalt zwischen den Hügeln machte Abydos berühmt. Die alten Ägypter sahen darin den Eingang zu *Amenti*, dem schönen Westen, dem Königreich der Toten. In Abydos ließen sich die Pharaonen der ältesten Dynastien beisetzen, die um 3000 v. Chr. in der nahe gelegenen ersten ägyptischen Hauptstadt namens Thinis regierten. In späteren Zeiten ließen sich Könige und Adlige wenigstens ein »symbolisches« Scheingrab in Abydos errichten. Als 1500 Jahre später dort der Osiris-Kult Einzug hielt, strömten die Menschen in Scharen aus allen Teilen Ägyptens herbei, um dem Ort nahe zu sein, der als die letzte Ruhestätte des Totengottes Osiris galt: Pilgerzüge brachten mumifizierte Leichen lieber nach Abydos, als sie anderswo im Land zu bestatten.

Heute steckt Ägypten in einer schweren Krise. Seit den terroristischen Attacken am Hatschepsut-Tempel in Luxor, bei denen 67 Einheimische und Ausländer den Tod fanden, geht die Staatssicherheit mit aller Schärfe gegen Anhänger der Fundamentalisten vor und setzt vorbeugende Sondermaßnahmen ein, die 1981 nach der Ermordung des Präsidenten Anwar Sadat in Kraft gesetzt wurden und für den Notstandsfall vorgesehen sind. Damit sind auch Touristen in ihrer Bewegungsfreiheit eingeschränkt: Überlandfahrten im Reisebus sind nur mit bewaffneter Polizeieskorte gestattet, während Privatautos mit ausländischen Insassen in Konvois zwischen zwei Armeefahrzeugen fahren. Alleinreisende werden an den Straßensperren und Kontrollstellen, die inzwischen zum alltäglichen Bild fast jeder Stadt entlang des Nil gehören, aufgehalten und zurückgewiesen. Momentan durften weder Reisebusse noch Konvois nach Abydos fahren.

Ich flog nach Luxor, um den am schlimmsten betroffenen Gebieten in Mittelägypten auszuweichen, und hoffte, von Luxor aus einen Tagesausflug nach Abydos machen zu können. In Luxor zeigte die Armee Präsenz und hatte vorsorglich an den Hügelkämmen über dem Tal der Könige und Königinnen Zelte errichtet, damit niemand auf die Idee kam, die wenigen Ausländer, die mutig genug waren, in die Stadt zu kommen, unter Beschuss zu nehmen. Des Nachts leuchteten die Lichter der Zelte wie vom Himmel gefallene Sterne. Die Soldaten beschützten größtenteils verlassene Gebäude – die Betten im frisch renovierten Winter Palace Hotel blieben genauso leer wie die Swimmingpools der Hotels an den Nilufern. Kutschfahrer senkten ihre Preise fast bis auf die offiziellen Tarife, und die Flusskreuzer lagen vertäut am Ufer. Fünf Monate nach dem Anschlag hing hier noch immer eine gewisse Traurigkeit in der Luft, das Gefühl der Entweihung und Schändung des Ortes war allgegenwärtig.

Am Abend vor meiner Abreise nach Luxor machte ich einen Besuch bei Dr. Boutros. Er war gerade aus dem Operationsraum gekommen, der seinem Lehmziegelhaus angegliedert ist, wo er am späten Abend noch einen Patienten operiert hatte, und wusch sich die Hände. »Sie kommen zu allen Tages- und Nachtzeiten. Als Arzt hat man nie Ruhe.«

Ich machte es mir auf einer der *mastabas* gemütlich, lauschte einer neuen CD mit Bernsteins Requiem, während er ein paar Gläser holte. »Nun, wie kommen Sie mit Ihren Forschungen voran?«, fragte er.

Ich hatte nicht vergessen, wie skeptisch er mein Projekt bei unseren ersten Begegnung beurteilt hatte, und wollte nicht allzu ausführlich antworten. »Nun, ich habe einiges Material gefunden.« Ich erzählte ihm, wo ich inzwischen überall gewesen war und welche Leute ich getroffen hatte, und er nickte beifällig. »Aber ich denke, dass man vieles, was sich hier in Ägypten erhalten hat, auch in Indien, Großbritannien oder anderswo findet, wenn auch vielleicht auf andere Art.«

»›Überreste‹, dieses Wort gefällt mir nicht recht. Das war mit ein Grund, warum ich zunächst so wenig geneigt war, mich mit Ihnen darüber zu unterhalten. Es klingt, als wären wir Ägypter lebende Fossile. Das mag ich nicht. Denn es stimmt nicht.«

»Welches Wort wäre Ihnen denn lieber?«

»Es geht nicht um Überbleibsel. Überbleibsel klingt passiv. Denn es geht eher um die Wiederverwendung alten Brauchtums. Wieder verwenden, wieder verwenden, wieder verwenden und manchmal auch Restrukturieren.«

»Zum Beispiel?« Ich war gespannt, ob er antworten würde. Er tat es, und von seiner anfänglichen Zurückhaltung war nun nichts mehr zu spüren.

»Zum Beispiel … nehmen wir die Jungfrau Maria. Landauf, landab wurde die Figur der Jungfrau Maria relativ schnell angenommen. Warum? Weil sie ein Rollenmodell verkörpert. Die Göttin Isis wurde vollständig von ihr verdrängt. Da muss man nicht woanders suchen. Das Sinnbild war bereits vorhanden.« Ich erzählte ihm von einer Isis-Statue, die ich gesehen hatte, mit dem Knaben Horus an der Brust. »Genau«, antwortete er. »Nur die Namen änderten sich, und die Situation war eine andere. Aber für die Leute war sie noch immer dieselbe. Und als die Muslime kamen, nahm Sayyida Zeinab ihren Platz ein. Wie Isis und die Jungfrau Maria, ist auch Sayyida Zeinab die Mutter der Schwachen, der Armen und der Kranken.

»Und was passierte mit Horus«, fragte er rhetorisch, »dem lieben Knaben Horus, der auf Isis' Schoß saß? Er wurde nicht zu Jesus Christus, sondern zu unserem Heiligen Georg.«

»Also eher ein Fall der Restrukturierung als der Wiederverwendung?«

»So ist es. Unserem ägyptischen Heiligen Georg sind zwei Stätten geweiht, eine im Nildelta und eine im Süden, wie dem Horus auch. Und zur gleichen Zeit entstand aus dem Heiligen Georg der koptische Abu Girg. Wissen Sie, was das Wort *girg* bedeutet? Lanzenstecher. Und das war einer von Horus' Titeln. Er ist Lanzenstecher.«

»Glauben Sie, dass sich sonst noch viel aus der Vergangenheit erhalten hat?«

»Sehr viel. Sham en-Nessim beispielsweise, das altägyptische Fest, mit dem der Tag nach Osiris' Auferstehung gefeiert wird. Wir feiern es als Erntefest nach dem Frühjahrsäquinoktium, wenn aus dem Körper des Osiris Pflanzen hervorsprießen. Die Menschen gehen hinaus, schnuppern die Brise, fühlen sich lebendig, kehren zum Leben zurück, genau wie Osiris. Und es findet am Montag nach unserem Osterfest statt, genau wie die Auferstehung Jesu Christi. Christus ist auf eine Art Osiris, oder Osiris ist der Prototyp des Christus. Er ist ein Sohn Gottes, der auf die Erde kam und getötet wurde. Er erstand zu neuem Leben, fuhr auf in den Himmel und hat die Macht, über Gut und Böse zu urteilen. Die Sprache hat sich zwar verändert und auch die Vorstellungsbilder, aber die Grundstruktur existierte eigentlich schon vor Christi Geburt.«

»Was noch?«

»Noch jede Menge. Der Kalender zum Beispiel. Die Landvermessung. Die Teilung in nördliche Landbewohner und *Saiidis*, in die »Beiden Länder«, wie es hieß. Und auf einer philosophischeren Ebene könnte man sogar sagen, dass der Monotheismus altägyptischen Ursprungs war – die alten Ägypter huldigten nicht »den Göttern«, sondern einfach nur »Gott«, *neter*. Im Koptischen wurde er zu *notair*.« Er nahm einen Schluck Whisky. »Ich könnte ewig so weiterreden. Aber wissen Sie, was ich viel interessanter finde? Sich zu überlegen, wie sich die Dinge heute verändern.«

»Warum heute, nach so langer Zeit?«

»Ein großer Teil der Bevölkerung glaubt noch immer an all dies, aber das Bewusstsein dessen, was richtig ist, und dessen, was falsch ist, hat sich verändert. Die Jugend beurteilt die Verehrung der Scheichgräber, die Kunst der Magie, die Zaubersprüche und vieles mehr eher skeptisch, weil sie das Ganze für unorthodox hält.«

»Womit sie wahrscheinlich Recht haben, doch genau dieser kulturelle Hintergrund macht einen Ägypter zum Ägypter. Insofern sind sie skeptisch, wie Sie es nennen, gegenüber dem, was es heißt, Ägypter zu sein.«

»Ja, ich denke, so wird es wohl sein«, erwiderte der Arzt düster. »Selbst die grundlegendsten Dinge ändern sich. Die Beziehung zum

Fluss etwa. Nach 1972, 1973 hat sich die Beziehung Ägyptens zu seinem Fluss urplötzlich verändert. Und zwar radikal. Leute um die fünfzig oder sechzig bezeichnen eine bestimmte Zeit im Jahr noch immer als die Zeit der Nilflut. In ihren Köpfen ist noch alles so, wie es einmal war. Doch die Jugend sieht das anders. Sie hat es noch nie erlebt, dass der Fluss über die Ufer tritt. Und wenn die Älteren einmal sterben, dann wird das auch das Ende des Alten Ägypten sein. *Khalaas*, vorbei. Kaum zu glauben, wie schnell das Ende naht. Die Dinge verändern sich. Und zwar beträchtlich.«

Am nächsten Morgen war ich schon früh am Taxistand und hielt nach einem *beejo* Ausschau, einem Peugeot-504-Sammeltaxi, das die Route nach Norden fährt um die große Nilschleife herum, vorbei an Kena und den Aluminiumwerken in Nag Hammadi nach Baliana. Falls nötig, würde ich auch für einen Sitzplatz nach Kairo bezahlen und kurz hinter Baliana wieder aussteigen. Ich würde sogar für zwei Sitzplätze bezahlen, wie die Taxifahrer es manchmal von Ausländern fordern, weil sie meinen, es widerstrebe diesen, sich wie die Ägypter auf einem Sitzplatz zusammenzuquetschen. Oder vielleicht weil die Fahrer, wenn sie genau so viel Geld hätten, wie sie annehmen, dass Europäer haben, es so machen würden. Und da die Peugeot-Sammeltaxis erst abfahren, wenn sie mit mindestens neun Fahrgästen besetzt sind, war das zudem eine geschickte Methode, die Wartezeit bis zur Abfahrt zu verkürzen.

Eigentlich war ich gewohnt, dass mich die Fahrer gleich umlagerten, sobald ich mich dem Taxistand näherte. Doch dieses Mal nicht. Ich fand einen Wagen, der nach Kena fuhr, was ungefähr die halbe Strecke nach Baliana ausmachte, doch der Fahrer weigerte sich, mich mitzunehmen. Andere Fahrer kamen hinzu, fragten, wohin ich wolle, und wehrten ebenfalls ab. Schließlich war ich so weit, dass ich anbot, für das ganze Auto zu bezahlen plus Extrabonus, falls sich einer bereit erklärte, mich nach Abydos und zurück zu fahren, aber alle Bestechungsversuche waren vergeblich.

An der Busstation um die Ecke erhielt ich die Auskunft, dass es keine direkte Busverbindung nach Baliana gebe.

»Umsteigen in Kena. Der nächste Bus fährt um elf.«

»Kann ich dann eine Fahrkarte nach Kena lösen?«

»Nein.«

»Weshalb nicht?«

»Weil ich nicht weiß, ob man Sie einsteigen lässt.«

Der Bus kam um 11.45 Uhr, eine alte Klapperkiste, der in den letzten zwanzig Jahren der Großteil der Innenausstattung abhanden gekommen war. Er war rappelvoll, bis obenhin vollgestopft mit Leuten und Gepäck. Doch beim Einsteigen setzte man ein Kleinkind kurzerhand auf den Schoß seines Vaters, und so wurde ich zusammen mit zahlreichen anderen Fahrgästen irgendwie hineingeschoben und auf einen Sitz neben einem Opa in geflickter blauer *galabiyya* und grauer Jacke gequetscht. Der junge zahnlose Busfahrer sprach eine Sprache, die in meinen Ohren nur halbwegs arabisch klang. Eine Fahrkarte? Klar. Kein Problem. »Nur eine?« fragte er.

Als ich das Buch aufklappte, das ich mir für die Fahrt mitgenommen hatte – Umm Setis Biografie –, beäugte es der Opa neben mir, als enthielte es den entscheidenden Schlüssel zur Vergeltung des für sein Lebtag erlittenen Unrechts. Seine neugierigen Blicke waren nicht auszuhalten, und so steckte ich das Buch zurück in die Tasche auf der Gepäckablage und starrte hinaus auf die vorbeiziehende Landschaft.

Um eine Minute vor eins rollten wir in die Busstation in Kena ein – kein Ort, an dem ich mich länger als nötig aufhalten wollte. Zu viele Menschen waren hier in den vergangenen Jahren umgekommen. »Wenn du rennst«, rief mir der zahnlose Busfahrer zu, »könntest du den Ein-Uhr-Bus nach Baliana erreichen.« Das tat ich und just in dem Moment, als ich auf den Wagentritt aufsprang, fuhr der Bus los.

Kurz nach Nag Hammadi, der Aluminiumstadt, war eine Straßensperre errichtet. Vor acht Jahren hatte ich hier, auf dem von den

Russen erbauten Verhüttungsgelände, einmal eine Nacht in einem Hotel verbracht, in dem überall Gefahren zu lauern schienen – im Lift zum Beispiel musste man erst einen Finger in die Steckdose stecken, bevor er sich in Bewegung setzte, und der eher unbeholfene Ober tischte mir eine ungenießbare Mahlzeit und ein warmes Bier auf. Mittlerweile war die Gastfreundschaft der Sicherheit gewichen. Am Kontrollpunkt am Stadtrand stellte der Fahrer den Motor ab, und so saßen wir unter den Kanonen eines Panzerwagens, bewacht von Soldaten mit Stahlhelmen, die gegen eine Sandsackfestung lehnten, die Maschinengewehrläufe direkt vor unserer Nase.

Drei Polizisten stürmten den Bus. Zwei von ihnen stellten sich neben den Fahrer, die 202er aus dem Zweiten Weltkrieg im Anschlag, während der Dritte mit einem locker um die Hüfte geschlungenen Patronengürtel in großspuriger Cowboy-Manier den Gang entlang stolzierte, den Kopf nach unten, und mit Drohgebärden von jedem den Ausweis verlangte. Als er bei mir angelangte, sah er auf, blickte mich an, blätterte durch meinen Ausweis und reichte ihn mir wortlos zurück. Geschafft.

Um Viertel nach drei sprang ich am Kontrollpunkt vor Baliana vom fahrenden Bus ab. Abydos und das Dorf Arabat al-Madfouna, das rund um Abydos entstanden war, lagen ein paar Kilometer landeinwärts vom Fluss, und ich hoffte für das letzte Wegstück auf einen vorbeifahrenden Bus oder ein *beejo*. Doch wie es schien, wollte mir der Offizier am Kontrollpunkt einen Strich durch die Rechnung machen. Sein Kiefer klappte herunter, und er erbleichte sogar ein wenig. Er verlangte meinen Ausweis. »Was machen Sie hier? Woher kommen Sie? *Wie sind Sie überhaupt hierher gekommen*?«

»Mit dem Bus«, sagte ich selbstgewiss. »Aus Kena und Luxor.«

»Wissen Sie nicht, dass das verboten ist? Verboten! Sie dürfen sich hier nicht aufhalten.«

»Nun bin ich aber hier, und am Kontrollpunkt in Nag Hammadi hat kein Mensch etwas gesagt. Ich bin hier, um den Tempel zu sehen. Als Tourist.«

»Sie müssen zurück. Und zwar sofort.« Er klopfte mit meinem Pass auf den Tisch. »Ich kann die Verantwortung für Sie nicht übernehmen.«

»Ich habe gerade vier Stunden Busfahrt hinter mir und will wenigstens den Tempel sehen, bevor ich wieder verschwinde.«

»Alle Ausländer müssen von Sicherheitskräften abgeschirmt werden. Haben Sie eine Ahnung, was die mit mir machen, wenn Ihnen was passiert?«

Ich strich andeutungsweise mit einem Finger über meine Kehle.

»Schlimmer noch«, lachte er. »Viel schlimmer.«

»Nun, dann geben Sie mir doch Geleitschutz, aber lassen Sie mich wenigstens den Tempel besuchen.«

Von einem antiquierten Bakelit-Telefon aus, einem Modell aus den 1950er Jahren, das in London mittlerweile zu einem begehrten Sammlerobjekt geworden ist, führte er ein kurzes Gespräch und wies dann zwei in Zivil gekleidete Sicherheitskräfte in blauen *galabbiyas* an, mir Geleitschutz zu geben. Um das Ganze zu beschleunigen, signalisierte er, indem er seine Flagge schwenkte, einem Wagen, er solle anhalten, und dirigierte ihn auf den Palmen gesäumten, mit Abfall übersäten Fahrweg in Richtung Abydos. »Eine halbe Stunde. Länger nicht.«

»Sagen wir eine dreiviertel Stunde.«

»Warum wollt ihr Briten immer handeln?«

Das nachmittägliche Licht, das auf den prächtigen Sethos-Tempel fiel, ließ die festungsartige Fassade honiggelb leuchten.

Meine Beschatter, denen der Sinn weniger nach Dichtung und Reinkarnation stand, ließen mich allein den Hang hinaufsteigen, durch die Außenhöfe hinein in den Tempel. Für Umm Seti war dies ein magischer Ort gewesen. »Man lässt die moderne Welt draußen im grellen Licht der Sonne und betritt, umfangen vom weichen, gedämpften Licht des Innern, die Welt der Vergangenheit … eine Welt der Magie, zu welcher der moderne, insbesondere der westliche Geist nur sehr schwer Zugang findet.«

Sie schreibt ferner: »Mutterseelenallein im Tempel des Sethos fühlt man sich von gütigen, alles sehenden Augen bestens bewacht und ist tief erfüllt von einem Gefühl des Friedens und der Sicherheit.« Ich hatte gehofft, eine ungefähre Ahnung von diesem Geheimnis zu erspüren, doch die beiden Tempelwächter durchkreuzten meine Pläne. In der letzten Zeit waren nicht viele Ausländer hier gewesen, sie hatten demzufolge auch nicht viel *bakschisch* bekommen, und so kam ich ihnen gerade recht. In einer Tour redeten sie auf mich ein, mir dieses Wandgemälde oder jene Kammer anzusehen, gaben ungenaue Informationen und halbseidene Erklärungen von sich. Im nächstbesten unbeaufsichtigten Moment tauchten ein paar Bengel auf. Sie wollten, dass ich ein Foto von ihnen machte, und zum Dank dafür warfen sie gleich danach, kaum dass ich mich umgedreht hatte, mit Steinen nach mir.

Die Tempelwachen eilten herbei, um die Bande aufzuhalten, und klebten mir nun erst recht an den Fersen. Ich fragte sie, ob sie Umm Seti gekannt hatten.

»Klar«, sagte der Ältere der beiden, »jeder hier kennt sie. Sehr gute Frau. Sie starb vor zehn Jahren.« In Wirklichkeit starb sie vor fast auf den Tag genau siebzehn Jahren.

Umm Seti hatte sich im Garten ihres Hauses mitten im Dorf selbst ein Grab gebaut. »An der Westwand habe ich eine hübsche kleine Scheintür eingemeißelt«, erklärte sie einst, »so wie es in antiken Gräbern üblich war…, außerdem habe ich noch ein Opfergebet eingemeißelt, in dem ich um 1000 Krüge Bier, 1000 Laibe Brot, 1000 Ochsen, 1000 Gänse, 1000 Krüge Wein, Räucherwerk und sonstige gute und reine Dinge bitte. An der Kopfwand des Grabs habe ich eine Isis-Figur eingemeißelt.« Die Hindernisse, die ihr von Osiris und anderen Göttern auf ihrer Reise ins Jenseits in den Weg gelegt werden könnten, hatte sie zwar bedacht, nicht aber die der örtlichen Bürokratie. Als sie starb, erteilte das örtliche Gesundheitsamt keine Genehmigung für eine Bestattung ihrer Leiche in dem von ihr selbst erbauten Grab. Aus einem Bericht geht hervor, dass sie weit draußen in der Wüste beerdigt wurde. Jonathan Cott, ihr Biograf, vermutete, dass sie in der Wüste nahe des koptischen Friedhofs begraben liegt.

»Sie schläft in der Wüste«, versicherte mir der Wächter, »wenige Kilometer von hier.«

»Warst du schon dort?«

»Aber sicher. Willst du hin? Ich kann dich hinbringen.«

»Das erlaubt die Polizei nicht.«

Der alte Mann blickte über seine Schulter auf meine Beschatter. »*Maleesh*«, sagte er und marschierte davon.

Die Sonne stand tief, meine Zeit war fast um. Eines aber wollte ich noch sehen, bevor ich ging – das Tempelhaus. Die Saaldecke der inneren Vorhalle ruht auf mächtigen Säulen mit geschlossenen Knospenkapitellen, ein Steindickicht vor den sieben eingewölbten Eingangstoren zu den Sanktuarien, die den Schutzgöttern von Abydos geweiht sind. In den Pfeilern, welche die einzelnen Kapelleneingänge voneinander trennen, sind mit Reliefs verzierte Nischen eingelassen, und bald hatte ich entdeckt, wonach ich suchte. Zu meiner Linken, auf einem etwas höher gelegenen Relief war der Pharao Sethos neben einem Baum kniend dargestellt. Der Baum ist der »Baum des Lebens« von Heliopolis, daneben steht der falkenköpfige Sonnengott Re-Harachte, der Sethos' Namen auf die Blätter des Baumes schreibt. Ptah, der Schöpfergott von Memphis, hält in der ausgestreckten Hand eine kniend dargestellte Männerfigur, die zwei entstielte Palmzweige hält, das Symbol der Ewigkeit. In diesen Anblick war ich tief versunken, als der alte Mann hinter mir langsam nervös wurde und ungeduldig mit den Füßen scharrte.

Die Sicherheitskräfte in Zivil warteten am Eingang. »Es wird Zeit«, sagten sie ernst und schritten voran, als ob sie mich zu meiner Hinrichtung geleiteten.

Am Kontrollpunkt vor Baliana war noch derselbe Offizier im Dienst. »Luxor«, befahl er. »Jawohl«, antwortete ich, »diesmal ohne zu handeln.«

Die Paradiesvision der alten Ägypter ist eine der ältesten der Welt. An oberster Stelle flehten sie inständig darum, dass beim Eintritt in die Welt der Toten ihr Blick als Erstes auf einen Baum fallen möge, der ihnen mit langen, belaubten Zweigen Schatten spenden würde – eine angemessene Bitte für ein Volk, das in einem größtenteils aus Wüste bestehenden Land lebte. An zweiter Stelle dieser Paradiesvorstellung steht Hathor, eine der ältesten Göttinnen der Antike, bekannt als »Herrin der südlichen Sykomore«, die dem Glauben nach aus dem Inneren des Baumes erscheint, um kühles Wasser und süße Früchte darzureichen. Die meisten späteren Paradiesdeutungen folgen dieser altägyptischen Vision oder waren ihr zumindest seltsam ähnlich. Auch in einem heute noch bekannten ägyptischen Volkslied hallt die alte Vorstellung wider, ist darin doch die Rede von »ihr, die ihr in den Baum aufsteigt«, von einer Kuh und vom Stillen des Durstes.

Eine bildliche Darstellung auf einer der beiden Pfeiler im Grab des Thutmosis III. im Tal der Könige zeigt den Pharao, wie er von einer Brust an einem Baum trinkt. Von der anderen Seite des Baumes verhilft eine Hand der Brust an den Mund des Pharaos. Bildnisse wie dieses – von Göttern und Göttinnen, die Bäume bewohnen – sind immer wieder kehrende Motive in der antiken Geschichte und Mythologie Ägyptens.

Eine der berühmtesten Legenden erzählt vom Gott Osiris, der in seinem Sarg bis an die Ufer des Libanon treibt, wo aus dem Sarg ein Baum erwächst. Jahre später wird der Baum gefällt und als Pfeiler im Königspalast von Babylon verwandt. Dort findet ihn Isis, die Schwestergemahlin des Osiris. Osiris wird aus dem Holz herausgeschlagen und kehrt nach Ägypten zurück zu seinem Begräbnis – möglicherweise nach Abydos.

Sir James Frazer erwähnt in seinem Werk *Der goldene Zweig*, einer Studie aus dem 19. Jahrhundert über Magie und Religion, eine altägyptische Zeremonie, die von einem gewissen Firmicus Maternus beschrieben wurde: »Man fällte eine Pinie, höhlte das Bauminnere aus und schuf aus dem so ausgeschürften Holz ein Bildnis des Osiris, das dann wie ein Leichnam zurück in die Höhlung des Baumes gebettet wurde.« Ein Jahr später wurde das Bildnis verbrannt, vermutlich ein nächstes geschnitzt und an die Stelle des vorherigen gelegt. Frazer fügt hinzu: »Die Vorstellung von einem Baum als Wohnstatt eines menschlichen Wesens könnte nicht anschaulicher ausgedrückt werden.«

Sykomoren und Pinien waren nicht die einzigen Bäume, die dem Glauben nach von Baumgottheiten bewohnt wurden. In den Schlussausführungen ihrer hervorragenden Untersuchung über die Dattelpalme beschreibt Warda H. Bircher die Dumpalme als »das Symbol des männlichen Prinzips in der Natur. Sie galt als Baum des Thot, des Gottes des Wissens und der Weisheit. Die… Dattelpalme… ist der Baum der Hathor und symbolisiert die weiblichen Eigenschaften der Fruchtbarkeit und des sich ewig erneuernden Lebens.« Diese Bäume haben ihre Gegenstücke in den Bäumen des Garten Eden, wie es das Buch Genesis beschreibt: »...in der Mitte des Gartens aber den Baum des Lebens und den Baum der Erkenntnis von Gut und Böse.«

Die alten Ägypter verehrten insbesondere die Feige, die Tamariske und den Perseabaum – dessen Kern herzförmig ist – wegen der göttlichen Assoziationen, obgleich sie alle Bäume als geheiligt ansahen, da ihre Zweige sich bis in den Himmel erstrecken.

In Winifred Blackmans Aufzeichnungen fand ich folgende Notiz über eine Scheichin namens Khadra:

> Lediglich ein Baum markiert die Begräbnisstelle dieser Scheichin. In Senaru, im Faijum-Gebiet. Die Scheichin soll »im Baum« wohnen. Als Weihegaben sind Kerzen am Baum angebracht, sowie Haarbüschel, Talismane in Tuch gewickelt etc. Der Baum ist eine *nebkh* (*Ziziphus* oder *rhamnus spina Christi*), seine Früchte sollen verschiedene Krankheiten sowie die von *afarit* Besessenen heilen.

In der Nacht zum Freitag sieht man im und um den Baum ein kleines Licht schwirren, die Seele, das *roh*, der Scheichin. In der Nacht zum Freitag werden Kerzen angezündet.
Der Baum ist sehr alt, und die Scheichin soll ihn schon eine ganze Weile bewohnen, *min zaman* – seit achtzig Jahren, so sagte ein Mann. Der Baum steht inmitten von Äckern außerhalb des Dorfes Senaru.

»Wohin fahren wir denn dieses Mal?«, fragte Alan ein wenig ängstlich nach der Schlägerei auf dem *moulid* in Dahshur, der kurzen Begegnung mit den Kobras und der Geschichte mit dem Magier.

»Einen Baum ansehen.«

»Natürlich. Wo denn?«

»Im Faijum.«

»Schöner Fleck. Jede Menge Bäume in einer Oase.«

Wir fanden den Baum der Scheichin überraschend schnell. Er war groß und knorrig und stand am Rande eines Dorfs, das ein paar Stunden Fahrt von Kairo entfernt lag. Daneben befand sich eine baufällige Grabstelle aus gebrannten Lehmziegeln mit einem Holzlattendach. In der Grabstelle saß eine junge Frau auf einer Matte, ein halbes Dutzend Frauen hatten sich ringsum versammelt, hockten in der Ecke oder lehnten sich durch das unverglaste Fenster hinein. Die junge Frau, die »Dienerin der Scheichin«, hatte ein hübsches Gesicht, eine kokettierende Art und konnte ihre Überraschung und Freude beim Anblick zweier Ausländer nicht verbergen. Sie scherzte gern und sorgte so für heitere Stimmung.

Das Grab der Scheichin war völlig mit verschiedenen Stoffen überdeckt. Dass es sich um das Grab einer Frau handelte, war unschwer zu erkennen, denn auf die traditionell grüne Grabdecke waren blumige Stoffe und Halsketten drapiert sowie getrocknete Girlanden gehängt.

Wir bezeugten der Scheichin unsere Ehre und folgten damit Umm Setis Anweisungen, beim Grabbesuch eines Heiligen die Form der höflichen Unterwerfung zu wahren. Zunächst wandten wir uns dem Gesicht der Heiligen zu. »Die Gesichter der Verstorbenen werden nach Osten gewendet. Das bedeutet, dass der Besucher nach Westen blickt, was der bei den alten Ägyptern üblichen Stellung entspricht, wenn sie mit den Toten sprachen oder vor der Scheintür Opfergaben darbrachten.« Anschließend machten wir einen Rundgang um das Grab, eine Sitte, die in anderen islamischen Ländern unbekannt ist. Das erinnerte mich an das Edikt des römischen Kaisers Theodosius, der die heidnischen Riten verfemte und mit besonderem Nachdruck verbot, »um die Tempel herumzugehen«. Umm Seti vermerkte, dass es üblich gewesen sei, die Grabstätten in einer ungeraden Zahl zu umrunden. Drei Mal, fünf Mal oder die magischen sieben Mal, doch mir erschien eine Umrundung genug, zumal die Zahl Eins ja auch eine ungerade Zahl war.

Anschließend gesellten wir uns neben das hübsche Mädchen auf die Matte. Die Scheichin empfange Besucher nur freitags, erklärte sie uns, und heute seien schon viele aus dem Dorf gekommen, um Opfergaben darzubringen. »Auch das erinnert an das Alte Ägypten«, schreibt Umm Seti, »von dem wir aus bildlichen Darstellungen und Inschriften wissen, dass auf den Friedhöfen vor den Gräbern Opfertische oder Trankopferbecken standen, auf denen Speisen und Getränke dargebracht wurden.«

»Bitte«, sagte das Mädchen und reichte uns Speisen und Tee, die eine alte Frau auf einem Primuskocher zubereitet hatte. Ich fragte das Mädchen nach der Scheichin.

»Die Scheichin lebte lange, bevor wir geboren wurden. Sie lebte hier in dieser Gegend und ist allseits bekannt. Wenn ein Kind krank ist, graben wir ein Loch in den Sand, nicht weit von dort, wo die Scheichin gelebt hat, uns setzen es hinein. Danach wird das Kind wieder gesund.«

Ich fragte mich gerade, ob sie glaubte, dass die Scheichin noch am Leben sei, als Alan sich erkundigte: »Kommen viele Leute hierher, um geheilt zu werden?«

»Sehr viele, von überall, denn sie ist bekannt dafür, dass sie sehr, sehr wohltätig ist. Für gewöhnlich dauert es ungefähr eine Woche, bis eine Heilung eintritt. Kommt ein Kind an einem Freitag, ist es am darauf folgenden Freitag gesund. Viele Alte kommen hierher und Menschen mit Sorgen. Sie legen ihre Köpfe auf das Grab« – sie stand auf und machte es vor –, »und die Scheichin streichelt sie und lindert ihre Probleme.«

»Erzähle mir von dem Baum«, forderte ich sie auf und spielte den Ahnungslosen.

»Im Baum steckt viel *baraka*. Ganz viel. Er ist der Baum der Scheichin.«

»Woher weißt du das?«

»Vor zwanzig Jahren wollte ihn jemand fällen, doch da erschien die Scheichin und sagte: ›Nein, tut das nicht. Das ist mein Baum. Und mein Name ist Scheichin Khadra.‹ Ein anderes Mal kamen Magier und schlugen den Baum. Da fing er an zu bluten.«

»Rotes Blut?«

»Rotes Blut«, sagte sie aufrichtig überzeugt. »Doch die Scheichin strafte sie und hackte ihnen die Hände ab.«

Ich wartete darauf, dass sie lächelte, aber das tat sie nicht.

»Was macht die Scheichin mit denen, die Kerzen anzünden?«

»Manchmal beten die Menschen und versprechen, ein Dutzend Kerzen zu bringen, falls die Scheichin ihnen hilft, und dann hilft sie. Sie muss Kerzen sehr mögen.«

»Zündet ihr sie im Baum an?«, fragte ich weiter.

»Haben wir früher. Ganz viele, entlang der Zweige. Donnerstagnacht.«

»Also letzte Nacht?«

»Nein. Seit einiger Zeit tun wir das nicht mehr.«

»Warum?«

»Weil wir heute Strom haben. Das ist viel besser. Wir brauchen keine Kerzen mehr.«

Das Wort *khadira* heißt übersetzt »grün werden«, *khadir* »grün, grünend« und *khudra* »grün, Grüne«. Von diesem Wort leitet sich der Name der Scheichin ab. Im Wörterbuch findet sich noch ein weiterer Eintrag: *al-khadir, al-khidr,* »eine weit bekannte legendäre Figur«. Und um die Wortfamilie zu vervollständigen – *al-khudaira* bedeutet »Paradies«.

Scheich Muhammad Mustafa Gemeiah, der muslimische Geistliche aus der el-Ashar-Universität, hatte sich darüber empört, dass manche Menschen nicht Gott, sondern Bäumen huldigten.

Er hatte mir einen Band der *Stories of the Prophets* von Ibn Kathir geschenkt, den er übersetzt hatte und der »Die Geschichte des Moses und al-Khidr« enthielt. Eine seltsame Geschichte, in der Gott Moses aussandte, einen weiteren Mann zu finden, dem die Gabe der Erkenntnis geschenkt worden war. Dieser Mann war al-Khidr (in manchen Übersetzungen auch al-Khedr), von dem Moses zu lernen hoffte. Doch Moses fand den Mann sehr seltsam: Er bohrte ein Schiff an, auf dem ihm freie Fahrt gewährt worden war, tötete einen anscheinend unschuldigen Jungen und weigerte sich, Lohn für seine Arbeit anzunehmen. Die Lehre, die Moses daraus zog, war, dass nicht alles so ist, wie es scheint, und al-Khidr Gottes Wünschen gemäß handelte.

Gamal al-Hajjaji hatte mir vor seinem Laden am Bahnhof in Luxor ebenfalls eine Geschichte über al-Khidr erzählt. In seiner Version war der Heilige eine Art Robin Hood (oder wie er auf Französisch heißt, Robin *du Bois,* »Robin vom Wald«), der die Reichen bestahl und den Armen half. In welcher Aufmachung auch immer, offensichtlich war jedenfalls, dass all diese Geschichten eine starke Verbindung mit dem antiken Ägypten hatten und tiefe Sehnsüchte berührten.

Man braucht schon eine Karte in vergrößertem Maßstab, um das Dorf Kinayyiset ad-Dahariyya zu finden, das tief im Herzen des

Nildeltas schlummert, seine mangelnde Größe aber mit der stattlichen Zahl von 39 Heiligengräbern wettmacht. Am bemerkenswertesten dabei war, dass einer jener 39 Heiligen kein Mensch war, sondern ein Baum, und dieser »Heilige« hieß Sidi Khadr.

Ich reiste von Kairo nach Tanta, von Tanta nach Kafr az-Zayyat, von Kafr az-Zayyat über den westlichen Nil-Nebenarm von Rosetta nach Kinayyiset ad-Dahariyya. Je weiter ich ins Landesinnere kam, desto kleiner und klappriger wurden die Verkehrsmittel – zuerst per Eisenbahn auf der Strecke Kairo-Alexandria, dann per Überlandbus, dann per Minibus und schließlich per Pick-up auf offener Pritsche. Dort fragte ich meinen Nebenmann, ob das auch der richtige Weg ins Dorf sei.

»Was suchst du denn hier?«, fragte er.

»Einen Baum.«

»Aha.« Er guckte ziemlich verdutzt drein.

»Kennst du Sidi Khadr?«

»Sicher«, antwortete er und wandte sogleich den Blick ab, was mich vermuten ließ, dass er ihn vielleicht doch nicht kannte.

Der Pick-up hielt am Ende eines schlammigen Fahrwegs, der mitten durch die grünen Felder zum Dorf hin verlief. Der Baum sei unschwer zu finden, hatte mir ein Mann erzählt, gleich vor dem Dorf, nicht weit von den anderen Gräbern.

Ich erreichte die Stelle am frühen Nachmittag. Im Dorf war es mittäglich ruhig. Neben einem fast zwanzig Meter hohen Baum traf ich auf einen Mann namens Gabr.

»Das ist der Baum von Sidi Khadr«, versicherte er mir. »Und in dem Grab dort drüben, mit der gelben Kuppel und der weißen Wand, liegt Sidi Merai. Scheich Ahmad az-Zakeri liegt auf der anderen Seite des Ackers unter den Palmen.« Wie ein routinierter Fremdenführer fuhr er fort, die Namen der lokalen Scheichs aufzuzählen.

»Besuchen viele Menschen diesen Ort?«

»Ja, sie kommen aus der näheren Umgebung, denn wir haben hier viele Heilige.«

»39, hat man mir gesagt.« Gabr sah mich misstrauisch an. »Aber erzähl mir doch von Sidi Khadr«, forderte ich ihn auf. Als ich mir den Stamm aus der Nähe betrachtete, stellte ich Male auf den unteren Zweigen fest, Brandmale, vielleicht von Kerzen. Auch Einschnitte waren am Stamm zu erkennen, wo man Borke oder Pflanzensaft entnommen hatte.

Es dauerte nicht lange, da fanden sich auch andere aus dem Dorf ein, und sogleich gingen die Meinungen darüber, welcher Baum Sidi Khadr darstellte, völlig auseinander. Gabr machte sich davon. »Der hat doch keine Ahnung«, flüsterte einer der neu Hinzugekommenen. »Komm, ich kann dir Sidi Khadr zeigen.«

Wir spazierten ins Dorf. Noch vor zehn, höchstens zwanzig Jahren war das hier ein völlig abgeschiedener Ort aus Lehmziegeln, ohne Stromversorgung. Und selbst wenn die Bewohner Strom gehabt hätten, hätten sie außer Straßen- und Hausleuchten kaum etwas daran anschließen können. Doch aus den Lehmziegelhäusern wurden im Laufe der Jahre neue drei- bis vierstöckige Betonbauten, neue Wohnungen für die wachsende Bevölkerung, eine jede mit Fernsehantenne oder Satellitenschüssel ausgestattet.

Mittlerweile hatte ich eine Menschentraube um mich, und wir stießen und rempelten aneinander, während wir uns durch die Straßen schoben.

»Hier, das ist Sidi«, sagte ein Mann und deutete auf einen Baumstumpf am Sockel einer Mauer. »Wir haben ihn gefällt. Er stand im Weg.«

Ich blickte ungläubig drein, stellte mir den umgekehrten *baraka* vor, die allerhöchste Verdammung, die sie sich damit zuzogen. »Ihr habt Sidi Khadr getötet?«

»Ja«, sagte ein anderer.

»Nein«, sagte der nächste.

»Schau, er ist dort drüben«, sagte ein Dritter und führte mich zu einem verschlossenen Tor vor einer Art Moschee.

Gamal Salman erschien mit dem Schlüssel. Sein Großvater, Fathallah Salman, hatte diesen Ort einst errichtet, erzählte er. Er zeigte auf den Gründungsstein. 1281 AH, im Jahre des Herrn 1895. Es war keine Moschee, sondern das Grab von Sidi Daou er-Rassoul. Zwei Bäume standen im großen Hof, eine Palme und ein *lebbakh*-Baum, genau wie der Baum des Lebens und der Baum der Erkenntnis im Garten Eden.

»Welcher ist nun Sidi Khadr?«

»Keiner«, antwortete Gamal und fing an, mir die Geschichte von Sidi Daou er-Rassoul und seinem Rivalen, einem gewissen Abu Neshabi, zu erzählen, die beide an diesem selben Ort begraben werden wollten. »Beide steckten sie den von ihnen beanspruchten Begräbnisplatz ab, indem sie die Bäume pflanzten«, erklärte Gamal und tätschelte jeden der beiden abwechselnd, »Abu Neshabi den *lebbakh*-Baum, Sidi Daou die Palme. Abu Neshabis Taten erzürnten Sidi Daou derart, dass er nach Kairo ging, um die Sache vor den Richter zu bringen. Er *ging* nach Kairo, den ganzen langen Weg«, fügte er hinzu, falls ich mir das nicht vorstellen konnte.

Wie es Sidi Daou in Kairo erging, weiß ich leider nicht zu berichten, da genau in diesem Augenblick sich mehrere kräftige Männer einen Weg durch die Menge bahnten und mich am Arm ergriffen.

»Du darfst dich hier nicht aufhalten«, erklärte einer von ihnen. »Wir müssen dich der Polizei übergeben.«

»Warum?«

»Wo ist deine Aufenthaltsgenehmigung?«

»Ich brauche keine Genehmigung, um die Heiligen von Kinayyiset ad-Dahariyya zu besuchen.«

»Wir bringen dich in das Haus des Scheichs al-balad , des Dorfältesten, und er entscheidet, ob du dich hier aufhalten darfst oder nicht.« Sie führten mich ab, marschierten mit mir über das Grabgelände, durch die Straßen, quer über die Äcker am Rande des Dorfs. Die Leute, an denen wir vorbeikamen, sahen mich an, als wäre ich ein Verbrecher, den man auf frischer Tat ertappt hatte.

Scheich al-balad hielt noch Mittagsruhe, als wir eintrafen. Die zielstrebige Entschlossenheit der Männer wurde nun durch die gebotene Ehrbezeigung gemildert. Ihre Schuhe ließen sie vor der Tür, mich ließen sie in einem Lehnstuhl in einem blauen Zimmer zurück, dessen einziger Schmuck aus einem Paar unecht vergoldeter Wandleuchter bestand. Einer der beiden ging sacht, beinahe entschuldigend in den Haupttrakt des großen Hauses, um den Dorfältesten zu holen.

Der Scheich war ein adrett aussehender Mann, die paar wenigen Haare auf dem Kopf gepflegt und glatt geölt, ein ordentlicher Schnurrbart, großer Brustkorb und noch größerer Bauch. Bis er es sich in seinem Stuhl bequem gemacht hatte, hatte sich ein richtiger Ältestenrat um ihn versammelt, einschließlich Gabr, meine allererste Bekanntschaft hier im Dorf. Meinen Fall verhandelten sie offen in meinem Beisein.

»Wir sollten ihn der Polizei übergeben«, sagte ein alter Mann mit gedrungenem Nacken in einer tadellos gebügelten *galabiyya* und weißer Strickmütze. »Ausländern ist es nicht erlaubt, die Straße zu verlassen. So ist das Gesetz.«

»Das galt doch nur während der Unruhen mit den Juden (Israelis)«, wandte ein gewisser Abdel-Nasr ein, der ihm gegenüber saß.

»Er könnte spionieren«, fuhr Ersterer fort.

»Das hieße Gefängnis », sagte ein anderer.

»Er hat nach Sidi Daou gefragt«, erwiderte Abel-Nasr.

So ging es hin und her, wie bei Tennisspielern in einem Marathonmatch, und der Scheich, der mir gegenüber saß, und ich drehten die Köpfe mit dem heftiger werdenden Schlagabtausch immer schneller von links nach rechts.

Der Scheich hielt meinen Pass in der Hand, und meine Ankläger kamen auf die Idee, meine Tasche zu durchsuchen. Ich nahm eine kleine Flasche Wasser heraus, einen Stift und schließlich den bebilderten Reiseführer, den ich über Ägypten geschrieben hatte.

Der Scheich besah das Buch zunächst mit stummem Blick. »Zeig mal her«, befahl er dann.

Er überflog die Bilder. »Aha«, sagte er wissend, »Alexandria.« Ein paar Männer kamen her, um ebenfalls einen Blick auf die Bilder zu werfen. »Die Hussein-Moschee. Sieh mal, Kairo. Und Luxor. *Ya salaam*, und hier der schöne Nil bei Assuan. O, meine Augen.« Er sah mich streng an.

»Das Buch habe ich geschrieben«, erklärte ich reumütig wie ein Schuljunge.

Keiner sprach ein Wort. Alle Blicke ruhten auf mir.

»Was?«

»Das Buch. Ich habe es geschrieben.«

Der Scheich konnte kein Englisch lesen, so viel war klar, doch ich zeigte auf meinen Namen auf der Titelseite und meinem Namen im Pass, damit er es verstand. Sein Blick wanderte von mir zum Buch, zum Pass und wieder zurück.

»Warum? Warum hast du das Buch geschrieben?«

»Weil Ägypten ein schönes Land ist«, fing ich an und schob ein paar andere Klischees hinterher. »Weil Kairo die Mutter der Welt ist. Weil die Ägypter gute Menschen sind. Weil ich anderen davon erzählen wollte.«

»Woher weißt du von den Scheichs in unserem Dorf?«

»Wer kennt euer Dorf nicht? Wie viele andere Dörfer können sich so vieler Heiliger rühmen?«

Meine Ankläger schienen durch diesen Worterguss beinahe überzeugt, eine Sache allerdings hatten sie noch zu bemäkeln. »Warum hast du nach Sidi Khadr gefragt?«, fragte Gabr.

Ich riskierte es und probierte es mit der Wahrheit. »Ich hörte von eurem berühmten Baum und wollte dort eine Kerze anzünden.«

Ein plötzlicher Ruck ging durch die Runde, ein Zusammenzucken, welches bestätigte, dass ich einen wunden Punkt getroffen hatte.

»Den Baum gibt es nicht mehr«, sagte Abdel-Nasr, »und das … das … das gibt es auch nicht mehr.«

»Aus und vorbei«, sagte der Scheich und hatte damit das Urteil gefällt über die Baumverehrung und über mich, »und nun musst du etwas essen.« Sein Sohn, tadellos gekleidet wie sein Vater, stellte ein großes Tablett voller Essen auf einem niedrigen Tisch vor mich hin. Verteidigung, Anklage und Richter saßen da und sahen mir beim Essen zu, während ich meinem Teil der gastfreundschaftlichen Verpflichtung nachkam und mir *kofta* einverleibte, Hackfleisch in Tomatensauce, Reis und Brot.

Nachdem ich zu Ende gegessen hatte, sagte Abdel-Nasr zum Scheich: »Besser, wir sagen es ihm, als dass er es von anderen hört.« Es kamen keinerlei Einwände. »Was Sidi Khadr angeht, so haben wir früher immer montags und donnerstags Lichter auf den Baum gestellt.«

Ein anderer fügte hinzu: »Das geschieht heute auch noch ab und zu, aber nicht mehr so oft. Nur einer von Tausend vielleicht tut das hier noch.«

»Sidi Ahmad az-Zeheri hatte ebenfalls einen Baum«, fuhr Abdel-Nasr fort. »Eigentlich zwei. *Gemmezas*. Sykomoren. Und auch sie waren jeden Montag und Donnerstag hell erleuchtet, aber ganz von allein.«

»Was soll das heißen?«

»Im Baum loderte eine Flamme, aber keiner von uns hat sie angesteckt. Sidi Ahmad ließ dieses Licht leuchten. Um uns zu zeigen, dass er da war.«

»Kann ich den Baum sehen?«

Scheich al-balad erhob sich, als Zeichen, dass die Krise ausgestanden und die Sitzung vorüber war. »Noch etwas, bevor du gehst«, sagte er und geleitete mich zu einem grünen Kasten, der vor seinem Haus angebracht war, »es ist Tradition, dass jeder, der hier vorbeigeht, eine Spende gibt für meine neue Moschee.«

Abdel-Nasr war Ratsmitglied und der Historiker des Ortes. Er führte mich zum Friedhof und machte mich im Vorbeigehen auf das Grab des einen oder anderen Heiligen aufmerksam. Der Friedhof lag auf einer kleinen Anhöhe, gleich neben der Straße außerhalb des

Dorfs. Die Sykomoren des Sidi Ahmad az-Zeheri waren alte, dürre, seltsam anmutende Gebilde, die Stämme aufgesprungen und ausgehöhlt, als wären sie von einem himmlischen Donnerkeil aufgeschlitzt worden. Bei einem stand nur noch die eine Stammhälfte. Bei näherer Betrachtung war kein Anzeichen von Holzschlag festzustellen, allerdings eine schwarze ölige Substanz am Stamm. »Das ist das, was gebrannt hat«, erklärte Abdel-Nasr. »Dabei war immer sehr wenig Rauch und Licht zu sehen, und es brannte den ganzen Abend. Ich hätte es nicht geglaubt, wenn ich es nicht unzählige Male mit eigenen Augen erblickt hätte.«

»Wie erklärst du dir das?«, fragte ich ihn und wünschte sogleich, ich wäre in der Lage gewesen, angesichts seiner festen inneren Überzeugung mein eigenes Vernunftdenken abzustellen.

»Das weiß keiner zu erklären, da niemand des Nachts auf den Friedhof gehen würde.«

»Könnte es nicht sein, dass jemand das Licht angezündet hat?«

»Könnte sein, aber warum?«

»Ein Durchreisender vielleicht, der auf dem Friedhof übernachtet? Oder ein Kind mit einer Zigarette?«

»Aber warum würden die ausgerechnet auf den Friedhof gehen, wenn sie die ganze Landschaft hier zur Verfügung haben?«

»Also, was dann?«

»Vielleicht war es der Scheich, der den Baum leuchten ließ.«

»Aber doch heute nicht mehr?«

Nicht mehr heute, stimmte er mir zu. Doch die Eile, mit der er mich plötzlich den Feldweg zur Straße hinunter brachte, wo er eigens abwartete, bis ich schließlich auf dem Pick-up saß und dem Fahrer ausdrücklich sagte, dass ich auf dem Rückweg nach Kairo sei, ließ mich anders denken. Die Sonne ging langsam unter und die Nacht, Donnerstagnacht, die Nacht des Baumlichterglanzes, zog herauf.

Ich erlaubte Ibrahim, mich nach Heliopolis zu fahren, nicht weil er der beste Fahrer der Stadt war, wie er immer behauptete, auch nicht, weil er darauf bestand, dass sein fünfzehn Jahre alter Peugeot wie geschmiert lief, sondern weil ich kurz vor der Abreise stand. Ich war dabei, Kairo zu verlassen, das mich so unerwartet in seinen Bann gezogen hatte, von dem ich mir nicht vorstellen konnte, es niemals wieder zu sehen, und ich war sentimental gestimmt und schrecklich traurig. Noch einmal fädelten wir uns durch den dichten Verkehr, und ich sah hinaus auf die Stadt, wehmütig und weichherzig, mit dem Blick eines abreisenden Verliebten. *Umm ed-Dunya,* Mutter der Welt, uralt, mit Hängebusen, aus allen Nähten platzend, stinkend. Habe ich diese Seiten Kairos eigentlich wahrgenommen? Habe ich. Aber sie waren mir vollkommen gleichgültig.

Während ich damit beschäftigt war, meinen kurz bevorstehenden Verlust zu betrauern, hatte sich Ibrahim um mein fehlendes Gepäck gesorgt. »*Ya basha,* du willst verreisen ohne eine Tasche?«

»Wie kommst du darauf, dass ich auf Reisen gehe?«

»Soweit ich weiß, sind wir zum Flughafen unterwegs, oder nicht? Nach Heliopolis?«

»Ja, wir fahren nach Heliopolis, Ibrahim, aber in den alten Stadtteil, nicht in den neuen.«

Nach einer der zahlreichen altägyptischen Schöpfungslegenden war das erste Stück Land, das aus dem Urschlamm zum Vorschein kam, der Urhügel On, die altägyptische Stadt der Sonne, weswegen sie die Griechen später *Helios polis,* Heliopolis (»Sonnenstadt«), nannten. Die Reste der antiken Stadt liegen heute in mehreren Stadtteilen verstreut auseinander – die alte Stadt innerhalb der neuen Stadt, einer Mischung aus Luxusläden und modernen Wohnanlagen, daneben verwahrloste, übervölkerte Billigbehausungen. Inmitten letzterer liegen die Überreste des vielleicht bedeutendsten aller altägyptischen Kultorte – die Ruinen des Tempels, der dem Sonnengott Re geweiht war, dem Urschöpfergott, der spätere Gottheiten wie Osiris und Isis zeugte. Der Sonnenkult, der sich in Heliopolis entwickelt hat, kreiste um den Lebensquell der Sonne und den heiligen Perseabaum, den Baum des Lebens, der alles Leben nährt.

Es war der Baum, den ich auf der Tempelwand in Abydos gesehen hatte, vor dem Pharao Sethos I. kniete und auf dem sein Name geschrieben stand, der Baum, der ewiges Leben versprach und bis zum Anbeginn der Zeit zurückreicht.

Wir fuhren an den Ort, wo die großen Tempeltore von Heliopolis vermutlich einst gestanden hatten. Von den zahlreichen Obelisken, die den Weg zum Sonnentempel säumten, ist nur noch ein einziger erhalten, der älteste, der in Ägypten noch steht. Der 22 Meter hohe Obelisk aus blassrotem Assuangranit, der 1941 v. Chr. ruhmreich erbaut wurde, überragt heute einen kleinen Park und eine weite Fläche flachen, öden, unabgetragenen Landes.

In der Nähe des Obelisken befindet sich auf einem eingehegten Gelände ein kleiner Brunnen. Im Brunnen schwamm Abfall, doch unter dem stinkenden Wasser, wo der Sonnengott am ersten Morgen der Welt seine Waschungen vollzogen haben soll, konnte ich einen Gewölbe- oder Rundbogen eines früheren Gebäudes ausmachen, das im Laufe der Zeit mit steigender Bodenhöhe und steigendem Wasserspiegel in der Versenkung verschwunden war.

Der Wächter, ein Kopte, brachte uns zum Kartenschalter. Ibrahim bestand darauf, seine Eintrittskarte selbst zu bezahlen. »Wegen *baraka*«, erklärte er.

In der Mitte der Anlage stand ein ausladender uralter Baum. Einer koptischen Legende zufolge, wonach die Heilige Familie auf ihrer Flucht vor Herodes hier Rast machte, erlangte der Baum als der »Baum der Jungfrau« Berühmtheit. Nach einer der vielen Legenden hat sich die Heilige Familie direkt im Innern des Baumes versteckt. Nach einer anderen hat Jesus den Quell der Sonne hervorgerufen, und so hat ein ur-uralter Baum hier bis ins Jahr 1656 überlebt. Als er fiel, behielten die Franziskanermönche einen Ableger davon, den sie 1672 wieder einpflanzten. Jener Baum fiel 1906, doch man pflanzte einen weiteren Setzling, und eben dieser hatte sich zu jenem mächtigen, knorrigen Stamm mit mächtigem Geäst ausgewachsen, das Ibrahim, der Wächter und ich nun bewunderten – ein direkter Nachfahre eines Baumes, der möglicherweise schon in der Antike gelebt hat.

Der Wächter erzählte von vollbrachten Wundern und abgewendeten Katastrophen. Mir fiel auf, dass der Baum unter Souvenirjägern schwer gelitten hatte, denn nicht ein Blatt oder Schössling waren in Reichweite. Der Wächter, Herr der Situation, hob spontan an und schlug mit seinem Stock ein paar höher gelegene Knospen ab. »*Baraka*«, jubelte er, als er eine davon Ibrahim und eine andere mir reichte.

»Das reicht«, beharrte ich, als er anhob, noch einmal zuzuschlagen, »sonst tötest du den Baum noch, und dann hast du den nächsten Besuchern nichts mehr zu zeigen.«

Unbeirrt zog er ein Metallstückchen hervor und kerbte den Baum ein, der sogleich seine Tränen vergoss. Während der Wächter uns mit dem Pflanzensaft salbte, rief Ibrahim Allah und die Propheten an.

»Nun werdet ihr ein langes, langes Leben haben, *inschallah*«, sagte der Wächter mit der gleichen Entschlossenheit in der Stimme, mit der er uns kurz darauf hieß: »Ihr müsst nun Kerzen anzünden«, und fügte auf meinen überraschten Blick hinzu: »Alle, die hierher kommen, zünden Kerzen an.«

Die Sonne erfüllte das eingehegte Gelände mit gleißendem Licht, über uns erstrahlte der Himmel in ewigem Blau. Aus einem oberen Fenster eines Hauses sah eine gelangweilte Hausfrau auf uns herunter. Und wollte man Ibrahim glauben, dann sah Gott in jenem Augenblick ebenfalls auf uns herab, und die Jungfrau Maria, wie der Wächter anfügte, und all die Geister, die Schatten und die Erinnerung all derer, die schon vor uns an jenem Fleck gestanden hatten, wie ich ergänzte.

Ibrahim und ich fügten uns dem Geheiß des Wächters und steckten unsere Kerzen an. Nach all der Magie, den Scheichs, den alten Gesängen war das hier etwas, das ich instinktiv begriff. Das war der direkte Draht zurück zu den Ursprüngen unserer Zivilisation, und ich musste an die Heilige Luzia denken, an Chanukka und andere Lichterfeste mit ihrer Verheißung ewiger Erneuerung. Mit den Kerzen, dem Baum und den Gebeten fühlte ich mich auch an Weihnachten erinnert. Wachs tropfte auf den Boden wie einst bei Trankopfern in der Antike, während wir drei um die heilige Sykomore standen, den Baum des Lebens und den Baum des Paradieses, und um ewiges Leben und unser Seelenheil beteten.

Dann war es so weit. Zusammen mit Sylvie reiste ich ab. Bis dahin hatte ich gefunden, wonach ich suchte. In den Fruchtbarkeitskulten und Begräbnisriten, in der Ergebenheit an die Scheichs und an die Magie, in der Beziehung der Ägypter mit dem Nil, dem Lebensspender, der den Ackerbau ermöglicht, in den Riten der Koptischen Kirche und der Art ihrer Gotteshäuser – in diesen Sitten und Gebräuchen wie in vielen anderen tausend mehr sah ich die Schatten, welche die Pharaonen und die Pharaonenvölker über das Land gebreitet hatten. Als ich abreiste, hatte ich viele neue Hinweise und Anhaltspunkte im Gepäck, genug, um mit den fortlebenden Resten dieser alten Kultur ganze Bände zu füllen.

Doch haben sich auch neue Fragen ergeben, die über das, »was« übrig geblieben ist, weit hinausgehen und die ich nun umso interessanter finde. Werden die Reste der alten Kultur fortbestehen? Zum Zeitpunkt meiner Abreise war ich mir sicher, dass das nicht der Fall sein würde. Ich musste daran denken, was Professor Shenouda vom Institut für Koptische Studien gesagt hatte, nämlich, dass die Kopten in Ägypten ihrem Ende entgegen sähen. Ich stellte mir vor, wie sie aus dem Tal vertrieben werden, so wie sie unter römischer Herrschaft einst vertrieben worden waren, und wie sie im Exil außerhalb Ägyptens lebten oder in Gemeinschaften weitab im Wadi Natron, in den Klöstern der östlichen Wüste. Ich musste auch daran denken, was Dr. Boutros über das Tempo der sich wandelnden Zeiten gesagt hatte, und an die wachsende Zahl der Menschen, welche die Nilflut nicht kennen, da sie diese nie erlebt haben. Doch die Veränderungen gehen weit tiefer: Die Abwanderung der letzten Generation vom Land in die Städte fiel zusammen mit einer aufkommenden globalisierten Kultur in Form amerikanischer Seifenopern, von Sportschuhen im Supermarkt, Schnellimbissketten, Mobiltelefonen, Massentourismus – die Liste ist lang. Der prowestlich orientierten Regierung ist sehr am Ansehen Ägyptens in der Welt gelegen, und sie setzt alles daran, nichts verfilmen zu lassen, was die traditionellen Lebensweisen als »primitiv« darstellen könnte. Bei einem erwarteten Bevölkerungszuwachs in Ägypten von an die 50 Prozent auf rund 90 Millionen in den nächsten 20 Jahren ist damit zu rechnen, dass sich dieser Prozess der Verwerfung der Vergangenheit noch mehr beschleunigt.

Ich aber war der Spur in die Vergangenheit gefolgt, und nicht nur, um Amrs Voraussage zu bestätigen, Amr, der mir vor Jahren den entscheidenden Impuls zu diesem Abenteuer gab, Amr, der sagte, dass wer vom Wasser des Nil trinkt, immer wieder zurückkehren würde. Die Ewigkeit würde ich nur in mir selbst finden, hatte Ahmad, der Naturheilkundler, gesagt, was ich aber zu bezweifeln wage. Ich fand sie in den Menschen des Landes, in den Ägyptern, auch wenn viele von ihnen weder meine Suche noch meine Neugier verstanden hatten. Sie nämlich hatten die Reste ihrer alten Kultur erhalten, ohne groß zu fragen, rein instinktiv. Und genau dieser Mangel an Bewusstheit bestärkte mich in meinem Glauben an das Fortleben der altägyptischen Kultur – selbst wenn alle Kuppeln auf den Gräbern der zahlreichen Scheichs Ägyptens einstürzen und die Kopten emigrieren würden, selbst wenn die Magier geächtet und um jeden antiken Schrein im Land hohe Mauern und Stacheldraht gezogen würden, um bittstellende Frauen fernzuhalten, selbst dann würde Ägyptens antike Kultur irgendwie überleben.

Ich erinnerte mich einer heidnischen Prophezeiung aus dem 2. Jahrhundert, die Augustin im 5. Jahrhundert in seinem ›Gottesstaat‹ zitiert. Ein Text voller düsterer, dunkler Ahnungen: »Die Götter werden die Erde verlassen und in den Himmel zurückkehren; sie werden Ägypten fallen lassen«, warnte er. »Jene heilige Erde, Land der Heiligtümer und Tempel, wird völlig bedeckt sein mit Särgen und Leichen. O Ägypten, Ägypten, nichts von deinen Kulten wird übrig bleiben, nur Mythen und Legenden, die später selbst deine eigenen Kinder nicht mehr glauben werden!« Und mit innerer Gewissheit schloss der Prophet: »Es wird mehr Tote als Lebende geben; und jene, die überleben, wird man einzig an ihrer Sprache als Ägypter erkennen; ihren Sitten und Gebräuchen nach scheinen sie von einer anderen Rasse.«

So weit ist es noch nicht gekommen, vielmehr sind es genau diese Sitten und Gebräuche, die Überlieferungen und Traditionen und die Beziehung zum Nil, die dieses Volk zu Ägyptern machen. Dass die Ägypter ein Volk sind, das ständig im Wandel begriffen ist – das hat auch Dr. Boutros hervorgehoben. Sie haben den Wandel der Religion und der Sprache überlebt, welchen die Araber einst in ihr Land brachten, und ebenso werden sie wohl auch den Ansturm einer globalisierten Kultur überleben, indem sie sich den Verhältnissen anpassen, angleichen und sich verändern. Und auf die gleiche Weise werde auch ich sie in Erinnerung behalten – eingeprägt in mein Gedächtnis wie jener rostige Geschmack des Wassers –, wo immer ich gehe und wie auch immer ich mich verändere.

London/Kairo Juni 1999

# Literaturverzeichnis

*Andreu, Guillemette,* Egypt in the Age of the Pyramids, London 1997.

*Biegman, Nicolaas,* Egypt: Moulids, Saints and Sufis, London 1991.

*Bircher, Warda,* The Date Palm, Kairo 1995.

*Blackman, Winifred,* The Fellahin of Upper Egypt, London 1927; neue Ausgabe: Kairo 2000.

*Brunton, Paul,* Geheimnisvolles Ägypten, Bergisch-Gladbach 1979.

*Burckhardt, Johann Ludwig,* Arabische Sprüchwörter oder die Sitten und Gebräuche der neuern Aegyptier, Weimar 1834.

*Cott, Jonathan,* The Search for Umm Seti, New York 1987.

*Critchfield, Richard,* Shahhat, an Egyptian, Kairo 1988.

*Dalby, Andrew,* Dictionary of Languages, London 1998.

Description de l'Egypte. Publiée par les ordres de Napoléon Bonaparte. Edition complète. Verkleinerter Nachdruck, Köln 1997.

*Devonshire, R. L.,* Rambles in Cairo, Kairo 1947.

*Duff Gordon, Lucie,* Letters from Egypt, 1862–1869, London 1969.

*Forster, Edward Morgan,* Alexandria, a History and Guide, London 1968.

*Frazer, James,* Der goldene Zweig: das Geheimnis von Glauben und Sitten der Völker, Reinbek 1994.

*Herodot,* Das Geschichtswerk des Herodot von Harlikanassos, Frankfurt / Main 2001.

*Ibn Kathir, Imam,* Stories of the Prophets. Übersetzt von Scheich Muhammad Mustafa Gemeiah, Mansoura 1997.

*Lane, Edward William,* Sitten und Gebräuche der heutigen Egypter, Leipzig o.J.

*Legrain, Georges,* Une Famille Copte de Haute-Égypte, Brüssel 1945.
*McPherson, J. W.,* The Moulids of Egypt, Kairo 1941.
*Meinardus, Otto,* Christian Egypt. Ancient and Modern, Kairo 1977.
*Meinardus, Otto,* Monks and Monasteries of the Egyptian Deserts, Kairo 1992.
*Murnane, William,* The Penguin Guide to Ancient Egypt, London 1983.
*Murray, Margaret A.,* The Splendour That was Egypt, London 1987.
*Rodenbeck, Max,* Cairo, the City Victorious, London 1998.
*Rogers, D. M.* (Hg.), Theodoret of Cyrrus in English Recusant Literature, 1558–1640, Aldershot 1976.
*Rufinus, Tyrannius,* Church History. Übersetzt von Philip R. Amidon, New York 1997.
*Saint John, Bayle,* Village Life in Egypt, London 1852.
*Savary, C. E.,* Letters on Egypt, London 1786.
*Sety (Seti), Omm und Hanny el Zeini,* Abydos: Holy City of Ancient Egypt, Los Angeles 1981.
*Shah, Sayyed Idries,* Oriental Magic, London 1956.
*Wickett, Eleanor Elizabeth,* For our Destinies. The Funerary Laments of Upper Egypt, Diss., University of Pennsylvania 1993.
*Wilkinson, J. Gardener,* The Ancient Egyptians, their Life and Customs, London 1996.
*Zaki, Pearl,* Our Lord's Mother Visits Egypt, Kairo 1977.

# Glossar

*Abuna* koptischer Mönch, auch Anredeform ›Mein Vater‹
*Afrit, afarit* (pl.) Geister oder Geist
*Afwan* herzlich willkommen; überhaupt nicht; gestatten Sie
*Alhamdulillah* Gott sei gepriesen, Dank sei Gott
*Allah karim* Gott ist gnädig
*Arusa* Braut
*Aywa* Ja
*Bab* Tor oder Tür
*Baladi* vom Land; volkstümlich; vulgär (kann eine dieser Bedeutungen haben oder alle gleichzeitig)
*Baraka* Segen
*Be izn illah* so Gott will
*Berseem* im Mittelmeerraum verbreitete Kleeart (*trifolium Alexandrium*)
*Deir* Kloster
*Dschebel* Berg, Gebirge
*Dschinn* Geist(er)
*Eid* religiöses Fest; Feiertag
*Emir* Prinz, Fürst
*Fatiha* die erste Sure im Koran
*Fellah, fellahin* Fellache(n)
*Ful* Bohneneintopf
*Galabiyya* traditionelles ägyptisches Obergewand, einem Kaftan ähnlich
*Gemmeza* Sykomore

*Hadith* Überlieferung angeblicher Aussprüche Mohammeds, neben dem Koran Hauptquelle der islamischen Religion
*Haikal* Altarheiligtum in Kirchen
*Haram* verboten, falsch, Sünde
*Hawi* Schlangenbeschwörer, Magier
*Helwa* süß
*Inschallah* Wenn Allah will
*Itfaddal* bitte; weiter
*Izzayyak* (m), *izzayyik* (f) wie geht's?
*Kalif* Titel muslimischer Herrscher als Nachfolger Mohammeds
*Khawaga* westlicher Ausländer
*Kofta* Hackfleisch
*Kufiyya* traditioneller Schal als Kopfbedeckung der arabischen Männer
*Kushari* Mischung aus Makkaroni, Reis, Linsen und Zwiebeln
*Maalesh* macht nichts, egal, Pech
*Madrassa* (Koran)schule
*Mamnou* verboten
*Mastaba* in ein Mauerwerk eingebaute Bank aus Stein oder Lehmziegeln
*Min zamaan* vor langer Zeit
*Moulid* volkstümliches, religiöses Fest aus Anlass des Geburts- oder Todestages eines verehrten Heiligen
*Qarin, qarina* (f.), *aqran* (pl.) Kollege, Kamerad
*Rayyis* Führer, Herrscher
*Saiidi* Oberägypter
*Salaam* Frieden
*Scharia* festgelegtes Gesetz, das das gesamte islamische Leben regelt
*Scheich, Scheichin,* arabischer Ehrentitel der führenden Persönlichkeiten der traditionellen islamischen Gesellschaft (Dorfbürgermeister, Geistlicher o. ä.)
*Scheitan* Teufel
*Sharia* Straße

*Shisha* Wasserpfeife
*Shukran* Danke
*Sihr* magisch
*Sitt* Dame; Frau; auch Anredeform
*Souq* Markt
*Sufi* mystisch frommer islamischer Asket
*Sure* Koranvers
*Taamiyya* ägyptische Falafel (Bohnengericht)
*Umm* Mutter
*Waqf* (arab. »fromme Stiftung«) Islamische Institution, die heute noch bzw. wieder erhebliche wirtschaftliche und soziale Bedeutung genießt; religiöse Gabe/Spende
*Yallah* auf geht's
*Zagharit* Wehgeschrei, Wehklagen
*Zikr* sich wiederholender Lobgesang, Tanz der Derwische
*Zir* großer Wasserkrug aus gebrannter Tonerde

# Abdruckgenehmigung

Die Stellen aus Winifred Blackmans Aufzeichnungen sind mit freundlicher Genehmigung der University of Liverpool zitiert, die aus Umm Setis Manuskript mit freundlicher Genehmigung von Mrs. Jano Fairservis. Für die Genehmigung, aus urheberrechtlich geschützten Werken zitieren zu dürfen, gilt mein allerherzlichster Dank den folgenden Personen und Einrichtungen: Philip R. Amidon, S.J., und der Oxford University Press, New York für das Werk *Church History* von Tyrannius Rufinus; Dr. Nicolaas Biegman und SDU/Kegan Paul International für das Werk *Egypt;* Warda Bircher und Elias Modern Publishing für das Werk *The Date Palm;* Richard Critchfield und der American University in Cairo Press für das Werk *Shahhat, an Egyptian;* Jonathan Cott und Doubleday, New York, für das Werk *The Search for Umm Seti;* Sayed Idries Shah und Octagon Press für das Werk *Oriental Magic;* William J. Murnane und Penguin für das Werk *The Penguin Guide to Ancient Egypt;* Max Rodenbeck und Picador für das Werk *Cairo, the City Victorious;* Routledge & Kegan Paul für *Letters from Egypt* von Lucie Duff Gordon; Liz Wickett für das Werk *For Our Destinies: The Funerary Laments of Upper Egypt.*

Die Fotos in diesem Buch wurden während der 1920er Jahre von Winifred Blackman aufgenommen. Einige sind auch in ihrem 1927 erschienen Buch *The Fellahin of Upper Egypt* abgedruckt, doch der Großteil wurde nie veröffentlicht. Die hier veröffentlichten Fotos sind abgedruckt mit freundlicher Genehmigung der School of Archaeology der University of Liverpool.

RAUMSPRACHE

*Frank,*
*ohne dich gäbe es dieses Buch nicht*